传承与断裂

剧变中的中国社会学与社会学家

陆 远 著

商务印书馆
The Commercial Press

本书获

南京大学"双一流"建设之"卓越研究计划"

"社会学理论与中国研究"项目

资助

"社会学理论与中国研究"丛书编委会

编辑委员
（以姓氏拼音为序）

性格就是命运

——早期中国社会学的历史诠释(代序)

周晓虹 *

一

这是一本整整晚了八年的著作。2010 年 8 月,陆远就在我的指导下,完成了题为《早期中国社会学的困境——以 1940—1950 年代的社会学家为例》的博士论文。记得这年秋季开学伊始,9 月 1 日星期三的下午,陆远顺利通过了答辩,赢得由复旦大学社会学系周怡教授担任主席的答辩委员会的一致好评,随后不久获得博士学位并留校任教。

碰巧不久后的 2012 年,其时由谢立中教授担任主任的北京大学社会学系,有意设立一项旨在鼓励博士研究生的学术创新精神、提高社会学博士学位论文质量的奖项,以促进中国社会学研究的繁荣和发展。因为此前不久,我国早期著名社会学家、北京大学社会学系教授余天休的女儿——美籍华人胡余锦明女士,出资人民币 500 万元在北京大学设立了"余天休社会学基金",北京大学社会学系就与当时的 19 家拥有社会学学科博士学位授予权的社会学院系协商,并征得胡余锦明女士的同意,设立了现在早已名闻遐迩的"余天休社会学优秀博士论文奖"。

---

* 周晓虹,南京大学人文社会科学资深教授、教育部长江学者特聘教授。

评选规则确定,该奖项自 2012 年起每年(后来好像改为每两年)评选一次,参评对象为前一年度在中国高校获得博士学位的社会学(一级)学科博士论文,每届获奖者不超过 5 名。

陆远的博士论文经学院推荐被报送"余天休社会学优秀博士论文奖"评选委员会。据我所知,这一年秘书处共收到 24 篇推荐论文,可以说每一篇都是各校精心选出的上乘之作,竞争之激烈可以想象。前后四个月,通过通讯评审和会议评审两轮"过关斩将",陆远的博士论文脱颖而出,最终与华中科技大学社会学系狄金华博士的《被困的治理——一个华中乡镇中的复合治理》、北京大学社会学系马强博士的《俄罗斯心灵的历程——俄罗斯黑土区社会生活的民族志》两篇博士论文一起,荣膺首届"余天休社会学优秀博士论文奖"。

这年的年末,在北京大学举行了隆重的优秀博士论文奖的颁奖典礼。我记得清华大学社会科学学院院长李强教授、中国人民大学社会学系刘少杰教授、北京大学社会学系主任谢立中教授,分别为狄金华、陆远和马强三位博士颁发了获奖证书,并宣读了"余天休社会学优秀博士论文奖"评选委员会的颁奖词。评选委员会通过的陆远论文的颁奖词为:

> 陆远的博士学位论文《早期中国社会学的困境——以 1940—1950 年代的社会学家为例》,以"早期中国社会学的困境"为主题,通过深描数位社会学家在 1940—1950 年代的历史境遇,追寻作为一种思想体系和一门学科制度的社会学在这个时期的发展轨迹,并进而探求其中隐藏的知识与权力之间的复杂关系。作为一种"社会学的社会学"研究,该文对于提升社会学学科的自我反思能力颇具价值,也为获取历史借鉴提供了可能。

　　该文主题鲜明,揭示了作为一门学科制度的社会学在当时所面临的"实用性"与"批判性"、"学术性"与"政治性"之间的诸多困境。该文研究视角独特,在资料收集上下足了功夫,文献翔实;在历史脉络的叙述上,层次分明,文字流畅;在具体内容的分析上,逻辑清晰,平允可靠,体现了作者较强的驾驭材料和理论分析的综合研究能力。该文在中国社会学史的研究上堪称佳作,把中国社会学史的研究提升到一个新的层次。

　　陆远完成这篇论文时只有 27 岁。作为一篇出自不满而立之年的青年学者之手的博士论文,获得这样的评价不可谓不高。它既体现出作者在社会学理论和历史领域纵横捭阖的天分,也显示出邓公开启的改革开放赋予了年轻一代彰显个人才华的机遇。于我而言,这篇论文不仅替我圆了探究 20 世纪上半叶中国早期社会学困境的学术梦想,而且在颁奖典礼的当天,也使我有幸和狄金华博士论文的指导教师吴毅教授一起,应邀在北京大学发表了学术讲演。我当天的讲演题为《文化反哺与器物文明的代际传承》,讲演的文本是刚刚发表在《中国社会科学》上的同名学术论文和随后不久出版的个人著作《文化反哺:变迁社会的代际革命》。① 这样的选择与那天我的心情可谓严丝合缝,我就是想表达:在我们这个急速变迁的时代,年轻一代在包括学术在内的社会生活的各个领域中,正在包括价值观、行为模式和器物使用的诸多方面向年长一代提供各类有益的启示。这个被我称为"文化反哺"的现象,不仅影响到或者重塑了中国社会的代际关系,而且极有可能为我们这

---

① 周晓虹:《文化反哺与器物文明的代际传承》,《中国社会科学》2011 年第 6 期;《文化反哺:变迁社会的代际革命》,北京:商务印书馆,2015 年。

个古老的国家带来不一样的未来。我想，这样的影响可能不仅发生在陆远和我之间，也会发生在狄金华和他的导师吴毅教授、马强和他的导师高丙中教授之间。在今天，正是年轻一代的进步，保证了学术思想的日益丰富与精进，或者更广义地说，保证了人类文明的继替与辉煌。

<h2 style="text-align:center">二</h2>

尽管我在指导学生的教学生涯中一般不会强加干涉学生的选择和兴趣，但也还是会根据他们的特长和我在学术上的兴趣或困窘，指导他们选择适合自己的研究选题。陆远的本科和硕士研究生读的都是历史学，而且他比一般的历史学的学生有着更好的历史进深感，因此赢得了包括匹兹堡大学历史系教授许倬云先生在内的一批历史学家的青睐。有鉴于此，几乎在他考上博士研究生之时，我就有意让他选择以历史社会学或社会学史为志业。记得他的博士论文选题的选择，最初是为了回答这样一个问题——这也是长期以来我自己的一个困惑：为何社会学在 1949 年前被视为激进的学科，并且许多社会学教授确实成为与国民政府分庭抗礼的第三条道路的拥护者，或共产党的同情者，但在 1949 年后又被视为资产阶级的保守学科而遭到取缔？这是否有着更为深刻的学科背景或社会历史根源？

这一困惑并非我一个人的胡思乱想。记得台湾大学的叶启政教授说过，1983 年他去香港中文大学参加第一届"现代化与中国文化研讨会"时，曾当面请教费孝通先生：为什么 1949 年国民党去台时带走了胡适、罗家伦、傅斯年、梅贻琦等诸多学术大师，但却鲜有社会学家随蒋介石去台？费先生的回答既称得上"政治正确"，也算是尊重事实："几乎所有的社会学家都厌恶国民党。"其实，不仅厌恶国民党，社会学家们在政治立场上大抵还都"同情共产党"。① 有一个例子充分说明了社会学这个本身既带有保守倾向,但更带有激进的左翼色彩的学科在 40 年代后期的国共之争中倒向共产党的事实:1949 年 1 月 25 日,在傅作义的军队起义撤离之前,张东荪、费孝通、雷洁琼和严景耀突破北京城的封锁,到河北西柏坡会见了中共领袖,与毛泽东、刘少奇、周恩来、朱德、任弼时五大书记谈笑风生,共进晚餐,彻夜长谈②,并参加了筹备新政协的座谈会。其中,除了张东荪为政治学家外,其余三人皆为社会学家——起码两个半为社会学家(雷洁琼的丈夫严景耀为社会学家和犯罪学家)。显然,在 40 年代末"改朝换代"之际的北平知识界,完全可以把社会学这个小小的学科划归为"红色"营垒。

社会学家的"离经叛道"留给蒋介石的阴影,一直到退居台湾都没有散尽。所以在 20 世纪 80 年代前,社会学在台湾都未被正式视为合法的社会科学。除了台湾大学和中兴大学两所大学设有规模不大的社会学系外,另设有社会学系的东海大学、东吴大学和辅仁大学都属于私立教会大学,台湾地区的最高研究机构"中央研究院"更是迟至 1995 年才成立社会学研究所筹备处,此前社会学家大都栖身于民族学研究所、三民主义研究所(现改名为人文社会科学研究中心)等相关机构。而1930 年由孙本文、许仕廉等发起成立的中国社会学社,虽说 1951 年即由迁台的龙冠海等学者于台湾复社,并恢复推动相关会务,但由于其核心人物如孙本文等人均未前来台湾,因此名义上虽在台"复社",然而不但研究与会务惨淡,而且直到整整 20 年后的 1971 年才开始发行《中国社会学刊》作为机关之学术刊物,定期举办的规模较大的学术活动更是

① 叶启政:《台湾社会学的知识—权力游戏》,《政治大学社会学报》2003 年第 35 期。
② 参见雷洁琼:《雷洁琼文集》,北京:开明出版社,1994 年,第 481—483 页。

延至 80 年代后才开始。①

1949 年 8 月举行的"北平市各界人民代表会议"，一样给了包括费孝通及其老师潘光旦在内的社会学家黑暗退尽、黎明降临的感受。1949 年 8 月 31 日，北平新华广播电台播发了著名社会学家费孝通的文章，他说自己很早就听见过"民主"这两个字，但是究竟怎样才算是一个民主的社会呢？并不明白。正是在北平各界人民代表会议上看到的场景，让他一下子明白了什么是民主：穿制服的、穿工装的、穿短衫的、穿旗袍的、穿西服的、穿长袍的，还有一位戴瓜皮帽的，在一个会场里一起讨论问题，使他第一次对民主的形式和民主的事实有了认识。

为了跟上共和国一日千里的变化形势，或者说服务于"新民主主义革命的时代"需要，费孝通意识到"原有大学制度和教学内容暴露了它的弱点，必须加以改造了"，由此达成"坚定为人民服务的立场"。② 在 1949 年 6 月 23 日至 1950 年 4 月 20 日的近 10 个月内，他以前所未有的热情撰写了十多篇文章论及大学的改造。单就自己栖身的社会学而言，费孝通意识到问题是"极其复杂的，除了搬运贩售西洋各家社会学说之外，和实际结合起来的方向主要是两个：一是在外国捐款下搞社会工作，一是从社会病态入手去做社会调查"。尽管费孝通对社会学与新制度的内在冲突的认识尚不清楚，以为同包括法律在内的其他社会科学相比，"社会学系课程的改造，在一定程度上没有这样严重"，甚至自觉社会学"在新设的政治课中（可以）起着很大的作用"，但他与新制度接轨的意愿总的说来旗帜鲜明："社会学改造到最后必须完全是科学的

---

① 王崇名：《〈思与言〉与台湾社会学的发展》，《思与言》2013 年第 4 期。
② 费孝通：《大学的改造·当前大学种种问题》，载《费孝通文集》第 6 卷，北京：群言出版社，1999 年，第 1 页。

社会学,也就是马列主义。"①

　　不过,社会学家对共和国的积极拥戴态度、对自己学科的主动改造意愿,都没能改变20世纪50年代对社会学学科的消极定性。从1952年秋开始,教育部仿照苏联,开始了以培养工业建设人才和师资为目的的院系调整工作,全国的高等院校从211所调整为201所。虽然单从数量上看,高等院校的调整不大,但是社会学却被从专业目录和系科中调整没了。费孝通和他的两位老师吴文藻和潘光旦,被调至新建的中央民族学院;而远在南京的原中央大学的社会学家孙本文则调任地理系教授,讲授统计学及国民经济计划。②

　　因为自己"安身立命"的学科突遭"废黜",可以想见包括费孝通、吴文藻、潘光旦在内的社会学家几年后遇到贯彻"双百方针"时,会怀有怎样迫切的试图恢复社会学学科的心情。书生们的向往此时因苏联参加了国际社会学大会而变得现实起来,1957年中共中央宣传部甚至组织成立了社会学工作筹备委员会……这一切使1949年后多少因社会学被取消而变得消沉的社会学家们兴奋起来:先是吴景超写了《社会学在新中国还有地位吗?》,接着,费孝通先是写了《关于社会学,说几句话》,随后又写了那篇著名的《知识分子的早春天气》,他们及吴文藻、潘光旦、林耀华、陈达、李景汉、陶孟和、赵承信、袁方、雷洁琼等20余位社会学家为此行动了起来③,一切似乎就要梦想成真。然

────────

① 费孝通:《大学的改造·社会学系怎样改造》,载《费孝通文集》第6卷,第41—43页。
② 参见周晓虹:《孙本文与20世纪上半叶的中国社会学》,《社会学研究》2012年第3期。
③ 有意思的是,在1957年恢复社会学的举动中,唯一冷静的倒是那个1949年前与国民政府走得最近的孙本文。尽管对社会学同样无法割舍,孙本文在此时却采取了极其冷静的态度,在回信给问及恢复社会学事宜的原中央大学的学生陈定闳时,这位国民政府时期社会学的掌门人写道:"此乃北方诸教授之主张,我愿观其变。"参见陈定闳:《孙本文研究》,载《孙本文文集》第10卷,北京:社会科学文献出版社,2012年,第189页。

而好景不长。或许与此刻知识分子的个人行动有关，或许与当时的社会环境有关，不仅社会学没有获得恢复，而且在随后开展的"反右"运动中，除了雷洁琼和与费孝通同为"吴门弟子"的林耀华外，上述社会学家悉数成为"右派"。

三

改革开放或社会学重建以来，围绕 1952 年大学取消社会学，及 1957 年"恢复社会学"的努力失败，已经有了许多研究。经常提及的原因之一，自然是社会学的资产阶级性质，及与这一性质密切相关的学者们的资产阶级立场。在费孝通 1950 年写成的《社会学系怎样改造》及其他社会学家 50 年代的自我反省及批判中，这都是一个被从业者自己一再提及的"软肋"。不要说与共产党及其领袖关系密切的费孝通等堪称"红色教授"的吴门弟子，即使原本对马克思主义抱着敬而远之态度的孙本文，1949 年后也迫于急速转变的政治形势和越来越强大的外部压力，几度宣布"与资产阶级社会学"决裂①，转而学习马克思主义，甚至回信给向他索要著述的西方学者说："我终于明白，我的所有著作只值得付之一炬，因此我无可奉送。以前我忽视了卡尔·马克思的著作的学习，现在我每天都要花几个小时来读他的书。请不要再来信。"②尽管社会学家们 1949 年后都表达了要跟上时代的愿望，但 1957 年前后他们批评党及其领导人的举动还是使"党认识到思想改造没有奏

---

① 孙本文：《帝国主义时代资产阶级社会学的思想内容及其对旧中国的影响》，《新建设》1956 年第 11 期；《坚决反对资产阶级社会学复辟》，《文汇报》1957 年 10 月 4 日。

② Albert R. O'Hara, "The Recent Development of Sociology in China", *American Sociological Review*, Vol. 26, No. 2 (1961), pp. 928—929.

效"，总的说来社会学家们的"思想仍然是右的"①。

　　另一个经常提及的原因，涉及苏联对待社会学及相关的社会心理学等学科的态度。陆远在这本著作的第六章中，详尽叙述了"社会学在苏联的命运"。据说在孔德还在世的 1840 年左右，俄国人就开始接触到社会学。此后，不但在 1917 年的"十月革命"之前苏俄社会学达到了"繁荣"的境地，而且 1917 年苏维埃革命后的两三年里因剧烈的社会动荡的来临甚至一度成为"显学"。② 但是，在 20 年代用"红色教授"代替资产阶级学者即"白色教授"的运动中，俄国社会学的代表人物索罗金遭到批判，大学中的"旧社会学课程"也随之为社会形态发展史、历史唯物主义等课程所取代，到 1922 年底社会学教研室被陆续解散，索罗金更是在这一年的 9 月被驱逐出境。③ 1949 年后，社会学在苏联的命运成了中国的自然"对标物"。50 年代到中国指导高等教育改革的苏联专家 A. II. 阿尔辛杰夫提出了"要设这一'系'或不设那一'系'"的基本标准，即它是否"负有培养哪种人才的任务"，而"教育学系、社会学系、政治学系的任务就不太明确……什么叫作社会学？在科学的领域内根本就没有这一种科学"④。

　　其实，在上述原因之外，我一直以为中国社会学在 20 世纪 50 年代的遭遇，即陆远所说的"断裂"的动因，更与社会学这一学科的先天性质或学科性格有关。古希腊哲学家赫拉克利特说："人的性格即他的命运。"如果"性格即命运"这句话有几分道理的话，那么像社会学这样一

---

① 阿古什：《费孝通传》，董天明译，北京：时事出版社，1985 年，第 205—206 页。
② 参见本书第 224 页。
③ 参见索罗金：《漫长路途之 1919—1922》，载别尔嘉耶夫等：《哲学船事件》，伍宇星编译，广州：花城出版社，2009 年，第 217—243 页。
④ 转引自阎明：《中国社会学史：一门学科与一个时代》，北京：清华大学出版社，2010 年，第 296 页。

门产生于近代西方大转型背景下的学科，在它的缔造者法国人孔德手中呱呱坠地时就先天地带有两块"胎记"：用雷蒙·阿隆的话说，除了"秩序"以外，还有"进步"。① 如果说"进步"的理想是社会学直接从法国启蒙主义思想家那里继承来的历史遗产，那么"秩序"的观念则由法国大革命及由此而生的惊恐而来。② 事实上，正是由这一矛盾性格派生出了社会学的批判性与实用性：基于前者它具有先知的功能，对社会保有一定程度的批判锋芒；而基于后者它则具有牧师的功能，希望能够对社会进行改良而不是革命的策略。不错，从法国大革命摧毁了封建制度，并成为现代资本主义诞生的助产婆这一根本意义上说，它对西方社会学的出现无疑起着积极的推动作用；但是，从直接而浅表的层面看，西方社会学的出现最初乃是对法国大革命及革命造成的旧社会秩序崩溃后果的消极回应。许多社会学家都不仅认为孔德及其社会学源于对法国启蒙思想尤其是法国大革命的反动，而且指出正是这一点导致了至今为止在社会学中仍然占主导地位的保守主义倾向。比如，刘易斯·科塞和瑞泽尔就几乎以一致的口吻说：社会学尤其是以孔德为首的法国社会学，一开始就是启蒙思想和反启蒙思想不协调的混合。③

回到中国的语境之中。长期以来，社会学及社会学家与中国革命间的错综复杂的关系一直为人所不解。其实，社会学及其早期从业者的命运就是由上述这一学科本身带有的激进和保守的双重性质决定的，即前者追求"进步"，后者维护"秩序"。如此，一方面，如前所述，几

---

① 雷蒙·阿隆：《社会学主要思潮》，葛智强、胡秉诚、王沪宁译，上海：上海译文出版社，1988年，第104页。
② 参见周晓虹：《群氓动力学：社会心理学的另类叙事》，《社会学研究》2018年第6期。
③ 参见周晓虹：《西方社会学历史与体系》第1卷，上海：上海人民出版社，2002年，第18—19页。

乎所有社会学家都同情共产党,除孙本文外,他们在 20 世纪 40 年代大多成了这股"改朝换代"的进步力量的同盟者,在当时处于统治地位的国民党眼中,他们是蛊惑民心的"左派";另一方面,现代社会学自诞生之日起就因迫切需要解决秩序的崩坏问题而带有浓郁的保守性质,在中国也不例外——几乎所有的社会学家也都对激烈的"革命"抱着敬而远之的态度。李景汉 1933 年在革命刚起之时写下的一段话就颇能体现这种倾向:

> 现在有一个很时髦的口号是"打倒"。凡不顺某人之眼,或不合某派之心的事事物物,统在打倒之列。……如此乱打乱倒不大要紧,老百姓夹在打与倒的中间可就大受其罪了。社会调查的工作,不是破坏是建设,是要调查出来何者的确应该打倒,如何才能打倒,打倒的步骤为何,打倒以后拿什么较好的来代替,否则先慢着打倒。吃粗粮固然不好,而犹胜于无粮饿死,破屋固然不好,而犹胜于无屋冻死。好食物有了准备之后再弃粗粮,好屋建筑之后再拆破屋。否则非弄成鸡飞蛋打,国困民穷,甚至亡国灭种不可。[1]

这段为陆远的博士论文开篇所引的文字,清楚地说明了大多社会学家希望以渐进式的改良来解决中国社会的问题,你要说他们反对"暴力革命"也不为过——因此,他们自然又是标标准准的"右派"。可以说,正是这一学科天生的激进和保守的双重性质,使得社会学 1949 年前不被看好,1949 年后同样不受待见。从这样的意义上说,1949 年后

---

[1] 李景汉:《实地社会调查方法》,北京:星云堂书店,1933 年,第 5 页。

社会学在中国"被废黜"的命运是由这一学科的固有性格与那一时代的社会性质之间的内在冲突决定的。

现在看来,陆远极为成功地诠释了由社会学的内在矛盾性格导致的这一学科在中国的早期命运。2010 年夏天,当我第一次读到陆远完成的这部博士论文时,我就不吝赞誉地写道:

> 作者没有像通常的学者那样,一般论述中国社会学的发展史,而是将学术史的探讨和知识社会学的研究结合在一起,力图探讨一门学科、一门学科的相关知识的生产过程,以及知识的生产和社会文化结构的关系,我觉得这样的研究是有意义的。作者在研究早期中国社会学的发展时,从其所遭遇的困境入手,希望能够解决或解释其所经历的断裂,并且作者将这种断裂置于三个层面上加以解释——学科的取消、学科知识之间和学科知识与他学科知识之间的断裂、学科知识与社会文化转型之间的断裂,我个人觉得……这种思考是深邃的。

一句话,陆远的著作成功地说明了:早期中国社会学发展的困境,无论体现为"认识社会"和"改造社会",还是"服务国家"和"批判现实",都是其天生秉承的"秩序"和"进步"这对矛盾性格的反映而已。在这一层面上,认识和服务同构,而改造和批判同理。所以,在 1949 年前,社会学可以在认识和服务的层面上存活,尽管它的改造和批判的功能受到相当程度的限制;但 1949 年后,在一个认为已经不存在社会问题的国家,它的认识和服务功能消解了,而它的改造和批判功能则自然成了挑剔社会的"反动"象征。而这,正是这门弱小的学科所具有的天然性格导致其在 50 年代被取消的内在原因。

　　最后，为了回应开篇的文字，多说一句：我纵然极其推崇作者的才华，但也常常觉得，如果陆远能够更为积极地对待自己的文字，或者进一步说更为积极地对待自己的学术生涯，读者们也不必"苦等"八年才能读到这些洋溢着才华和卓识的文字。不错，我们理当反对粗制滥造，但我们同样不赞成虚掷年华。从这样的意义上说：如欲改变命运，唯有先改变我们自己的性格。

　　是为序。

2019 年 12 月

于南京紫金山东麓寓所

目　录

第一章　导论

　　现在有一个很时髦的口号是"打倒"。凡不顺某人之眼，
或不合某派之心的事事物物，统在打倒之列。……有全盘打
倒，一扫而光之势。热闹则热闹矣，紧张则紧张矣。结果呢，
有的打而不倒，有的不打而自倒，有的打倒而又起来，而又打又
倒。如此乱打乱倒不大要紧，老百姓夹在打与倒的中间可就大
受其罪了。社会调查的工作，不是破坏是建设，是要调查出来
何者的确应该打倒，如何才能打倒，打倒的步骤为何，打倒以后
拿什么较好的来代替，否则先慢着打倒。吃粗粮固然不好，而
犹胜于无粮饿死，破屋固然不好，而犹胜于无屋冻死。好食物
有了准备之后再弃粗粮，好屋建筑之后再拆破屋。否则非弄
成鸡飞蛋打，国困民穷，甚至亡国灭种不可。[①]

——李景汉

　　本书既是一项关于中国社会学在 20 世纪 40—50 年代发展史的研
究，也是一项探索中国社会学者与社会变迁互动关系的知识社会学研
究。其目的在于通过对这个时间段内中国社会学家的个人经历和社会
学历史进程的描述，理解中国社会学在发展过程中面临的内在困境，从
而为中国社会学今后的发展提供有益的借鉴。

---

① 李景汉:《实地社会调查方法》，北京:星云堂书店，1933 年，第 5 页。

第一节　知识与权力：主题的选择

（一）　李景汉的信仰与费孝通的"创伤记忆"

1933年，时任中华平民教育促进会定县实验区社会调查部主任的李景汉，忙里偷闲从定县回到北平，利用在钓鱼台养源斋休养的闲暇，编写了洋洋近500页的著作《实地社会调查方法》。对于李景汉而言，这本著作的意义非同一般——作为信徒般终生信仰"社会调查"方法的社会学家，李景汉除了实地躬行社会调查外，也撰写了大量文章，从方法论的角度对作为一种社会运动和社会研究方法的"社会调查"进行过理论总结①，上述这本《实地社会调查方法》，则是这些理论总结的重要结集。

全书绝大部分篇幅的叙述都显得客观、持平、中立，唯独开宗明义的第一章，作者在力陈中国社会的种种弊端时，文辞生动，笔端带有强烈的感情色彩——这在李景汉的其他著作中是罕见的。本章"题记"中给出的那段话就来自这一章，它生动而鲜明地揭示了20世纪上半叶中国的社会学者们在前所未有的社会变迁情势下，一方面试图全面引进

---

① 参见李景汉：《中国社会调查运动》，《社会学界》1927年第1卷；《社会调查应行注意之点》，《现代评论》1925年第118期；《住在农村从事社会调查所得的印象》，《社会学界》1930年第4卷；《中国农村人口调查研究之经验与心得》，《社会学刊》1931年第3期；《关于从事定县社会调查的一些经验》，《清华周刊》1932年第5期；《社会调查在今日中国之需要》，《清华周刊》1932年第7—8期；《深入民间的一些经验与感想》，《独立评论》1935年第179、181期；《健全县单位调查统计工作的需要》，《独立评论》1936年第222期；《县单位调查统计之实施》，《社会学界》1936年第9卷；《从定县人口总调查所发见之人口调查技术问题》，《社会科学》1936年第1—4期；《边疆社会调查研究应行注意之点》，《边政公论》1941年第1期；《社会调查与社会计划》，《时代精神》1941年第4期等。

一门新的"科学",另一方面尝试通过这门学科的社会实践,更全面地"认识"中国社会,进而达到"改造"现实中国的种种努力。虽然在具体的技术与方法上,李景汉这样的社会学家崇尚的是客观、中立、冷静的"科学"立场,但是透过他们的话语和实际行动,我们看到的是一门新兴的学科和一群年轻的学人对国家命运的深切关怀,是知识分子的使命感和价值观。

然而此后的学术史显示,李景汉的理想并没有得到很好的实现:首先是他躬身参与的定县实验区的平民教育实验遭到了来自不同方面的批评和攻击;继而是他倡导的社会研究方法本身也遇到来自社会学界内部的质疑,一部分社会学家认为这种方法并不像它的倡导者所宣扬的那样,能实现对中国社会的客观认识。更糟糕的是,仅仅过了20年,不仅李景汉本人和他的同行,甚至他们毕生理想所系并为之奋斗半个世纪的社会学这门学科,也错误地成为被"全盘打倒"的对象:首先是在20世纪50年代初新政权的建立,伴随着新的意识形态确立,新的高等教育和科学研究体系逐步形成,社会学作为一门学科从建制上被整个取消。这个过程既是教育制度和学术制度一系列变革的一部分,也是这个根本性变革导致的结果。继而到了50年代后期,和绝大部分社会学家们一样,李景汉在政治上被打入另册,遭到了错误批判,失去了从事学术研究的资格,成为名副其实的"异端"。自那以后的近30年里,"社会学"成为学者们讳莫如深的"禁地"。

李景汉早年在清华大学的同事费孝通,也是社会学界受到冲击和批判的著名学者之一。这种独特的政治遭遇所导致的"创伤记忆",在半个世纪以后还铭刻在费孝通心中:

其实我很怕社会学，早年因为搞社会学，很多人打成了右派，尝到了做人被孤立在群体之外的滋味，……十一届三中全会"拨乱反正"后，我的右派问题已经改正，那时我已70岁了。中央委托胡乔木同志来找我重建社会学，我心里想不能再搞了，所以开始没有答应。[①]

费孝通早年的学生袁方，当时也受邀参加恢复重建社会学的工作，起初也遭到家人的坚决反对，并劝他"千万别再惹麻烦了"，后来全家商定，可以参加会议，但是只能听别人发言，自己不要说话。[②]

这种印象之深，甚至也在社会学界以外形成了"集体记忆"。2008年，剧作家宋词先生接受我的访谈时说：

20世纪80年代初，黄宗江的女儿阮丹青要去美国念书，专业是社会学。宗江对她说，你是去念"右派学"了。因为1957年差不多所有搞社会学的都成了右派。当然宗江说这话的时候，已经不大有政治禁忌了，但是社会学给人们的印象，还是右派搞的东西。[③]

在这样的情况下，一批在1949年以前从事社会学研究的学者一度淡出学术界的视野，成为"学术史上的失踪者"就不足为奇了。半个多世纪

① 费孝通：《回眸七十年》，载《费孝通全集》第17卷，呼和浩特：内蒙古人民出版社，2004年，第356页。
② 参见阎明：《一门学科与一个时代：社会学在中国》，北京：清华大学出版社，2004年，第Ⅲ—Ⅳ页。
③ 宋词访问记录。时间：2008年7月29日；地点：南京三十四标宋词寓所。

后的今天,他们中的有些人,开始受到社会学界的关注,有些人的影响甚至超越了学科界限,成为"不在场的公共知识分子"①。当然,也有学者依旧处于研究者的视域之外。

可以看到,将近一个世纪以来,不仅社会学知识体系、学科制度,而且我们对于社会学这门学术的集体记忆,都处在不断被形塑的过程中。施加影响者既包括以国家面目出现的政权力量,也包括占主导地位的社会思潮与意识形态,当然还包括社会学者自身。凡此种种,都可以被概括成一种抽象的"权力"。在 20 世纪初由西方传入中国的现代社会科学体系中,社会学或许是经历最曲折的一门学科。究其原因,或许就在于这门学科与权力之间异常复杂的纠葛关系。

中国社会学这种独特的历史际遇,既是中国 20 世纪重要的思想事件,也是重要的社会事件,它不仅是反思中国社会学学术传统的重要前提,也在很大程度上影响着中国社会学未来的发展方向,同时,也为我们反思知识与权力之间的关系提供了范本。

本研究正是基于对社会学这段既往历史的关切,以"早期中国社会学的困境"为主题,通过深描一批社会学家在 20 世纪 40—50 年代的历史境遇,追寻作为一种知识体系和一门学科的"中国社会学"在 20 世纪中期的命运轨迹,并进而探求事件背后隐藏的知识与权力之间的关系,从一个较小的剖面揭示 20 世纪中叶中国社会结构巨大变迁的形态及其意义。

---

① 所谓"不在场的公共知识分子",指的是学者本人已经去世,但是对其生平志业的反思与对其道德文章的关注却依旧是普遍现象,并进而形成跨学科的研究热潮。通过这些"后来者的话语",已故的学者依然能够在当下的公共知识界发挥重要影响。例如,近年来作为"曾经失却的传统"被高度关注的潘光旦就是这种类型的"不在场的公共知识分子"。

本书所做的虽然是理论性的基础研究,但笔者试图跳出描述性的社会学史叙述框架。在最初确定选题的时候,就抱持着明确的价值关怀:从特殊意义上讲,研究成果应当力争为中国社会学学科长远的、良性的发展提供参考与借鉴;从普遍意义上说,笔者也试图透过思想问题的解析,深化我们对本民族在 20 世纪历史命运的认识。

(二) 早期中国社会学的困境

在简要叙述了本书的写作缘起和大致内容后,有必要对本书的主题选择做一些更深入和更详尽的阐释,我通过对以下几个基本问题的回答来完成这种阐释的任务。

首先,"早期中国社会学"的具体含义是什么?

中国社会学界在使用"早期中国社会学"这个概念时,一般用以指代 1949 年以前社会学在中国的发展。[①] 与此对应的是,西方学术界往往使用"从前的"(former)来表示中国社会学相应的发展阶段[②],而用"新的"(new)来指代 1949 年以后的社会学[③]。在所有这些学术分期中,1949 年是一个界标。在本书的论述中,"早期"的下限被界定在 20 世纪 50 年代中期。因为正如我将在著作中述及的,尽管"社会学"从 1949 年开始就处于一个不断被改造和不断式微的过程中,但是 1949 年以前的那批职业社会学家,还在多多少少继续着社会学的研究和教学工作。这样的工作,无论在理论上还是在方法上,也与 1949 年以前

---

① 郑杭生、李迎生:《中国早期社会学综合学派的集大成者——孙本文的社会学探索》,《江苏社会科学》1999 年第 6 期;另见郑杭生、李迎生:《中国社会学史新编》,北京:高等教育出版社,2000 年,第 53—173 页。

② A. J. F. Kobben, "On Former Chinese Anthropologists", *Current Anthropology*, Vol. 15, No. 3 (1974).

③ G. William Skinner, "The New Sociology in China", *The Far Eastern Quarterly*, Vol. 10, No. 4 (1951).

存在着千丝万缕的联系。而到了 20 世纪 50 年代中期,社会学的研究和教学工作才基本上停止了。因此,在本书中,"早期中国社会学"的概念指代的是 20 世纪 20 年代末至 50 年代末这 30 年间的社会学发展情况,也就是从社会学作为一门学科在中国初步建立一直到这门学科在中国基本中止这一阶段的发展历程。

当然,我论述的时间范围,重点集中在 20 世纪 40 年代后半期到 50 年代末这大约 15 年的时间里。具体原因,会在后文中进一步阐述。

其次,如何理解"困境"?

所谓"困境",是笔者试图通过本书的叙述对早期中国社会学发展特点所做的一个基本判断,指代的是早期中国社会学发展过程中遇到的难题与阻碍。某种程度上,本书就是试图从不同的角度,分析和揭示这种"困境"究竟何在,所以在本书开篇的导论中用简单的语句来概括"困境"的内涵就显得特别困难。不过大体而言,我认为这种困境可以从两个方面来界定:

一方面,20 世纪 50 年代,社会学作为一门学科在中国被取消,作为一种知识体系被中止发展,社会学的研究和教学工作基本停止了,社会学家们转而从事其他工作,这是显而易见的难题与阻碍,可以看作中国社会学发展的制度困境。

另一方面,社会学在早期发展过程中,其内部各流派、各学者之间,在理论框架和采取的研究方法上,存在着种种对立,有些对立甚至相当尖锐。而在社会学者与来自其他学科(如历史学、经济学、政治学)的学者之间,也在学术思想、学术旨趣和学术方法上存在着冲突。这些矛盾,也是早期中国社会学的发展所面临的难题与阻碍,它们不仅对早期中国社会学最终选择的发展路径产生了很大的影响，也在很大程度上形塑着当下的社会学学者对于本学科这段过往历史的记忆，有时候，这种被形塑的记忆与事实是有偏差的。[①]

　　而所有这些困境的产生原因、表现形态及其对中国社会学的影响程度是不一样的，但是它们都是中国社会学在早期发展进程中确确实实面临的问题。因此，本书试图通过叙述 20 世纪 40 年代至 50 年代中期中国社会学家及社会学学科的发展脉络，揭示上述困境的具体表现形态，并进而展示在这些困境的背后涉及的更深层次的问题——包括 20 世纪上半期中国不同力量和来自不同教育背景的学者关于中国发展道路的历史争论，包括一种外来的思想体系如何在本土语境中选择发展路径的问题，包括新民主主义理论的成功与传统理论的危机，包括中国高等教育从学习欧美模式到学习苏联模式的转轨，包括中国政治、经济发展态势以及国际政治的格局，也包括了个人社会行为与思想史的关联。当我们把早期中国社会学面临的这种困境放置在 20 世纪中国发展的进程与社会学思想史的广阔背景中加以观照时，展现在我们面前的就不再是几个相互冲突的经验事实，而是契合在中国现代化进程中的由一系列相互关联的事件与人的选择组合而成的具有多方面规定性的社会过程，也是一个微观与宏观、个人选择与发展情景互动的历史过程。

[①] 一个最明显的例子，是有关费孝通的形象书写。中国社会学承前启后的"象征性代表就是费孝通先生"。然而"将费孝通等同于中国社会学的做法，虽然非常普遍，但却值得商榷。我们无意低估费氏对于中国社会学所做出的卓越贡献"，但是"正如费氏自己所言，'用人类学的方法来调查研究中国现代社会的社会学'，'并不是为当时所有社会学界所同意的，至少并不是正统'"。参见成伯清：《从他者的他者到文化自觉》，载周宪、何成洲、马俊亚主编：《语境化中的人文学科话语》，北京：北京大学出版社，2008 年，第 61—62 页。

第二节　学术史的书写形态

　　1998 年是北京大学建校 100 周年。这一年的初夏,已经 88 岁的费孝通邀请了一批活跃于海外的社会学家和人类学家,在北大开坛授课,并举办"第三届社会文化人类学高级研讨班"。应邀前来的"大多是较年轻的新进"①,他们带来了这门学科最新的研究成果。不过,与这些"学术前沿"接触越多,年迈的费孝通就越发感到,中国社会学需要"补课"。在费孝通看来,"补课"的任务是如此地迫切,以至于他将之视为生命结束前最重要的工作之一。费孝通的急切心态,来自他对当下中国社会学现状的体认——"至今这门名叫社会学的学科,在中国还是不能说已经站稳"②,他为此开出的药方之一就是"补课",也就是重温社会学的发展历程,通过梳理这门学科的来龙去脉,重新认识它的基本概念、理论方法和本质特征。此后直到生命结束,费一直在不遗余力地倡导"补课"的重要意义。③

　　老骥伏枥的社会学家对自己提出的任务,显示的是这样一个基本判断:某种程度上,社会学史研究,不仅关乎社会学这门学科未来的发展,甚至对学科的生存本身而言,也是至关重要的。"回溯过去"的目的,正是为了"面向未来"。

　　人类学者在总结目前人类学史研究的时候,指出现存有三种主要的书写方式,分别是"关注人类学学科的历史研究""关注人类学学术思

---

① 费孝通:《费孝通文集》第 15 卷,北京:群言出版社,2001 年,第 133 页。
② 费孝通:《费孝通文集》第 15 卷,第 134 页。
③ 在费孝通晚年的几篇重要讲演中,他都以自己社会学研究的经历为例,说明回溯学术史对这门学科的未来发展,具有重要意义。

想的历史研究"和"关注人类学家的历史研究",它们"分别针对研究者、研究机构和学术思想开展讨论"。① 这样的分类,大致也适用于当下国内的社会学史研究,笔者分别将其称为"学科史""学术史/思想史""学术人物研究",并用表1来大概反映这个基本格局:

表1 中国社会学学术史书写形态分析

类别	学科史	学术史/思想史	学术人物研究
研究对象	专门化的社会学学科体系	社会学学术思想	社会学家
特点	*学科的历史 *时间性:历史分期法 *学科内史	*向内开掘,发掘思想与概念自身的历史 *内史与外史的结合	*专注于学者个体
优势	*连续性 *材料占有充分 *表述的"客观性"	*消减了学科壁垒 *资料的广泛和多样性 *思想脉络的连续性	*深入人的内心世界 *重视具体历史情境
劣势	*无法摆脱"宏大叙事"的窠臼 *远离思想内涵与学者内心 *以后来的界限去分析先前的历史	*自我封闭与循环论证 *脱离社会事实本身	*只见树木,不见森林

其中,学科史的写作是国内学界常见的方式,"通常反映该学科的历史过程,记录其重大事件,衡量其人作为并总结得失,其价值观秉持中正,力求客观真实"。这一类研究的特点,是"将学科史当成'学科的历史'来看待,结合时间与事件展开论述,因此也特别关心学科的清晰化与连续性,比如学科分期之类的问题;同时强调从材料占有

---

① 杨清媚:《最后的绅士:以费孝通为个案的人类学史研究》,北京:世界图书出版公司,2009年,第17页。

的广度上进行拓展,寻找更多元的证据以呈现一种表述的'客观性'"①。然而,这种叙述方式的问题则在于"在描写宏观场景的同时往往不容易进入学术思想的脉络之中,对学者的思想内涵和心态缺乏细致的把握"②。

1948 年,孙本文以《当代中国社会学》为题,对此前 30 年中国社会学的发展轨迹做了全景式的回顾,因而这本书在某种程度上可被看作中国社会学"学科史"叙述的第一次系统性尝试。遗憾的是,随着社会学学科在 50 年代被取消,孙本文开创的叙述传统基本中断。直到将近40 年后,1987 年,韩明谟和杨雅彬分别以《中国社会学史》为题进行撰述,为"社会学学科史"的书写模式定下基调。此后他们又将自己的早期著述在资料上进行扩充,形成了两种类似但不完全相同的"中国社会学学科史"论述体系③,在此后有关中国社会学史(及相邻学科历史)的书写,基本上是严格按照这种学科史的模式展开的。值得一提的是,此

---

① 杨清媚:《最后的绅士:以费孝通为个案的人类学史研究》,第 17—18 页。

② 我们可以从有关费孝通的两个富有意味的例子来思考这种缺陷。1944 年,费孝通访美归来,他的英文传记作者写道:"他还很年轻,但已是国际上知名的学者……他自称是中国年轻一代知识分子,这一代正在向那些把持着权力和地位,但不思进取的老一代知识分子挑战。"参见阿古什:《费孝通传》,董天民译,郑州:河南人民出版社,2006年,第 106 页。在费孝通的眼里,他在清华大学社会学系的同事陈达就是他的一个"假想敌"。不过 13 年以后,在那篇著名的文章《知识分子的早春天气》中,费孝通又把"我的一位老师"陈达作为社会学界的代表人物举出,借以为恢复社会学学科地位呐喊。参见费孝通:《费孝通文集》第 7 卷,北京:群言出版社,1999 年,第 24 页。细节的背后,实际体现了不同情势下学者心理的微妙变化,与此相呼应的则是学科的地位的变迁。这样的细节,在学科史的书写中,是很少会被关注的。

③ 杨雅彬的叙述,完全以学科发展分期为主轴,详细述评各阶段代表性的学术作品。韩明谟的叙述,在对作品的解读上,远不及杨氏全面和细致,但是他的视野更广,除了时间分期外,也尝试着以机构、流派作为分类标准,同时在作品以外,也适当关注制度性的因素,因此,似乎更能反映社会学这门学科的"历史全貌"。参见杨雅彬:《中国社会学史》,济南:山东人民出版社,1987 年;《近代中国社会学》,北京:中国社会科学出版社,2001 年;韩明谟:《中国社会学史》,天津:天津人民出版社,1987 年;《20 世纪百年学案》(社会学卷),西安:陕西人民教育出版社,2002 年。

间张琢与李培林主编的两本著作很大程度上已经跳出了传统学科史叙述模式的窠臼。前者在学科自身的发展脉络之外,特别注重作为背景的历史进程与社会变迁,某种程度上,甚至将其作为主要的叙述对象;而后者采用的分专题各由专人叙述的体例,展现了一种不同于以往的活泼而又深入的学科史书写格局,更重要的是,在这本题为《20世纪的中国:学术与社会》(社会学卷)的著作中,我们隐约可以看见孙本文在半个世纪以前开创的那种以学派和研究取向进行学术分类的研究方法的影子[①],传统在这里得到了一定程度的呼应[②]。

　　以学术思想为核心,或者更确切地说,以思潮为叙述中心的研究,主要是关注在不同的历史情境下,不同的学术话语是如何产生的、如何发展的,以及如何演变的;有些学术话语是如何成为学科内的"显学",而有些话语则是如何被修改乃至被遗忘的。这种书写方式,有点类似于格尔茨(Clifford Geertz)所主张的"基于作品(works)来理解作者(author)"的研究路径。[③] 也就是说,这种书写方式关注的重点,在于文本本身。例如,历史学者姚纯安的著作就采取了这样的叙事策略,在这部"社会学前史"中,他的主要关注点在于探究19—20世纪之交的中国社会是如何接纳"社会学"这种新的学术话语的,其研究视角其实也是

----

① 孙本文的这本著作,上编题为"中国社会学的起源与发展",主要按照社会学的研究对象进行分类阐述;下编题为"中国社会学的流派及其特点",主要按照学者的不同研究取向进行分类阐述。参见孙本文:《当代中国社会学》,南京:胜利出版社,1948年。

② 参见张琢:《中国社会和社会学百年史》,香港:中华书局(香港)有限公司,1992年;李培林等主编:《20世纪的中国:学术与社会》(社会学卷),济南:山东人民出版社,2001年。

③ 在格尔茨那里,学术史/思想史的书写,应该只关注作者与作品之间的关系。他借用福柯(Michel Foucault)和巴特(Roland Barthes)对"作者"的讨论来区分和限定什么样的写作者及其产品才是文本分析的对象。简而言之,格尔茨认为经验与事实之间没有任何联系,作品本身就足以说明一切。在他看来,"人类学的作品,世界为其存在要远胜于它为世界而存在"。转引自杨清媚:《最后的绅士:以费孝通为个案的人类学史研究》,第21—23页。

进行"社会学的社会学"研究的尝试。^① 而王铭铭的著作则"针对权力与学术之间的关系对学科现状进行反思,认为中国人类学面临的首要问题是'学科的国家化'的问题。围绕这个问题,反观过去一百多年内,人类学给我们留下了哪些可珍惜的学术遗产,然而同时也造成了哪些局限。……其研究是在国家与学者之间复杂的关系中考察中国人类学知识生产的过程"^②。丁元竹同样顺着这样的思路,把他的老师费孝通视为一位"美好社会的探索者"^③,分析他的社会思想和认识方法演变过程。而阎明的著作,其性质则介于"学科史"和"学术史"之间,除了其著述本身重要的学术价值外,她更为我们提供了一份近 30 页的文献目录。作者的耐心细致与广阔视域,使这份目录或许成为目前研究 20 世纪上半叶中国社会学历史进程最完备最详尽的参考资料。^④ 当然,类似在格尔茨那里会出现"每一个作品都被视为一项自足的存在,封闭了自己也失去了与客观世界对话的可能"的问题一样,类似的弱点在以学术思想史为核心的书写模式中也有可能会出现。

在以人物为核心进行中国社会学史研究的作者中,以费孝通为关注对象的阿古什(David Arkush)无疑是先驱之一。费孝通的另一位传记作者张冠生,也做出了很大贡献。^⑤ 2000 年,人类学家顾定国(Gregery E. Guldin)的英文著作 *The Saga of Anthropology in China*

① 姚纯安:《社会学在近代中国的进程:1895—1919》,北京:生活·读书·新知三联书店,2006 年。
② 杨清媚:《最后的绅士:以费孝通为个案的人类学史研究》,第 18 页;王铭铭:《社会人类学与中国研究》,桂林:广西师范大学出版社,2005 年;《西学"中国化"的历史困境》,桂林:广西师范大学出版社,2005 年。
③ 丁元竹:《费孝通社会思想与认识方法研究:美好社会的世纪求索》,北京:中国社会出版社,2007 年第 1 页。
④ 参见阎明:《一门学科与一个时代:社会学在中国》,第 301—329 页。
⑤ 人类学界对这两位作者的书写进行了很详细的分析,参见杨清媚:《最后的绅士:以费孝通为个案的人类学史研究》,第 4—10 页。

的中文译本以"中国人类学逸史"为主书名出版时,曾引起热烈讨论。①
这部书以老一辈人类学者梁钊韬的人生经历为主线来探讨中山大学人
类学系在 20 世纪的变动历程。作者将梁钊韬视为中山大学人类学系
一位重要的历史见证者和参与者,其人生经历与这个学术机构的历史
交织在了一起。作为"第一本用英文正式出版的中国人类学史专
著"②,这部专著一方面受到好评,另一方面也遭受质疑,例如王斯福
(Stephan Feuchtwang)就认为顾定国对梁钊韬的访谈,其实没有从梁
钊韬本人的经历和学术发展来思考学科变化的真正原因和后果,而是
落在了表面,因此未能对学科知识和积累有所贡献。③

　　尽管聚讼纷纭,但是我们不得不承认,顾定国的学术史研究至少在
书写方式上给我们以启示:他主要是通过以"知识行动者"④为中心来
叙述一门学科的变迁。顾定国的这种书写方式体现了知识行动者与学
科制度间的内在联系:秉承了确定的职业伦理体系的知识行动者,在特
定学科的知识生产和知识创新过程中构建了一种制度体系,就是所谓
的"学科制度"。知识行动者群体与学科制度的构建和完善过程之间,
构成了密切关联的动态网络,一定程度上我们可以称之为学术符号资
本的生产和再生产的动态网络。因而在宏大的社会结构和过程的背景

---

① 顾定国:《中国人类学逸史:从马林诺斯基到莫斯科到毛泽东》,胡鸿保、周燕译,北京:
社会科学文献出版社,2000 年。

② 王建民、李小敏、侯庸:《〈中国人类学逸史〉的由来及其书评》,《世界民族》2001 年
第 1 期。

③ 王斯福:《存在一种"中国人类学"吗?》,《世界民族》2001 年第 1 期。不过这样的批评
也未必准确,因为顾定国的本意,或许并不是要系统地追寻学科变化的"真正原因",
他使用"saga"而不是"history"一词,除了试图用前者表达对中国人类学者百折不挠
的敬意之外,或许也表达着这样一层含义:他的学术史书写,只是为了"展现"(show),
而不是为了"解释"(explain)。

④ 所谓"知识行动者",指的就是以占有、创造和传播知识(符号体系)为主要工作的职业群
体,参见方文:《学科制度和社会认同》,北京:中国人民大学出版社,2008 年,第 29 页。

下,对于试图反思学科发展的过程,理解知识与权力的关系,追寻学科制度自身的自主性、权威和尊严的种种努力而言,从叙述知识行动者出发就成为一个较好的入口。正因如此,在本书中我采取对社会学家个体的书写来观照整个中国社会学的命运——这也可以看作我对上一节最后那个遗留问题的回答。

第三节　知识人的社会角色:一种知识社会学视角

尽管费孝通也坦承他对于社会学史并没有更多的了解[①],但正是基于对学术史在学科建设中重要意义的体认,费孝通在生命的最后五年里所做的最重要的一项研究,或者说他晚年对学科建设最重要的贡献之一,正是学术史的回溯:以《补课札记》为题,对"派克社会学"的重温[②]。

所谓"札记",是费孝通自谦的说法,实际上,他在 90 岁那年完成的这本小册子,不仅把"派克老师怎样从一个密西西比河上的儿童成长为美国有名的社会学家的经过"以及"他的社会学思想怎样发生、修改和发展的经过"进行了翔实的梳理,更从方法论的意义上对拓展学术史书写形态做出了自己的贡献:他张扬了派克(Robert Park)所谓的"自然史"的书写方式。

对于"自然史"这种派克在"史学上的创新",费孝通有过一段清楚的描述:

---

① 费孝通:《费孝通文集》第 13 卷,北京:群言出版社,1999 年,第 5 页。
② 费孝通:《费孝通文集》第 15 卷,第 133—234 页。

　　这次我从派克老师的一生经历入手去看他的社会学的长成，这就把我拉进了他的实际生活，看他的思想怎样一步步发展起来。学术思想是不能不从学人的身世和他所处的时代相结合的关键上去把握和理解的。这样入手，使他的社会学活了起来，他的社会学也反映出了美国社会在这一时期的面貌，个人和集体一旦结合就越看越有滋味、越有意思。①

尽管没有直接点明，但费先生的寥寥数语却是从知识社会学（sociology of knowledge）的角度对学术史的书写提出了自己的认识。也就是说，对于一门学术体系而言，学术思想演变、学科体系发展、学者心路历程以及具体时代背景这四个要素是内在统一的。同样，只有基于四个要素有机结合的考量，才能真正把握学术发展的脉络，也才能真正产生富有启发意义的学术史书写。在本章开始的第一段文字中，我就阐明本书试图进行一种知识社会学的研究。而对本书有启发的背景理论，都可以归结在知识社会学体系的范围之内。

（一）　知识社会学的基本脉络

　　从最一般的意义上说，知识社会学的研究对象可以被概括为"思想与社会之间的关系"②。作为社会学的一个分支，知识社会学是从社会学理论中演化出来的，但是它的思想来源却是哲学，"现代现象学与知识学的关联已有相当可观的知识学积累"③。但是在哲学领域里形成

---

① 费孝通：《费孝通文集》第 15 卷，第 228 页。
② 刘易斯·科塞：《1968 年版导言》，载弗洛里安·兹纳涅茨基：《知识人的社会角色》，郏斌祥译，南京：译林出版社，2000 年，第 9 页。
③ 刘小枫：《现代性社会理论绪论：现代性与现代中国》，上海：上海三联书店，1998 年，第 7 页。

的知识论或知识学,仅仅把知识看作一种认识现象,偏重于从认识论上考察知识现象,而没有专门研究知识与社会的关系。到了 19 世纪中叶,知识作用的加强、社会的发展和知识的专门化综合化趋势要求对知识进行专门研究,尤其要研究知识与社会的关系。这时社会学出现了,知识社会学也随之出现了。因此科塞(Lewis Coser)才会说,"虽然知识社会学的鼻祖或许可以追溯到弗朗西斯·培根和 18 世纪的法国哲学,但系统的知识社会学却植根于德国的马克思主义传统和法国的涂尔干传统";到了 20 世纪,两位德国人,马克斯·舍勒(Max Scheler)和卡尔·曼海姆(Karl Mannheim)也对知识社会学做出了理论贡献。①

"作为知识社会学风暴中心"②的马克思所提出的"社会存在决定社会意识",可被看作最早和最基本的知识社会学命题,在这一基础上,他还提出了一系列知识社会学的基本范畴,如"意识形态""上层建筑和经济基础"等。马克思不仅创立了唯物史观,把知识加以区分,还研究了知识的社会功能,他既是社会学的创始人,也是知识社会学研究的先行者。

而尽管涂尔干的著作带有模糊不清的认识论思辨,从而受到更多的诋毁,但是他的著作依旧"是此领域中最关键的开创性研究之一"③,有学者认为"真正意义上的知识社会学研究是由法国社会学家涂尔干开始的"④。因为正是在向对社会行为做心理学和原子论解释开战的过程中,涂尔干进入了知识社会学领域。他试图确定道德、价值和宗教

---

① 刘易斯·科塞:《1968 年版导言》,第 9 页。
② 罗伯特·默顿:《科学社会学:理论与经验研究》,鲁旭东、林聚任译,北京:商务印书馆,2003 年,第 16 页。
③ 刘易斯·科塞:《1968 年版导言》,第 11 页。
④ 刘珺珺:《科学社会学》,上海:上海人民出版社,1990 年,第 38 页。

的社会起源和社会功能,并把道德、价值和宗教解释为不同形式的集体表现(collective representations)而不是个别思想家沉思的产物。涂尔干断言,社会通过形成逻辑思想据以产生的范畴而在逻辑思想的发生过程中起着决定作用。

到了 20 世纪 20 年代,曼海姆通过把自己置于马克思传统之内,开始自觉地将知识社会学作为一门独立的、科学的学科加以阐述。不过,曼海姆在一个关键性的立场上与马克思相对:在马克思那里,追溯观念与社会地位之间的联系,主要是作为挫败敌手主张的论战性武器;曼海姆却力图使知识社会学成为一种科学的、中性的分析工具。他主张所有观念都与观念据以产生的社会历史条件相联系,因而也受到这些条件的影响。也就是说,所有思考活动都受社会存在决定,或者至少说相互决定。观念"定位"于社会过程之中,而知识社会学的任务就在于确定"思想立场"与"结构—历史"位置的经验相关性。正是在这个基础上,彼得·伯克说直到曼海姆以后,"知识社会学才成为一种可用于研究人类思想所有方面的实证方法"[1]。

此外,作为"现象学学派的门徒",舍勒试图在历史过程中寻找决定特定思想产物出现的"真正因素",而不是寄希望于那些常驻不变的独立变量。

在所有的知识社会学先驱中,兹纳涅茨基(F. W. Znaniecki)的贡献是独树一帜的。在科塞看来,兹纳涅茨基敏锐地指出并巧妙地越过了其他前驱者的研究方法中存在的一些陷阱。兹纳涅茨基认为,大多数知识社会学的理论建构有一个根本性的困难,那就是认识论与形而

---

[1] Peter Burke, *History and Social Theory*, New York: Cornell University Press, 1985, p. 28.

上学假设强烈地干涉社会学研究的实质性领域。正如马克思所谓"作为知识的理论,'科学的科学',必须确立自身作为一门社会学的特征;而作为社会学,必须确立自身作为一门科学的科学的特征"①。不应该把知识社会学当作一种特殊的社会学认识论,而应该实实在在地属于社会学领域。为此,他决心为自己强加一个严格的自我否定规范:尽量避开一切涉及认识论问题的引诱,而进行严格科学的和实在的探究。兹纳涅茨基不仅拒斥所有认识论与形而上学的假定,而且还把自己的注意力限制于斯塔克所谓的微观知识社会学(the microsociology of knowledge)。

1945 年,默顿(Robert K. Merton)在系统梳理以上学术史(当然远不止这四位学者)的基础上,第一次对知识社会学的研究范式做了比较明确的界定和阐述。② 在默顿看来,知识社会学的基本任务,就是对以下几个问题做出解答③:

(1)知识社会学中所谓的"知识"(knowledge)指的是什么?

默顿将"知识"理解为一种"精神产品",它普遍存在于下列领域:道德信仰、意识形态、观念、思想范畴、哲学、宗教信仰、社会规范、实证科学、技术等。默顿并且对"知识"的类型做了详细的阐述。

(2)知识(或"精神生产")的存在基础是什么?

默顿认为,"思想的存在基础何在"这个问题可被看作知识社会学的中心命题。他进而将其分为"社会基础"和"文化基础"两个方面分别加以分析。

---

① 转引自刘易斯·科塞:《1968 年版导言》,第 12 页。
② 罗伯特·默顿:《科学社会学:理论与经验研究》,鲁旭东、林聚任译,第 7—54 页。
③ 在引述默顿的原文时,为逻辑上的方便,我对几个问题的顺序进行了适当调整,原先的顺序可参见罗伯特·默顿:《科学社会学:理论与经验研究》,鲁旭东、林聚任译,第 14—15 页。

（3）知识与存在基础之间的关系是怎样的？

在默顿那里，这种关系分为两类，即因果关系（或功能关系）和符号关系（或有机关系、意义关系），他进而对这种相关性发生的原因和产生作用的原理进行了分析。

（4）受到存在基础制约的知识，本身是否具有其功能（显功能和潜功能）？[①]

（5）何时所认为的存在基础与知识之间的关系会得到承认？

（二）　"内史"与"外史"

社会学史的书写，所面对的是"近乎无限丰富的社会行动者的活动、活动的媒介和产品"，因此，"书写者必然会面对学科历史编纂学的认识论问题，……这些认识论问题，包含着一系列交互缠绕的二元对立"，其中就包括"内史论"（internalism）与"外史论"（externalism）之间的张力，这种张力体现为一个基本的判断：知识体系与学科制度的发展"是其内部理智演化的自然逻辑还是外在的社会需求的激发"[②]。

一般而言，知识社会学中的"内史"（internal history）指的是科学本身的内部发展历史，"外史"（external history）则指社会结构与社会过程对知识发展影响的历史。与此相应地，"内史论"强调科学史研究只应关注科学自身的独立发展，注重知识体系与学科制度发展中的逻辑展开、概念框架、方法程序、理论阐述等，关心知识事实在历史中的前后联

---

① 在 1945 年发表的这篇文章里，默顿对这个问题的分析最简略，除了复述马克思和涂尔干的观点外，只是列举了几个单词来说明那些可能存在的功能，这说明当时他的思考还是初步的。不过即使这样，这些还仅仅是抽象概念的"功能"，对我理解知识社会学的价值也是很有启发意义的。默顿列举的功能包括：维护权力、促进稳定、确定取向、剥削、掩盖现实的社会关系、提供动力、引导行为、回避批评、转移敌意、提供保险、控制性格、协调社会关系等。参见罗伯特·默顿：《科学社会学：理论与经验研究》，鲁旭东、林聚任译，第 15 页。

② 方文：《学科制度和社会认同》，第 38 页。

系,而很少考虑社会因素对科学发展的影响,默认知识体系的发展有其自身的内在逻辑。"外史论"则强调学术史研究应更加关注社会、文化、政治、经济、宗教、军事等环境对学术知识发展方向与速度的影响,把知识体系与学科制度的发展置于更复杂的背景中去考察。很显然"内外史"之争的焦点就是外在于知识本身的社会因素是否会对知识的发展产生影响,或者说,在科学史的研究中,这些"外部"影响是否可以被研究者忽略。①

从时间上来看,20世纪40年代之前的科学史研究基本上都属于"内史"范畴。直到默顿和加斯顿(J. Gaston)发表了有关著作之后,学术史研究才开始重视外部社会因素对科学发展的影响,并逐渐形成了与传统"内史"研究不同风格的编史倾向,也就是所谓学术史的"外史转向"。② 二战结束后的20年间,由于观念论的哲学性历史占主导地位,人们很自然地注意远离任何对知识的社会根源的讨论。③ 自20世纪80年代以来,随着科学知识社会学的发展,对知识体系(主要是以自然科学为中心)的社会学分析开始兴起。其中,不但科学的形成过程和形式,甚至科学的内容也被纳入了社会学分析的范围。科学知识的内容因其社会建构过程,被认为受到种种外在因素的影响,科学既被看成一种知识现象,更被看成一种社会和文化现象。

在叙事模式上,本书就试图结合"内史"与"外史"的视角。

对"中国社会学学科内史"的把握,笔者试图从中国社会学学科自

① 刘兵:《克丽奥眼中的科学:科学编史学初论》,济南:山东教育出版社,1996年,第24页。
② 罗伯特·默顿:《科学社会学:理论与经验研究》,鲁旭东、林聚任译,第7—54、237—299页;杰里·加斯顿:《科学的社会运行:英美科学界的奖励系统》,顾昕等译,北京:光明日报出版社,1988年。
③ 参见吴国盛编:《科学思想史指南》,成都:四川教育出版社,1994年。

身发展的角度出发，通过解读几位有代表性的中国社会学家，考察其学术传统与学术自身发展轨迹，进而归纳并反思其发展进程中面临的内在困境。作为一门由西方传入中国的社会科学，20世纪上半叶中国的社会学显示了其非同一般的发展速度和潜力。1962年，弗里德曼（Maurice Freedman）曾经这样评价20世纪三四十年代的中国社会学："可以说，在二战以前，中国是除北美和西欧以外的世界上社会学发展最繁荣的地区。"①1949年以前，一方面，在由西方输入的现代社会科学体系中，中国的社会学几乎是唯一一门既可以与西方学界基本保持同步，又在不断地实现学术研究本土化的学科。同时，中国早期社会学家们也从各自的专业视角出发，对现代中国基本问题及其走向给出自己的答案并尝试着付诸实践。然而另一方面，社会学又堪称现代中国社会科学门类中最命运多舛的一门学科。正如弗里德曼在同一篇文章中叹息的那样，自20世纪中叶以后，早期中国社会学的成果成了"被冻结的传统"②。在1952年全面开始并波及全国的高等院校院系调整中，作为一门大学学科的社会学被整个建制地取消，社会学专业学者和学生被分流，作为一个职业群体的"社会学家"在中国大陆消失；经过一段短暂的和并不成功的"社会学复兴"，最终在1957年，大部分中国社会学家受到错误批判，被剥夺了教学与研究的权利。中国社会学和社会学家由此开始进入长达二十余年的"失语期"，到1979年社会学在官方许可下开始重建时，大部分早期社会学家已经离开人世，留下的是二十余年的学术真空。自中国社会学"重建"以来，尽管社会学在中国发展历程中一直不缺乏学界的关注，但相关研究明显体现出"两头热中间

---

① Maurice Freedman, "Sociology in and of China", *British Journal of Sociology*, Vol. 13 (1962).

② Maurice Freedman, "Sociology in and of China".

冷"的极端不平衡形态,也就是对 20 世纪上半叶和改革开放以后社会学的发展回顾、分析较多,而限于资料搜集困难、意识形态干扰等主客观因素影响,学术界对 20 世纪中叶社会急剧变迁时期社会学和社会学者的关注和分析较少。[①] 笔者则试图通过对原始资料的爬梳,以几位社会学家的心路历程为轴线,尽可能梳理社会学在 20 世纪 40 年代和 50 年代后期这十余年的历程,深入反映来自西方的社会学"被引入到一个有着殖民主义、战争和社会革命的非西方环境之后是如何发展的"[②]。

对"中国社会学学科外史"的把握,笔者试图把上述"学科内史"置于 20 世纪中叶中国社会结构急剧变迁的宏观情境中加以社会学的解读,并通过这种"社会学的社会学"的研究,深入审视 20 世纪中叶以来中国社会结构巨大变迁的形态及其意义。近代中国社会所经历的变迁跌宕起伏——革命、改良、战争、政权的交替、文化的存废与兴替——这些都是学者们研究的重点所在。研究中国社会学学科的发展,可以为深入考察中国近现代历史提供一个独特的视角。并且,社会学学科既以现代社会为研究对象,又受时代环境所影响,这一学科研究同研究对象之间的密切互动,本身就构成了独特的社会现象,成为"社会学的社会学"研究的基本课题。

如果说对"学科内史"的研究还带有比较浓厚的描述性特征的话,那么"学科外史"的研究则更注重社会学方法的应用,特别是强调历史现象背后各种结构性因素及其之间的因果关系。上述两条线索是互相交错、不可割裂的,将两者进行平行的、统一的理解,是笔者试图在本书

---

① 相对详尽的分析,主要参见袁方主编:《社会学百年》,北京:北京出版社,1999 年,第 185—200 页;阎明:《一门学科与一个时代:社会学在中国》,第 236—298 页。

② 顾定国:《中国人类学逸史:从马林诺斯基到莫斯科到毛泽东》,胡鸿保、周燕译,引言第 1—2 页。

的叙事中努力做到的。

(三) 社会学家的社会角色

笔者从知识社会学中汲取的第二种理论营养,是有关知识分子的社会角色的理论。

不只是关注知识社会学理论的社会学家对"社会角色"这一范畴有过论述,实际上在 20 世纪中叶以后,对"角色理论"的阐释一度成为西方社会学的主要传统之一。根据特纳(Jonathan H. Turner)的概述,这种"认为个体通过承担身份地位和角色行为的职责与更大的社会结构紧密地联系在一起的观点"在 20 世纪中期"遍及社会学理论"①,而这种角色分析理论的推进,则源于米德(George H. Mead)、派克(Robert E. Park)、莫雷诺(Jacob L. Moreno)、林顿(Ralph Linton)、戈夫曼(Erving Goffman)以及布鲁默(Herbert G. Blumer)、拉尔夫·特纳(Ralph H. Turner)等人的思想的交汇。②

一般来说,社会角色理论研究的是个体在互动过程中扮演的角色及其活动规律。不过知识社会学的角色理论的视角更加集中,主要关注的是被称为"知识行动者"的那群人的社会角色及其活动规律。在社会分工中,这群人的任务是占有、创造和传播知识,在这个过程中,他们每时每刻都在受着他们自身"社会角色"的影响和形塑。知识社会学的角色理论的任务便是探究这种影响和形塑是怎么发生的。归根结底,其主题还是试图去探究"社会"与"知识"之间的关系;而其主要的研究

---

① 乔纳森·特纳:《社会学理论的结构》(下册),邱泽奇等译,北京:华夏出版社,2001年,第48页。

② 特纳用了两个整章以及其他零散篇章来叙述这个传统,参见特纳:《社会学理论的结构》(下册),邱泽奇等译,第48—81页。另外奚从清对角色理论的主要代表人物有简要的介绍和评述,参见奚从清:《角色论:个人与社会的互动》,杭州:浙江大学出版社,2010年,第21—39页。

方法,则是对知识行动者进行类型学的划分。

在这方面做出开创性贡献的,是波兰籍社会学家兹纳涅茨基。在他生前出版的最后一本重要著作《知识人的社会角色》中,兹纳涅茨基展示了他的以上观点。在这本书里,兹纳涅茨基为自己设定了两个任务:(1) 建立知识人所扮演的各种专门社会角色的类型学,也就是追问各类型的知识人[①]的社会角色的成分和结构是什么,它们的相互关系是什么,它们的发展方向是什么。(2)研究支配知识行动者之行为的规范模式,也就是回答学者的知识系统和方法系统如果存在的话,那么,那些用以解释学者在某种社会秩序中的行为的规范模式对这些系统有什么影响这样一个问题。

兹纳涅茨基认为,作为一种能动的社会体系,社会角色包括四个互动的部分:(1) 社会圈(social circle),也就是这样一群人,他们与这个角色的扮演者相互作用,并且对他的表演予以评价。兹纳涅茨基认为,在异质社会(heterogeneous societies)中,思想家不可能对整个社会发表言论,而是倾向于只对经过选择的部分公众发表言论。特定的社会圈子给予社会认可,提供物质或精神收益,并帮助已将听众的规范性期待内化在心中的思想家形成自我形象。反过来,社会圈子将授予思想家一定的权利和免疫性。(2)扮演者自身,或者说其身份。身份赋予扮演者特殊的形体特征和心理特征。(3)扮演者的社会地位,也就是他的身份本身所允许的他的行为,所免除的他的义务。(4)扮演者的社会功能,也就是他对社会圈的贡献。

基于这样的分析工具,兹纳涅茨基进入著作的重点部分:对知识行

---

① 在兹纳涅茨基那里,科学家、学者以及知识分子等术语被当作同义词来使用,被广义地称作"知识人"。参见兹纳涅茨基:《知识人的社会角色》,郑斌祥译,第8页。

动者可能扮演的各种不同社会角色做了以下的分类:

表2　知识行动者的社会角色类型①

角色类型		
技术顾问 (Technological Advisors)	技术专家(Technical Experts)	
	技术领导(Technical Leaders)	
圣哲 (Sages)	保守派	
	革新派	
学者 (Scholars)	宗教学者(神圣学者)	
	世俗学者	真理发现者(Discoverers of Truth)
		组织者(Systematizers)
		贡献者(Contributors)
		真理斗士(Fighters for Truth)
		知识传播者(Disseminators of Knowledge) a. 普及者、b. 教师
知识创造者 (Creators of Knowledge)	事实发现者(Fact-Finders)	
	问题发现者(Discoverers of Problems)	

　　兹纳涅茨基一再强调,这并非对个人,而是对社会角色的一种分类,不同的人可能承担同一种社会角色,而某一个人也有可能身兼几个分析意义上完全不同的角色。他也不满足于仅仅描述知识行动者的各种社会角色,而是试图为理解这些角色的转化和取代过程提供线索。兹纳涅茨基指出,社会圈子对知识行动者的要求,随着他所扮演角色的不同而变化。知识行动者所扮演的每一种特殊社会角色都带有某种期望:每一个社会圈子奖惩特定类型的知识绩效。正是在这一点上,默顿和科塞给了很高的评价,认为这是兹纳涅茨基这本书最大的贡献所

① 根据兹纳涅茨基《知识人的社会角色》和默顿《科学社会学:理论与经验研究》相关篇章整理。

在。默顿说,兹纳涅茨基概述了人们对履行着不同社会角色的那些知识人"新的未预料到的事实"的各种态度,他的论证从知识行动者所参与的特定角色体系来"理解"这些不同态度,或者说,寻求"各种社会结构以什么方式施加压力,以使人们接受对新的经验资料的看法"[①]这一问题的答案。

也就是说,在兹纳涅茨基看来,任何精神产品(也就是"知识体系")的产生、传播、流变乃至衰亡的过程,并不像看起来的那样由精神产品的生产者(也就是"知识行动者")本身决定,而是受制于"知识行动者"在一定时空和语境下承担的社会角色。而社会角色的承担与转化过程,则是知识行动者身处其中的社会结构及与知识行动者"自身相关的内在社会过程"[②]共同作用的结果。

在兹纳涅茨基以后,不断有社会学家对知识行动者的社会角色进行着类型学的划分。

根据默顿的说法,最早从兹纳涅茨基那里获得思想教益的,是威尔逊(Logan Wilson)——他在《知识人的社会角色》出版两年之后,以《学术人》(*Academic Man*)为题发表了自己的研究成果,不过这本书现在已经很难再见到了。

目前学术界通常所见到的兹氏早期的继承人是刘易斯·科塞。科塞非常推崇知识行动者有关从社会类型学角度考察知识行动者的研究理路,他也毫不讳言自己在 1965 年初版的《理念人:一项社会学的考察》一书中对前者的仿效。[③] 在这本被作者自己视为"历史社会学"的

---

① 罗伯特·默顿:《科学社会学:理论与经验研究》,鲁旭东、林聚任译,第 59 页。
② 这是默顿 1960 年向第四届世界社会学大会提交的一篇论文中提及的,可以理解为知识人的社会互动,尤其是表现为冲突和分歧的互动,参见罗伯特·默顿:《科学社会学:理论与经验研究》,鲁旭东、林聚任译,第 65 页。
③ 刘易斯·科塞:《1968 年版导言》,第 1—2 页。

著作中，科塞始终关心的是"某些可称之为近似'纯粹'的社会学类型的知识分子群体"，他"希望通过建立某种具有普遍性的典型，能够对超越历史特殊性领域的各种趋势加以比较"。[①] 在对欧洲知识行动者的类型学分析中，科塞按照他们与权力的关系，将其分为"掌权的知识分子""与权力保持暧昧关系的智囊团""帮助权力合法化者"以及"权力的批判者"；在对二战之后美国知识行动者群体的考察中，科塞则按照他们的职业类型做了诸如"自由职业知识分子""学院派知识分子""科学知识分子""华盛顿知识分子""大众文化产业中的知识分子"等类型分析。

作为实践型的马克思主义政治家，葛兰西（Antonio Gramsci）强调知识分子在现实生活中的集体性和阶级有机性。他区分了"有机知识分子"（organic intellectual）和"传统知识分子"（traditional intellectual），并强调前者在维护或解构意识形态霸权或文化领导权、塑造公众"常识"方面所具有的关键作用。[②]

1968 年以后，福柯（Michel Foucault）提出了一个影响广泛的关于知识行动者的类型学分析，也就是"普遍知识分子"（universal intellectual）的衰落和"专业知识分子"（specific intellectual）的兴起。出于对现代性的普遍主义的质疑，福柯认为作为普遍大众代言人的知识行动者（即普遍知识分子）已经衰亡，随着现代社会分工与知识专业化程度的加深，呈现在人们面前的是另一种知识行动者形象（即专业知识分子）：在具体的、专业化的知识生产和传播部门工作，专注于具体的技术性工作本身，放弃了对真理和正义的执着追求。在他看来，从普遍知

---

① 刘易斯·科塞：《理念人：一项社会学的考察》，郭方等译，北京：中央编译出版社，2001年，前言第 7 页。
② 参见陶东风主编：《知识分子与社会转型》，开封：河南大学出版社，2003 年，第 4 页。

识分子到专业知识分子这种角色的转换,既是社会环境变化的结果,也是知识分子自身的发展趋势。[1]

而鲍曼(Zygmunt Bauman)则通过对知识行动者的类型学分析,划分出了"立法者"(legislator)与"阐释者"(interpreter)两种范型。鲍曼所谓"立法者"类型的知识行动者建基于启蒙时代的理念:随着神学世界观的解体,无论是政府还是个体,其行为的基础都应该是理性,必须依据理性概念,运用立法和教育来塑造社会现实。这种对世界的看法导致了"有知者"的权威地位,而这一权威可以描述为"立法的"。"立法"权利要求整个社会都服从具有"更好的判断力和卓越的知识"的"有知者"确立的法规,这就把知识行动者本身的"立法者"角色合法化了。随着现代性的普遍主义和本质主义被后现代的多元论和相对主义取代,知识分子的角色也从"立法者"变成了"阐释者",知识行动者所从事的工作被界定为一个"解释的"事业。从立法者到阐释者的转变实际上也就是从政治的主角蜕变为政治的阐释者的过程,这个变化使知识分子退守到文化阐释领域。[2]

在关于知识分子社会功能与社会角色的研究中,古德纳(Alvin W. Gouldner)、萨义德(Edward W. Said)、布迪厄(Pierre Bourdieu)、李普塞特(S. M. Lipset)和波斯纳(Richard A. Posner)等人的批判性精神迄今发人深省。古德纳认为所谓知识分子,既不是超然漂浮者,也不是某个阶级的依附者,知识分子自己就是一个"新阶级"。[3] 萨义德则对现代社会专业化的牢笼把知识分子囚禁在狭窄的专业领域,使之丧失

---

[1] 参见陶东风主编:《知识分子与社会转型》,第6页。
[2] 参见陶东风主编:《知识分子与社会转型》,第7—8页。
[3] 艾尔文·古德纳:《知识分子的未来和新阶级的兴起》,顾晓辉、蔡嵘译,南京:江苏人民出版社,2006年。

公共性而成为"专家"的现象进行了激烈批判。① 布迪厄通过对文化资本和经济资本之间既矛盾又联系的复杂关系的研究,得出其著名的知识分子的定义:"统治阶级中的被统治者。"在布迪厄那里,知识分子场域本来就是一个体制和市场的结合体,各类型的知识分子在"圈子"中互相争夺象征资源,为自己的艺术、科研、学术产品争取合法性的承认。② 李普塞特通过分析知识分子与政权之间权威分配的性质和来源,考察了不同制度下知识分子角色的差异。他认为,无论在哪种制度下,总是存在着一种基本的结构性机制,使知识分子能够积极地适应其所在的大文化体系。③ 波斯纳则同样用类型学的方法,对正在衰落中的公共知识分子进行了解读。④

　　不管这些学者是否有自觉意识,也不管他们所划分的具体"类型"是否与兹纳涅茨基冲突,但他们确实多多少少受到兹纳涅茨基的影响,并沿着他开创的角色类型体系继续往前行进。而这个考察视角也正是我从兹纳涅茨基及他的追随者那里得到的最大启发。在本书的书写中,我并不会简单地将知识行动者社会角色的分类套用在对中国社会学家的分析上——那是不明智和危险的——而是试图主要通过描述在一个具体的时间范围内社会学家参与其中的社会结构或者说"外部环境",以及在这种结构中社会学家的互动形态(沟通与冲突),研究社会学家在这样特定的社会语境和关系网络中,如何产生共同体,如何相互

① 爱德华·萨义德:《知识分子论》,单德兴译,北京:生活·读书·新知三联书店,2002年。
② 皮埃尔·布迪厄:《现代世界知识分子的角色》,《律师文摘》2006年第2辑。
③ 李普塞特、巴苏:《关于知识分子的类型及其政治角色》,载梁从诚主编:《现代社会与知识分子》,沈阳:辽宁人民出版社,1989年。
④ 理查德·波斯纳:《公共知识分子:衰落之研究》,徐昕译,北京:中国政法大学出版社,2002年。

交往、影响和建构社会公共空间和关系网络,分析结构赋予他们各自承担的社会角色(及角色间的转化),考察在政治运动与社会变迁中知识分子的应对策略,进而解读社会学家不同的社会角色与社会学知识体系的命运之间的相关关系。某种程度上,这正是对默顿知识社会学观点的呼应,他说:"社会学家之间的互动模式,将会影响这个学科变化着的特征。"①

---

① 罗伯特·默顿:《科学社会学:理论与经验研究》,鲁旭东、林聚任译,第65页。

第二章　资源与学派、知识与制度

——从 20 世纪 40 年代中期吴文藻、陶孟和的人生转折出发

> 不妨把生活想象成一道巨大的难题，想象成一个方程式
> 或一组部分地相互依存、部分地相互独立的方程式……要知
> 道，这些方程式都十分复杂，充满了各种意想不到的惊奇，而
> 我们时常都不能求得它们的"根"。①
>
> ——布罗代尔

　　1944 年抗日战争接近尾声的时候，时任中央大学社会学系主任的
孙本文在一篇文章中总结抗战对中国社会学的影响时，说旷日持久的
抗日战争，对中国社会学发展的阻碍和影响是巨大的。② 不过此后他
也曾撰文表示，战争几乎将全中国的社会学家都集中到了后方，并在一
个短时期内促成社会学家对"社会现实"的集中关注，客观上这未尝不
是战争对社会学发展的一种"推动"。③ 差不多同一时间，清华大学社
会学系教授费孝通，也在向日本同行介绍中国社会学的发展时，表达了
相同的意见：

　　　　一直到第二次世界大战的发生，中国社会学依旧分离在经院

---

① 转引自华勒斯坦等：《开放社会科学：重建社会科学报告书》，北京：生活·读书·新知
　　三联书店，1997 年，第 1 页。
② 孙本文：《社会学与社会行政》，《社会建设》1944 年第 1 期。
③ 孙本文：《抗战期间社会学的回顾及今后的趋向》，《中国杂志》1947 年第 1 期。

　　理论、实验区的调查和社会主义者教条性的实践的三条碰不上的平行线上，……（抗战使学者）无法不正视现实，把他们多年来熟习的理论，在现实的人民生活中去求证实和否定了。于是在抗战前几年已经被一部分社会学者所提出的"社会研究"，在这场合中，成了战时中国社会学的共同的风气了。①

由于战争的现实，中国社会学家们的活动被局限在相对狭小的一个地理范围内，彼此之间的互动也因而有所增加，就像费孝通说的那样，几条碰不上的平行线开始有了相交的趋势。不过，费孝通没有说明（或者不便明说）的是，这种相交与互动，并不都是在学术层面展开，也并不都是和谐的，其中也充满了各种错综复杂的冲突、矛盾与学者自身的无奈、悲哀。比如费孝通在燕京大学的老师，曾任云南大学社会学系教授的吴文藻。

　　1940年，吴文藻经历了他个人学术生涯上最重大的一次转折。这一年底，他辞去云南大学社会学系主任和"云南大学—燕京大学社会实地调查工作站"负责人的职务，挈妇将雏，前往战时国民政府的陪都重庆，在国防最高委员会参事室任参事。

　　这次离去，对于以学术为一生志业的吴文藻来说，不啻终生的"放逐"——客观来说，自此以后他实际基本上告别了直接参与构建社会学"中国学派"的雄图与梦想，此时他还不到40岁。30多年以后，当客观条件允许他可以再次比较自由地重新开始学术研究的时候，他的生命也即将走到尽头。40年后，垂垂老矣的吴文藻忆及这段往事的时候，语气中不无遗憾："自1938年夏离开燕京大学后，直到1951年从日本

---

① 费孝通：《费孝通文集》第5卷，北京：群言出版社，1999年，第413—414页。

回国,我的生活一直处于战时不稳定的状况中",因此"未能认真从事著作","学术文章写的很少"。① 甚至在他身后十年,在为老师撰写的传记里,他的学生们还为当年老师被人"暗中拆台",以致"处于非常困难的境地"的遭遇耿耿于怀。②

与吴文藻一样经历了人生巨大转折的,还有时任中央研究院社会科学研究所所长的陶孟和。抗战中,他失去了妻子,失去了与同事含辛茹苦多年调查研究出的"抗日战争期间中国损失调查报告"③,他带领学术团队"进军西北之梦"也破灭了。抗战结束时,陶孟和已经是 60 多岁的老人,自那以后他实际上也基本上告别了社会学的研究。

表面上看,吴文藻离开云南大学,似乎并非一件很重要的"学术"事件;陶孟和的人生际遇,也只是无数中国学者在抗战中相同遭遇的一个代表。但随着解读的深入,我们会发现,一个学者的某一次人生经历,就犹如一扇窗口,透过它,一幅 20 世纪上半叶中国社会科学学术生态与社会思潮的图景展现在我们面前。我们同时也可以理解,一门学术、一个学科的发展,甚至在大部分时间里,可能并不仅仅是学术思想本身的传播和演变那么简单,研究者可能更多需要考察的是各种外在于思想与学科本身的"历史因素"和"社会性因素"。而正是这种冲突、矛盾与互动,客观上构成了 40 年代中国社会学发展的生态环境。一方面,这种种互动与冲突,其实是中国社会学自 20 世纪以来基本格局的延续;另一方面,在抗战和解放战争期间,学术以外的因素对中国社会学

---

① 吴文藻:《吴文藻自传》,载《文献》杂志编辑部、《图书馆学研究》编辑部编:《中国当代社会科学家》第 8 辑,北京:书目文献出版社,1986 年,第 89—90 页。
② 林耀华、陈永龄、王庆仁:《吴文藻传略》,《民族教育研究》1994 年第 2 期。
③ 部分研究成果在战后得以发表,如韩启桐:《中国对日战事损失之估计(1937—1943)》,《中央研究院社会科学研究所丛刊》1946 年第 24 辑,但是绝大部分研究报告则散佚了。

发展的影响开始增强。这两方面从不同角度隐约暗示了中国社会学在1949 年以后的命运。也正是从这个意义上说,考察 20 世纪上半叶社会学者的学术历程与人生轨迹,其实正是为理解"社会学"在 1949 年以后的命运提供了一种观察视角。

我们试图追问:作为社会学家,吴文藻与陶孟和在 20 世纪 40 年代究竟经历了怎样的学术遭遇与人生历程? 这样的经历是否可以用"权力"与"学术"之间的复杂关系,以及"不同学术阵营之间的差异、对立和竞争"来解读? 社会学家内部不同学者(例如吴文藻与陶孟和)之间是否构成不同的"学术流派"? 他们之间的差异在多大程度上对学科本身的发展造成影响?

第一节　被"放逐"的智者

(一) 吴文藻:没有完成的学术志愿

1936 年的夏天,在燕京大学社会学系服务满七年之后,吴文藻得到了为期一年的学术年假和洛克菲勒基金的资助,他选择去美国和西欧游学。这次难得的访学经历极大地扩展了吴的学术视野,他会见了日本和欧美几位当时最重要的社会学家、人类学家和汉学家,包括日本的鸟居龙藏①,耶鲁大学的萨丕尔(Edward Sapir)和阿伦斯堡

---

① 常常为学术史书写所忽视的是,在取道日本暂停横滨期间,吴文藻见到了他不久前刚刚撰文向国人介绍过的鸟居龙藏。吴文藻向鸟居教授介绍了中国人类学研究的情况。鸟居显然对吴的学生费孝通夫妇此前在广西所进行的少数民族人类学调查很感兴趣,就在这一年年底,他撰文介绍了费的妻子王同惠的论文,发表在《文艺春秋》第 14 卷第 12 期上。吴还邀请鸟居教授去燕京大学讲学。但是鸟居直到四年后才最终成行,可是彼时,吴已经成为重庆的一名政府公务人员,两人再未能谋面。参见吴文藻:《中国社区研究的西洋影响与国内近状》,《晨报·社会研究》1936 年第 101—128 期。

(C. M. Arensburg),哈佛大学的林顿(Ralph Linton)和本尼迪克特(Ruth Benedict),伦敦经济学院的马林诺夫斯基(Malinowski)和法兰西学院的莫斯(Marcel Mauss)、布格雷(Charles Bougle)和葛兰言(Marcel Granet),并利用这个机会增订了自己有关"西洋社会思想史"的讲义,还雄心勃勃地制定了与西方知名的学者和大学的合作计划。

1937年6月29日,吴文藻和他的夫人冰心结束了为期321天的旅程,回到北平。在那里,他们受到亲友们的热烈欢迎——没有人会想到,仅仅一个星期以后,抗日战争就全面爆发了。出于民族大义,他们与大部分朋友(这些人大都是高级知识分子,在战前享受优越的生活)一样,立刻决定南下,去"抗战的大后方"。然而他们的行程受到种种现实因素的阻碍,等他们到达目的地昆明的时候,已经是1938年的秋天了。吴文藻随身携带着一张燕京大学校长吴雷川手书的长卷,内容是1938年6月3日吴文藻在燕京大学上完最后一堂课后,全体学生送给他的一首《金缕曲》:"莫道英雄无用武,尚有中原万里!胡郁郁今犹居此?白隙光阴容易过,恐河清不为愁人俟。闻吾语,当奋起。"

行程的延宕,固然增加了他们旅途的困难,冰心说回想这段逃难的历程,总让她想起北宋诗人李清照夫妇的悲惨遭遇;但是,这却也为吴文藻的研究工作争取了时间——在这一年里,他获得了英国"庚款"的资助,并且得到了云南大学校长熊庆来的支持,在他抵达昆明后,就将以"社会人类学讲座"的名义开始学术工作。

即使不考虑战争对学术工作造成的压力,吴文藻在这一时期的工作也是出色的。他在承担讲座课程的同时,"又同英庚款委员会派来的研究人员如江应樑、密贤璋等人共同进行专题研究工作",1939年,他"为云南大学建立了社会学系并担任系主任"(同时也是文学院院长),

同年又受司徒雷登委托,"在昆明建立起了燕大和云大合作的实地调查工作站"①,还与同行合议成立了云南人类学会。

尽管战时后方的物质条件,与故都北平无法比拟,但吴文藻的心情是愉快的:他把家安在昆明郊区呈贡的乡村,冰心说,在战争中那里简直可以算作世外桃源。他有相对充足的经费(英国庚款和从司徒雷登那里争取来的洛克菲勒基金),更重要的是,他在燕京"派出去"的学生们,此时从四面八方重新回到他身边。② 所有这些使吴文藻相信,他在燕京苦心经营了十年的团队合作和人才培养的宏伟计划,又有延续下去的可能。

费孝通在吴文藻身后,曾经提及对这位"开风气、育人才"老师的一个感觉:

> 他清醒地察觉到中国原有的社会学需要一个彻底的改革,要开创一种新的风气,但是要实行学术风气的改革和开创,决不是一个人所能做到的,甚至不是一代人所能做到的。所以,他除了明确提出一些方向性的主张外,主要是在培养能起改革作用和能树立新风气的人才。一代不成,继以二代、三代。……吴老师不急于个人的成名成家,而开帐讲学,挑选学生,分送出国深造,继之建立学术研究基地,出版学术刊物,这一切都是深思远谋的切实工夫,其

---

① 吴文藻:《吴文藻自传》,第89页。
② 比如著名的"吴门四犬"中,费孝通于1938年从伦敦大学获得博士学位后回国,瞿同祖于1939年南下避难,林耀华于1941年自哈佛大学毕业后回国,他们被老师吴文藻召集到云南大学任教,只有黄迪在哈佛大学毕业后即进入联合国工作。被吴文藻"派到"耶鲁去的李安宅、"派到"伦敦经济学院的许烺光,在这个时期也先后来到云南大学任教。参见潘守永:《林耀华评传》,北京:民族出版社,2009年,第24—32页;许烺光:《宗族·种姓·俱乐部》,薛刚译,北京:华夏出版社,1990年,第274页。

用心是深奥的。①

费孝通的这个感觉与乃师的夫子自道,很有心灵相通之处。1932年,派克来华。这位满头白发、即将退休的芝加哥大学教授,在那些20岁出头的学生们眼中是"社会学巨子"②,甚至是"这门学科的老祖宗,即祖师爷"③。但在吴文藻看来,派克的首要功绩,倒不在于他自己的学术成就,而在于一方面"树立了社会学的学术中心机关",另一方面"指导研究生的搜究工作,养成了许多社会学研究专家",因而"促成芝加哥社会学系的发展"。④ 那时的吴文藻不过是一个刚晋升为教授不久的年轻学者,可是他对派克的"学术共同体领袖"角色的定位,已带有几许自我期许的意味。因而四年以后,已身为燕京大学社会学系主任的吴文藻,不仅对布朗在"促进功能派社会人类学方面"做了与派克几乎一样的评价,还按照布朗的建议,制定了一个非常详细的集群研究计划。⑤

如果不是1939年费孝通与顾颉刚之间一个很偶然的论争,或许吴文藻的宏伟蓝图不会那么快就破灭了——当然历史是不可以假设的。

关于这一段公案的历史事实,除了当事人在几十年后有过回顾之外⑥,我们已经在社会学、民族学,特别是历史学者的叙述中知其概况。大致的历史情况是这样的:

---

① 费孝通:《费孝通文集》第13卷,第374页。
② 周叔昭:《我所认识的派克先生》,载北京大学社会学人类学研究所编:《社区与功能:派克、布朗社会学文集及学记》,北京:北京大学出版社,2002年,第22页。
③ 费孝通:《费孝通文集》第15卷,第138页。
④ 吴文藻:《〈派克社会学论文集〉导言》,载北京大学社会学人类学研究所编:《社区与功能:派克、布朗社会学文集及学记》,第7—8页。
⑤ 吴文藻:《中国社区研究计划的商榷》,《社会学刊》1936年第2期。
⑥ 费孝通:《费孝通全集》第13卷,第26—32页。

1938 年 12 月,先后在燕京大学和云南大学与吴文藻共事的历史学家顾颉刚应《益世报》之约,为其主编《边疆周刊》,目的就是使学者、企业家、青年都对边疆和边疆民族有更丰富更深刻的了解,"把边疆的情势尽量贡献给政府而请政府确立边疆政策,……共同抵御野心国家的侵略"[①]。这份刊物的命名,却招来昔日北大同窗好友、历史学家傅斯年的批评。傅斯年给顾颉刚写了一封措辞严厉的信,大致意见是,其一,在国家危急存亡的关口,作为"外来人"身处大后方,应该慎用甚至废止"边疆"和"民族"这两个概念;其二,"更当尽力发挥'中华民族是一个'之大义,证明夷汉之为一家,并可以历史为证";其三,具体到云南边陲少数民族聚集之地,"当严禁汉人侵夺蕃夷,并使之加速汉化,并制止一切非汉字之文字之推行,务于短期中贯彻其汉族之意识,斯为正途"。[②] 平心而论,对傅斯年的意见顾颉刚是有所保留的,比如他就不同意傅斯年那种激进的汉化方针,"有一种人小心过甚,以为国内各种各族的事情最好不谈,谈的结果适足以召分裂之祸。记得数年前就有人对我说:'边地人民不知道他们的历史时还好驾驭,一让他们知道,那就管不住了。'但我觉得,这是讳疾忌医的态度,我们不当采取"[③]。但在国难的"大义"之下,顾还是"连作两文以自明"。1939 年元旦,顾颉刚撰文《"中国本部"一名亟应废弃》,强调"中国的历代政府从不曾规定某一部分地方叫作'本部',在 40 年前我们自己的地理书里更不曾见过这个'本部'的称谓。……这个名词就是从日本的地理教科书里抄来的",换言之,"中国本部"概念是日本侵略者伪造、曲解历史来作窃取我

① 顾颉刚:《发刊词》,《益世报·边疆周刊》1938 年第 1 期。
② 傅斯年:《致顾颉刚》,载欧阳哲生编:《傅斯年全集》第 7 卷,长沙:湖南教育出版社,2003 年,第 205 页。
③ 顾颉刚:《中华民族是一个》,《益世报·边疆周刊》1939 年第 9 期。

国领土的凭证，应当即刻废止。① 当年 2 月顾颉刚则直接引用了傅斯年的原话"中华民族是一个"作为标题，他发挥历史学家的特长，试图用很多的历史与现实资料，证明了几个简单明了的论点："自古以来的中国人只有文化的观念没有种族的观念"，因而"中华民族不组织在血统上"；然而同时，"中华民族也不建立在同文化上"。顾颉刚的结论是："凡是中国人都是中华民族——在中华民族之内我们绝不该再析出什么民族——在今以后大家应当留神使用这'民族'二字。……中国之内，决没有五大民族和许多小民族，中国人也没有分为若干种族的必要，……如果要用文化的方式来分，我们可以说，中国境内有三个文化集团。"可能是觉得这种解释的牵强，顾颉刚最后又特别强调"中华民族是浑然一体，既不能用种族来分，也不能用文化来分"。②

《中华民族是一个》的发表引起了很大的反响，重庆《中央日报》、南平《东南日报》、西安《西京平报》乃至贵州、湖南、广东、安徽的报纸纷纷转载，单在《益世报》的《边疆周刊》和《星期评论》上发表的文章和信件，就有张维华的《读了顾颉刚先生的〈中华民族是一个〉之后》、马毅的《坚强〈中华民族是一个〉的信念》、白寿彝的来函、鲁格夫尔的来函等等。其他刊物上的文章，如翦伯赞的《论中华民族与民族主义——读顾颉刚〈续论中华民族是一个〉以后》、何轩举的《中华民族发展的规律性》、黄举安的《中华民族是整个的》以及席世镍的《中华民族起源问题质疑》等等，都是在这一背景下发表的。③

在外侮日亟的大形势下，多数学者赞同顾颉刚的观点或至少表示

---

① 顾颉刚：《"中国本部"一名亟应废弃》，《益世报·星期评论》1939 年第 1 期。
② 顾颉刚：《中华民族是一个》。
③ 参见周文玖：《从"一个"到"多元一体"：关于中国民族理论发展的史学史考察》，《北京大学学报（哲学社会科学版）》2007 年第 4 期。

同情①，但反对和质疑声依旧不绝于耳。马克思主义史学家翦伯赞认为这是大汉族民族主义的体现，苗族人鲁格夫尔则更加激烈地表示："苗夷历史虽无专书记载，但苗夷自己决不承认是与汉族同源的。……对变相的大汉族主义之宣传须绝对禁止，以免引起民族间之摩擦，予敌人以分化之口实。"②显然，同样是为了共御外侮，避免民族分裂，站在不同的立场得出的结论，大相径庭。在这场论辩中，造成最大影响的批评，来自云南大学社会学系助理教授费孝通。

费孝通那时是刚刚自伦敦经济学院毕业归国的洋博士，他需要在学术界发出自己的声音，而"民族"问题恰恰又是英国人类学最关注的传统话题；更重要的是，在费孝通的记忆里，顾颉刚曾是"打破偶像的前锋"，他对于"黄帝一元论"的有力驳斥"把几千年占在历史高位的三皇五帝摧枯拉朽地推到了"③，但现在，顾颉刚完全放弃了奠定他学术声誉的学说，走到了另一面。这种不解是促使费孝通与之展开辩论的重要原因。费孝通对顾颉刚的批评，是从辨析一组概念（state、nation、race、clan）开始的。为了避免再陷入中文译文之间纠缠不清的关系，费孝通巧妙地提出了一组相应的但却一目了然的中文概念：政治团体、言语团体、文化团体、体质团体。他根据自己的民族学、社会学调查，认为中国人民不但在文化、语言、体质上有分歧，而且这些分歧时常成为社会分化的根据。在社会接触的过程中，文化、语言、体质不会没有混合的，可是这些混合并不一定会在政治上发生统一。因此要证明中国人民因曾有混合，在文化、语言、体质上的分歧不会导致社会的分化是不

---

① 研究者们已经敏锐地注意到，公开赞成顾颉刚的，大多是他的学生，其中大有可深思之处。参见周文玖、张锦鹏：《关于"中华民族是一个"学术论辩的考察》，《民族研究》2007年第3期。

② 鲁格夫尔：《来函》，《益世报·边疆周刊》1939年第21期。

③ 费孝通：《费孝通文集》第13卷，第27—28页。

容易的；即使证明了，也不能就说政治上一定能团结。所以，费氏承认这些团体之间的边界并不清晰，按照不同标准划分的团体之间，也确实存在复杂的历史性的融合，但是，这些不能作为人为消弭团体间差异的理由，不能把国家与文化、语言、体质团体画等号，即国家和民族不是一回事，不必否认中国境内有不同的文化、语言、体质的团体（即不同民族的存在），不能将寻求政治统合的目的凌驾于客观的事实分析之上。谋求政治的统一，不一定要消除"各种种族"以及各经济集团间的界限，而是在于消除因这些界限所引起的政治上的不平等。①

　　我们在下文中可以看到，费孝通的这篇文章是富有创造力的，它直接启迪了半个世纪以后关于建构"中华民族多元一体格局"理念的产生。更重要的是，费孝通在晚年提出的这个概念的价值不仅体现在事实解释和政策应用的层面，他的反思实际上已经从方法论的角度对顾颉刚乃至以顾先生为代表的费孝通的老师辈学者们做了批判性的超越。②

　　然而在当时，年轻的费孝通的"意气用事"，却引发了他始料未及的严重后果。受到驳难的顾颉刚本人，倒没怎么把这事放在心上，在接下来对费孝通的回应中，他甚至通过坦陈自己的政治目的来寻求与费孝通达成共识的基础。顾颉刚苦口婆心地告诫费孝通，请他不要忽视严峻的战争形势和现实情况，以及自己的"爱国心"——这种写作背景，似乎是对自己两难境地的表白。③ 费孝通说他后来终于明白了顾的"爱

---

① 费孝通：《关于民族问题的讨论》，《益世报·边疆周刊》1939 年第 19 期。
② 实际上，顾颉刚写作《中华民族是一个》也并非完全出于现实政治的需要，其中也有对民族融合在中华文明传承稳定性的宏观考量，这一点其实与费孝通半个世纪以后的思考是不谋而合的。参见顾颉刚：《我为什么要写〈中华民族是一个〉》，《西北通讯》1940 年第 2 期。
③ 参见顾颉刚：《续论中华民族是一个——答费孝通先生》，《益世报·边疆周刊》1939年第 20 期；《续论中华民族是一个——答费孝通先生（续）》，《益世报·边疆周刊》1939 年第 23 期。

国热情",以及"这种牵涉到政治的辩论对当时的形势并不有利"①,但是这种醒悟显然来得迟了些——费孝通的文章令傅斯年震怒。在20世纪60年代披露的一封信中,傅斯年对费孝通的论述做了近乎人身攻击的痛斥,并把矛头直指费的老师吴文藻。傅斯年的这封信是写给朱家骅和杭立武的,这两个人正是中英庚款董事会——这个董事会掌管着吴文藻在云南的主要财政来源——的董事长和总干事。尽管还没有直接证据表明傅斯年的态度与吴文藻的离职之间的关系,但事实是,就在傅斯年写信后不久,吴文藻就因为财政资助受阻而不得不停止研究。恰好此时,他收到在重庆国民政府任职的清华同学顾毓琇、浦薛凤的邀请,于是1940年冬天,吴文藻携妻女离开云南前往重庆。

吴文藻走后,他的主要职务和"学术召集人"的角色,主要由费孝通承担下来。由于失去了中英庚款的支持,费孝通不得不想方设法从国内其他渠道,例如农民银行、教育部等机构获取资金支持。到1943年,他终于从云南当地的实业家缪云台那里获得了一笔数额颇大的资助。不过,学者们付出的代价之一,是他们不得不把作为其学术渊源象征的"燕京大学"的名字,从"云南大学—燕京大学社会实地调查工作站"的名称中勾去。

多年以后,费孝通回顾自己的心路历程,说当时他作为一个学成归乡的留学生,却"一头地钻入农村去做当时社会上没有人会叫好的社会调查"②,是内心的责任感和历史眼光的驱使。不过他们的工作,在当时并非无人叫好,而是引起了学术界的广泛注意,其中就包括社会学家陶孟和。

① 费孝通:《费孝通文集》第13卷,第29—30页。
② 费孝通:《费孝通文集》第11卷,北京:群言出版社,1999年,第134页。

（二） 陶孟和：20世纪40年代的尴尬处境

陶孟和是费孝通在伦敦经济学院的前辈校友，但他们在20世纪40年代以前却几乎没有任何学术往来。[①] 现在所见的有关他们学术往来的明确记载，是在1940年秋天。当时，西南联合大学农业研究所教授汤佩松，约集时任中央研究院社会科学研究所所长的陶孟和与一批学人，以茶会的形式进行非正式的学术讨论，议题的中心是战时农业现状与战后农村重建。当时参与其事的除了生物学家汤佩松和社会学家陶孟和之外，大多是年轻的经济学者，他们隶属于不同的研究机构——这些机构因为战争而聚集到昆明。在陶孟和提议下，费孝通参与了这个有点类似"席明纳"（seminar）的学术讨论，并且做了若干次报告。陶孟和曾经想把费孝通的这些报告结集出版，但最终未果。[②] 从此后出版的《费孝通文集》看，除了著名的田野考察报告《禄村农田》外，费孝通这个时期确实撰写了不少有关战时与战后"三农"问题的文章[③]，这些是否就是陶孟和所指的那些文章，现在已不得而知，不过可以想见，"三农"问题确实是那个时期他们共同关注的主题。

---

① 这是一个并不难解释但却很有学术史意味的现象。费孝通与陶孟和的学术"辈分"相差太远：当陶孟和1914年从伦敦经济学院毕业，回到北京大学任教时，甚至费孝通的老师吴文藻还只是家乡江阴县的一个中学生（费孝通那时候更是刚出生不久），而费孝通此后的老师马林诺夫斯基，则是陶孟和在伦敦经济学院的同学。费孝通没有在陶孟和服务的北京大学接受过教育，他们的学术主张也不一致。这些因素都可以解释费孝通与陶孟和的疏离。不过，由此引发的另一个问题则是：在1949年前的中国社会学界，有英国教育背景的并不多，在伦敦经济学院获得学位的，目前所知也只有陶孟和、费孝通和田汝康三位。作为英国民主社会主义的大本营，伦敦经济学院的经历在多大程度上对陶孟和与费孝通的政治思想产生影响，并波及他们的实际政治行动，确实是值得比较研读的。

② 参见汤佩松、巫宝三编著：《农业十篇》，宜宾：独立出版社，1943年，第1—4页；巫宝三：《纪念我国著名社会学家和社会经济研究事业的开拓者陶孟和先生》，《近代中国》1995年刊。

③ 费孝通：《费孝通文集》第13卷，第1—24、433—481页。

　　对陶孟和这位社会学前辈，费孝通似乎并不熟悉，也不热情[①]，但是陶孟和对费孝通的"罗致"，却是出于深远的学术考量的。陶孟和是最早在西方接受社会学训练的中国学者之一，也是最早在西方出版有关中国的社会学著作的学者之一。但他回国后任职的北京大学却长期没有社会学专业系科设置[②]，因此实际上在长达十余年的时间里，陶孟和缺乏高质量社会学研究的机构与制度支持，也没有相应的团队合作。直到 1926 年，由纽约社会宗教研究院资助，隶属中华教育文化基金董事会的社会调查部成立，陶孟和受聘担任主任[③]，他才有机会进行大规模的社会调查并在技术上引进和改善若干西方流行的调查方法。但是陶孟和在社会调查所的处境并不顺利，特别是他缺乏一支接受过社会学专业训练的人才队伍。除了早期李景汉曾短暂担任过调查部研究主任外，陶孟和主持的研究机构里的成员几乎都为经济学者，很少有专业的社会学背景。学术背景单一化带来的最大问题是方法论的限制，因此，尽管这个研究机构搜集了大量调查数据，但却无法更进一步对这些数据进行"社会学"的分析，从而得出对"中国社会"的总体认知（我们在下文将看到，这也是所谓的"中国社会调查运动"遭到质疑的主要方面）。正是基于这样的考量，陶孟和才试图引进在方法论和研究方向上都与原有学术团队不同的"新鲜血液"，而费孝通正是这样的人选。

---

① 这个结论仅仅是从费孝通留下的文字资料中得出的结论。在本书重点考察的这些社会学家中，费孝通对其他九人都有过或多或少的论述，唯一连名字都没有提及的，就是陶孟和。费孝通晚年写过文章回忆过汤佩松，也提及他在那个"席明纳"上发表的论文（参见费孝通：《费孝通文集》第 12 卷，北京：群言出版社，1999 年，第 194—206 页），但却完全没有提及有关于此的其他人或事，个中原因，可待深究。

② 在北京大学，陶孟和担任的是"社会心理及哲学选读教授"职务。参见陶孟和：《社会科学中之意志自由问题》，载杨廉辑：《海天集：北京大学 1925 年级毕业同学纪念刊》，北京：北新书局，1926 年，第 16 页。而北大首次设置社会学系，则一直要到 20 世纪 80 年代。

③ 社会调查部 1929 年改组为独立的社会调查所，又在 30 年代合并入中央研究院社会科学研究所，在此期间陶孟和一直担任这个机构的领导人。

　　然而时局的发展远远超出学者的预期。就在陶孟和刚开始筹划他的"席明纳"后不久，社会科学研究所不得不再次迁往四川宜宾李庄。这次搬迁，是一次异常艰难的跋涉，甚至当陶孟和和他的同事们拖家带口，已经在巴蜀群山间颠簸的时候，他们还不知道到达目的地宜宾李庄后可以在哪里落脚。

　　到 1940 年底，吴文藻去了重庆，费孝通留在昆明，陶孟和则辗转到了宜宾农村。如果历史定格在这里，三位社会学家可能不再会有任何意义上的"交集"，然而，时局的发展带给社会学家的，不仅仅是生活上的艰辛与磨难，更重要的是他们的学术生命又因此发生了某种联系。或者说，学术被卷入了现实政治的漩涡。

　　进入 20 世纪 40 年代以后，抗日战争进入战略相持阶段，中国东部半壁江山落入敌手，行政与文化中心西迁。情势的变化，使得最高当局不得不把"西南、西北交通经济建设的发展"作为"长期抗战与建国工作坚实之基础"。[1] 在学术界内部，如果说一年前费孝通与顾颉刚的那番争辩还主要限于"学术"范围以内，那么自 1941 年以后，按照战时实际政治需要，高度整合学术资源就已经成为非常明显的趋势。其中一个表现，就是研究边疆的热潮与"边政学"的兴起。

　　在重庆，吴文藻的职务是国防最高委员会参事室的参事，工作的内容则是对边疆、民族、宗教和教育问题进行研究，提出处理意见。他同时也是蒙藏委员会的顾问和"中国边政学会"的常务理事、《边政公论》杂志的编审人。[2] 在吴文藻的邀约下，包括陶云逵、李景汉、柯象峰、徐

---

① 吴文藻：《论边疆教育》，《益世周报》1939 年第 10 期。

② 蒙藏委员会是主管蒙古、西藏行政及各种兴革的机关，成立于 1929 年，直接隶属国民政府行政院。其下曾设立七个调查组，调查西南、西北各少数民族区域社会情况。中国边政学会 1941 年 8 月成立于重庆，其宗旨是"研讨边疆政治文化及其实际问题，供边疆建设之参考"，其下设置"边政公论社"，刊行《边政公论》月刊及其他相关丛书。

益棠、凌纯声、言心哲、李安宅、李有义等在内的社会学家、人类学家、民族学家成为《边政公论》的主要撰稿群体。

陶孟和也被卷入边疆研究的潮流中。1941 年,他的上司,中央研究院院长朱家骅就在号召学者"到西北去"。1942 年,蒋介石收服新疆军阀盛世才后①,更提出"西南是抗战根据地,西北是建国根据地"的主张,自此议论中国西北地区开发的主张不绝于耳②。出于自身的研究兴趣与现实关怀、最高当局的言论鼓动以及时任行政院政务处长蒋廷黻的激励,朱家骅希望陶孟和领衔的社会科学研究所成为学术界"进军西北"的先锋。对这项多少"政治化"了的学术行动,陶孟和相当热心,他很快拟定了搬迁与研究方案。除了出于爱国良知和服从命令的心理之外,陶孟和此举的目标之一,是试图借此机会实现在昆明没有完成的扩充和完备学术队伍计划,因此在他的计划方案中,添聘费孝通、李安宅等社会学家成为重要环节。然而陶孟和的计划,却最终未获得行政当局的认可,特别是他扩充学术队伍的旨意,遭到中央研究院历史语言研究所所长傅斯年的强烈反对。1943 年夫人沈性仁的去世,给陶孟和带来了相当沉重的打击。自此,陶孟和的学术梦想几乎全部破灭。

第二节　学术阵营与学术流派

社会学家吴文藻与陶孟和在 20 世纪 40 年代的人生际遇,犹如一个剖面,折射出 20 世纪中国社会学学术生态的概貌。从整体看,这是"权力""制度"与"思想""知识体系"在特定的历史语境中互动的例证,

---

① 据说陶孟和直接参与了游说盛世才的工作,参见岱峻:《发现李庄》,成都:四川文艺出版社,2004 年,第 238—239 页。
② 徐旭:《西北建设论》,上海:中华书局,1944 年。

某种程度上，它们暗示了社会学在中国独特的现代化进程中面临的一个似乎不可调和的矛盾。正是这个矛盾，一定程度上导致了社会学在20世纪50年代以后的命运。而从学术界内部看，则关乎不同的学科、不同学术群体等利益相关方在建构现代社会科学知识系统过程中的冲突与互动，以及这个建构过程中的机制问题等。① 从知识社会学的角度看，这些问题可以归结到一组相关又相异的概念上，我在这里分别以"学术阵营"与"学术流派"来指称，并以此来解读上述种种历史事件的学术史含义。

将学术思想进行"派系"划分并将之作为脉络的学术史书写，并非晚近学人的策略性方法。不那么严格地说，在中国，有一种类似的方法论实践，其历史至少可以追溯到将近1000年以前，也就是所谓的"学案体"②。到了1947年，在为同事费孝通新著《生育制度》所写的那篇脍炙人口的长序中，潘光旦对社会思想"派分"与"汇通"的思辨，今天看起来仍有多方面的启发意义。③ 一个很有趣的现象是，潘光旦开宗明义，明确地表示他本人的"眼光是直截了当的生物学"，属于"生物学派"，与费孝通主张的功能学派差异很大，因而他无法用"同一学派的立场"对费孝通的著作做"就书论书"的议论④，可是这并不妨碍他们彼此"生死

---

① 在对这种"机制"及其对知识体系形成、发展的影响的探讨中，默顿做了有益的尝试（参见罗伯特·默顿：《科学社会学：理论与经验研究》，鲁旭东、林聚任译），尤其作为该书代序的那篇纲领性文字，其中，默顿提到了探讨科学知识的社会机制所需要注意的八个问题。

② 参见钱穆：《中国史学名著》，北京：生活·读书·新知三联书店，2005年。

③ 潘光旦：《潘光旦文集》第6卷，北京：北京大学出版社，2000年，第73—111页。比潘光旦稍早，波兰人兹纳涅茨基在美国出版了《知识人的社会角色》，他对知识分子所做的划分，其实也含有不同群体间"派分"的意味。参见兹纳涅茨基：《知识人的社会角色》，郏斌祥译，尤其该书第一章的后半部分，即第7—16页。

④ 潘光旦：《潘光旦文集》第6卷，第74—76页。

与共,荣辱与共,联在一起,分不开了"①的终身情谊,也不妨碍后来者的历史记忆中这两人的密切关系的构建。

这个现象提醒我们,在对学者进行群体划分和比较解读时,其标准是多样的,在我看来,这样的标准至少有两类,最近出版的两本论文集,同样关注学术群体派分,又恰好在这两方面做了范例:

在桑兵教授主编的那本论文集《先因后创与不破不立:近代中国学术流派研究》中,对于不同学术流派的划分与研究路径,基本上是以学者的学术思想本身作为分类的标准②,这与格尔茨所谓的基于作品(works)来理解作者(author)的有近似的思考逻辑,基本上遵循的是"思想史"的书写方式。按照这样的标准划分的学术群体,我称之为"学术流派"。一个学术流派,可以视作一群拥有共同理论基础、方法论取向或学术旨趣的学者群,与"思想"的一致性相比,时间与空间的因素在这里退居其次了。③

而在许纪霖教授等写作的文集《近代中国知识分子的公共交往:1895—1949》中,作者划分学术群体的依据,更多地来自书信、日记、回忆录、传记以及当时的媒体等学术文本以外的资料,即使是对文本的解读,也更多的是形式的而非内容的。④ 这让我们联想起顾定国对中国人类学史的叙述⑤,这样的群体笔者称之为"学术阵营"。同属一个学术阵营里的人,至少在某些方面有直接的联系,比如业缘地缘关系、血

① 费孝通:《费孝通文集》第15卷,第83页。
② 桑兵、关晓红主编:《先因后创与不破不立:近代中国学术流派研究》,北京:生活·读书·新知三联书店,2007年。
③ 对于中国人来说,一个最明显的例子,就是所谓的"儒家学派",广义地说,这个学派囊括的范围,在时间上长达数千年,在空间上甚至跨出了"中国"的地域范围。
④ 许纪霖等:《近代中国知识分子的公共交往:1895—1949》,上海:上海人民出版社,2008年。
⑤ 顾定国:《中国人类学逸史:从马林诺斯基到莫斯科到毛泽东》,胡鸿保、周燕译。

缘亲缘关系、师生朋友关系等等。他们或者服务于同一个机构①，或者是同一个媒体的撰稿人②，甚至同一时期在同一个城市居住的某些知识人，也有可能成为一个学术阵营的成员③。正是视角择取的角度，使得这些历史学书写暗含了某些社会学的意味。

或许可以这样相对简单地表述划分"学术流派"与"学术阵营"依据的差异：前者主要是依据学者通过作品"客观呈现"出来的东西，而后者则主要凭借学者的"主观认同"。

（一） 学术阵营与学术流派：以陶孟和和吴文藻为例

当我们将"吴文藻的离开"的事实，置于"学术阵营"与"学术流派"的概念框架中来分析时，原本晦暗的学术史的意义，就凸显出来了。这种思考的角度，其实也非后来者的创建。这起事件的主要当事人费孝通，在 60 年后重新谈到当初的情况时说：

> 在燕京，吴文藻同他们都不对的，他是清华毕业的，应当回清华的，因为冰心到了燕京。他们夫妻俩以冰心为主，她同司徒雷登很好的。这样，吴文藻是被爱人带过去的，在燕京大学他没有势力的，在燕京靠老婆。后来出了燕京，他才出头。……吴文藻同傅斯年也不对的，搞不到一起的。吴文藻想自己建立一派，他看的比较远，想从这里面打出一个基础来，通过 Park 这条思路创造中国这

---

① 参见储德天：《地缘、学缘与惯习：抗战时期西南联大的知识分子共同体》，载许纪霖等：《近代中国知识分子的公共交往：1895—1949》。

② 参见郑志峰：《重建社会重心：战后知识分子的同仁群体》，载许纪霖等：《近代中国知识分子的公共交往：1895—1949》。

③ 参见王儒年：《疏离与融合：1930 年代的知识分子与上海地方社会》；唐小兵：《十字街头的象牙塔：1930 年代北平知识分子的交往世界》，均载许纪霖等：《近代中国知识分子的公共交往：1895—1949》。

一派。他有自知之明，知道自己的力量不够，他就培养学生。①

费孝通向访谈者做这一番忆旧谈往是在 2000 年，那时他或许是这段历史的主要亲历者中唯一的健在者。遵照他的意愿，这篇谈话在他去世后才公开发表，应该被看作足以征信的"同时代人率直的记叙"和"生动的遗产"。②

费孝通的话，实际上是从"学术阵营"与"学术流派"两个角度，解释了他的老师吴文藻当年所处的困境。从善于考究细节的历史学者那里我们可以获知，吴文藻夫妇离开云南前往重庆，其中包含复杂的人际关系的因素。一个著名的例子，就是吴的夫人冰心与林徽因（她的丈夫梁思成，是傅斯年的挚友和同事）之间的交恶。我们无心考查和评估历史学家对于这段恩怨的论辩，不过我们确实可以从当事人自己的描述中看到两个女性的嫌隙③，以及这种不佳的关系对傅斯年的影响④。

这样纯粹历史性的、偶然的材料究竟在多大程度上可以为"非历史"的社会学研究所采用，确实是一个值得考虑的问题。梅尔茨的观点，或许能给我们一点启示，他认为："思想不仅指明确的、清晰的、有一定方式的思想，并且也指欲望、冲动、感情和想象构成的大区域，我们应当承认，它们全都在灵魂的内心生活和外部世界的生活中起着重大作

---

① 朱学勤：《费孝通先生访谈录》，《南方周末》2005 年 4 月 28 日。
② 梅尔茨：《十九世纪欧洲思想史》，周昌忠译，北京：商务印书馆，1999 年，第 7 页。
③ 在一封给好友费正清夫妇的私人信件里，林徽因对吴文藻、冰心夫妇极尽讥讽，她挖苦冰心是"Icy Heart"，说他们去重庆做官是"再也没有比这更无聊和更无用的事"，她说，在大量有价值的人才得不到为国效力机会的时候，冰心夫妇却拉关系搞来卡车，把全部家当运往重庆。林徽因刻薄地反讽说冰心"对我们的国家一定太有价值了"。参见林徽因：《致费正清、费慰梅》，载梁从诚编：《林徽因文集·文学卷》，天津：百花文艺出版社，1999 年，第 379—380 页。
④ 傅斯年：《致朱家骅》，第 240 页。

用。"①在这种基本判断的影响下,梅尔茨认定"同时代著作家率直的、详细的、也许不无矛盾的记叙将比历史学家的那些比较精致的、造作的产品更长久地存留下来",因为作为一种"生动的遗产",前者揭示了"一个时代的全部内部生活",特别是其被"隐蔽"的生活,而后者"在很大程度上受历史学家自己时代的各个信念所支配,被他们染上一层色彩"。②

我们当然没有必要过度渲染这种出于个人恩怨的因素在学术思想演变中所起的实际作用。相比较起来,另外一个更加制度化的因素或许更值得反思,我们姑且称之为学术阵营间的冲突,或者借用更"社会学"的术语,称之为"学术评价的制度化模式"③。

1934 年,几乎与吴文藻担任燕京大学社会学系主任同时,在中央研究院(这是南京国民政府名义上的最高学术机构,具有浓厚的官方色彩)发生了一次内部的机构变革,即该院社会科学研究所下属的"民族组"改辖于历史语言研究所(简称"史语所"),并改名"人类学组"。史语所的所长,正是与吴文藻的离职有很大关系的傅斯年。作为一位重要的学术领袖,傅斯年对他领导的这个研究所的目标与责任,有明确定位,那就是从整体上重建中国历史学与语言学学术体系。④ 而在傅构想的学术体系中,人类学和民族学是这个学术体系中不可或缺的部分,或者说,这两个学科是为着那个"重构"的终极目标服务的,这与吴文藻的人类学、民族学思想在根本上是冲突的,这实际上已涉及不同学术流派的分歧。上述 1935 年的那次机构变动后,新组建的史语所人类学组展开了广泛的人类学研究、调查和实验工作,不过相对而言,一开始人

---

① 梅尔茨:《十九世纪欧洲思想史》,周昌忠译,第 6—7 页。
② 梅尔茨:《十九世纪欧洲思想史》,周昌忠译,第 7—11 页。
③ 罗伯特·默顿:《科学社会学:理论与经验研究》,鲁旭东、林聚任译,第 633 页。
④ 傅斯年:《历史语言研究所工作之旨趣》,载欧阳哲生编:《傅斯年全集》第 3 卷,长沙:湖南教育出版社,2003 年,第 3—12 页。

类学组的学术实力并不很强①，学术实践也并非最出色的。

不难想象，吴文藻日益明晰的学术阵营领袖形象、他极富系统性的人才培养与学科建设规划可能对傅斯年产生的刺激。更让后者不能忍受的，是吴文藻漫不经心的态度——在 1936 年发表的一篇对"社区研究"的普及性介绍中，吴甚至没有提及新成立的"人类学组"的研究工作，并且对傅斯年所在的"中央研究院学术阵营"学术成就及其价值的评价和期许，显然要低于对吴本人倡导的"社会研究"。②

不同学术阵营间对学术资源的竞争，则是另外一个更值得关注的现实因素。对于人类学、民族学和社会学研究而言，正规的田野调查不仅是学科建立的标志，更是"学术发展中关键性的飞跃"③。对学者而言，适宜进入的"田野"因而成为重要的学术资源。④ 在全面抗战前，傅斯年与他的同事们不仅开启了中国人自己进行的人类学、民族学田野调查的序幕，并且可以凭借官方背景和雄厚的财政支持，在非常广泛的地理范围内扩展这种研究，在技术上甚至动用了当时非常先进的摄影机进行考察拍摄，在这一点上，其他机构很难望其项背。而事实上，这些战前的研究也确实获得了其他阵营的好评。⑤

但是全面抗战以后，特别是行政与学术中心内迁以后，在一个小区域内集合了众多的研究机构，而人类学与民族学的"田野"则被局限在

---

① 该组创立之初，真正受过严肃的人类学学术训练的，只有吴定良、凌纯声和陶云逵三人，而且不同的学术背景使他们很难形成集群研究和合力。

② 吴文藻：《中国社区研究的西洋影响与国内近状》。

③ 王建民：《中国民族学史》上卷，昆明：云南教育出版社，1997年，第120页。

④ 值得注意的是，傅斯年的专业是历史学，这门学科的传统，对于田野调查并不重视。然而傅斯年深受 20 世纪以来"新史学"思想的影响，因而重视实地调查与发掘多种形态的历史资料就成为他史学改革的最重要的取向之一。这种革新的趋势，实际上是与人类学、民族学、社会学等西来学科在中国的播衍有某种内在的联系。

⑤ 例如林惠祥在台湾的调查和凌纯声在东北的调查，参见吴文藻：《中国社区研究的西洋影响与国内近状》。

西部的几个省区。① 官方机构在争夺学术资源方面部分地丧失了优势，对于做事专断，甚至带有"学霸"作风的傅斯年来说，这恐怕是很难忍受的，于是现实的困境无形中增加了具有相同研究主题的不同学术机构间的敌视——这种敌视的根源，部分源自默顿的关于科学发现"优先权冲突"的观点。②

在这样的学术阵营竞争背景下，傅斯年对吴文藻做出不那么理智的攻讦，自在情理之中。而作为当事人，吴文藻对这种阵营之间的斗争也是心知肚明的：就在离开云南后不久，他在重庆的官方刊物上连续发表两篇文章③，表面上是泛泛而谈"建立中国社会科学基础"的构想，实际上恐怕是皆有所本、皆有所指的。

吴文藻认为，一国之社会科学的发展，有赖三个因素的完善，即人才、经费与学术思想，而恰恰是这三点的现状最不能令人满意。他说"一门社会科学，欲求突飞猛进，全靠那独当一面的通才"，而这样的通才，除了要有真知灼见之外，更重要的是"宽宏大量，至公无私"。然而当下学术界"门户之见"盛行，"固执偏颇、排斥异己"的现实无法造就真正的通才。在"目前各门社会科学正在萌芽时代"之际，吴文藻希望"学者不但须极力避免党派政见的影响，尤当尽量消除好闹人事的积习。故必须先有人格学问具备的通才，始能予以学术上的领导权，否则成事

---

① 王建民为我们提供了一份非常详尽的记录，参见王建民：《中国民族学史》上卷，第215—242页。需要指出的是，尽管王建民的著作主题是叙述"民族学"的发展历程，但他的记录也显示，至少在我们论述的这个时期，独立的民族学研究机构还相当少，更多的是附设于当时大学"社会学系"或其他社会学研究机构中，因此王建民的记录实际上也基本反映了社会学学术机构内迁的概貌。

② 罗伯特·默顿：《科学社会学：理论与经验研究》，鲁旭东、林聚任译，第 xiv—xxi 页。

③ 吴文藻：《何以要建立中国社会科学的基础？》，《三民主义周刊》1941 年第 8 期；另见《吴文藻人类学社会学研究文集》，北京：民族出版社，1990 年。

不足,败事有余"。① 尽管吴文藻没有指名道姓,但联系此前与傅斯年的交恶,一望可知吴文藻撰文时的心态,他所谓的处于"萌芽时代的社会科学",也显然是在为年轻的"社区研究"张目。至于发展科学的第二要素"经费",吴文藻则明确对"文化基金会"和"庚款董事会"这样教育"协款机构"的"半官性"表示不满。关于思想自由,吴文藻认为尽管"处在抗战危急时代,中心思想必须统一,主要力量必须集中",但也不可因此而违背学术自由这个"一国学术方针之最高原则",因为思想自由是"民主主义的基石"和"社会进步所必需的条件"。②

吴文藻很明白,他在云南开展的工作之所以受到人为的阻碍,不乏"学术阵营"间争斗的背景。不仅傅斯年自己就供职于官方最高学术机构,而且吴文藻所不满的与政治有太过密切关系的半官方"文化基金"和"庚款董事会",其主要负责人蔡元培、胡适、朱家骅等,都是傅斯年在北京大学的师长,彼此关系密切,从而构成了一个更大的"学术阵营"。傅斯年能够釜底抽薪,从源头上断绝中英庚款董事会对吴文藻的资助,与这个隐形的"阵营"莫不相关。另外一方面,吴文藻前往重庆任职,是应他早年在清华学校同学和留美期间"大江会"的同道顾毓琇、浦薛凤之邀请,这种关系,其实也构成了另一个以校友、同学为基础的隐形的阵营,这也是费孝通晚年会认为吴文藻"应该回清华"的原因之一。

再对比陶孟和的经历,可以更明显地看出学术资源的完善程度,以及整合这种资源的能力对于一个学者乃至一种知识体系形成的重要性。

---

① 吴文藻:《如何建立中国社会科学的基础?》,第 255—256 页。
② 吴文藻:《如何建立中国社会科学的基础?》,第 257—258 页。

良好的家庭背景使陶孟和在青年时代就有机会接触地方士绅和知识精英①，并使其成为最早接受西方社会学训练的中国学者之一。回国后，陶孟和又以北京大学与《新青年》等杂志为平台，进入当时中国文化界最有影响力的"圈子"中。② 陶孟和有教育学和社会学的学科背景与日本和英国的双重教育背景，在20世纪30年代以前，借助像《现代评论》这样有影响力的媒介，广泛地发表有关社会生活各个方面的言论，成为当时重要的言论领袖之一。所有这一切，都构成陶孟和的"社会资本"。至少在30年代以前，这些是其他社会学者望尘莫及的优势。也正是凭借这样的"资本"，在20年代，陶孟和是社会学理论的主要传播者。他在北京大学的讲义，此后被整理为《社会与教育》一书，作为"北京大学丛书"的一种出版。1932年，以"北京大学丛书"为蓝本，商务印书馆开始出版"大学丛书"，这套丛书奠定了中国现代高等教育各学科教科书体系的基础。此后由国民政府教育部统一颁布的教科书，仍旧以"大学丛书"的名义出版。同时，由蔡元培领衔成立了"大学丛书委员会"，可被视作高校教科书审定组织的雏形，陶孟和是这个委员会仅有的两名社会学学科代表（另一人是吴泽霖）之一，他的著作《社会与教育》也被作为"大学丛书"的一种多次再版。此前，陶孟和还曾编写了另一本著作《社会问题》，被当作"新制中学教科书"加以推广。这两本书在体例和内容上大致相似，其讨论的内容超出"教育"与"社会问题"的范围，实际上有"社会学概论"的性质（尽管

---

① 参见严仁赓：《回忆陶孟和先生》，《工商经济史料丛刊》1984年第3辑。
② 在当时的北大校政中，体现教授治校原则的"评议会"扮演十分重要的角色，评议会由北大教授组成，除了校长蔡元培和文科学长陈独秀为当然评议员外，其余评议员每年选举一次，陶孟和与胡适是当选次数最多的教授。《新青年》引领一时风气，陶孟和作为编辑部六位同人之一，是这个知识群体的核心成员。

很不全面）。20 世纪 20 年代还是"传教士社会学"的鼎盛时期，陶孟
和的这两本著作，在教会学校以外的中学和大学扮演着"社会学概
论"教科书的角色。

但这两本著作只是各种社会学理论的浅显杂糅，很快就无法满足
日趋深化的学科专业化要求。而此时，作为社会学家的陶孟和面临两
方面的问题：一方面，他的社会学专业知识结构的缺陷日益明显，陶孟
和在伦敦经济学院期间主要接受的是霍布豪斯的影响①，这是一种掺
杂了英国式的本能心理学、古典自由主义和斯宾塞式进化论的学说体
系。尽管也偶尔提到孔德②，但当时其他重要的欧陆社会学家以及进
入 20 世纪后社会学在美国的发展，则很少为陶孟和提及。相比起 20
年代大部分从美国归来的那批社会学者，陶孟和或许在知识的"通
博"方面占有优势，但是在学科的"专精"上，开始显得力不从心。不
过更重要的或许还是另一方面，正如前文已经提及的那样，北京大学
教学体系中长期没有"社会学"专业设置，这使得陶孟和难以从学校
内部获得社会学实践的制度支持，也很难培养出专业的社会学研究
团队。从 1926 年直到 1949 年，尽管社会调查部这个研究机构几经改
组变换，但陶孟和一直是这个研究机构的首脑，这客观上为他提供了
开展社会学学术实践的组织条件。与吴文藻一样，陶孟和有一套完
整的学术实践理念和集群研究的长远计划③，但是这个计划的实施其
实并不顺利，具体的阻碍因素主要体现在两个方面。

---

① 陶孟和：《社会进化史》，上海：商务印书馆，1924 年，第 4 页。
② 陶孟和：《社会的研究》，《社会科学季刊》1923 年第 3 期；《社会与教育》，上海：商务印
　书馆，1925 年，第 1—5 页。
③ 参见陶孟和：《致胡适信》，载胡适：《胡适往来书信选》下卷，北京：中华书局，1980 年；
　王子建：《陶孟和怎样主持社会科学研究工作》，《工商经济史料丛刊》1984 年第 3 辑。

　　其一,陶孟和凭借他个人的"社会网络"(比如他与中华教育文化基金董事会秘书胡适间的私人友情,以及他与国防设计委员会副秘书长,同时也是主要执行人钱昌照的姻亲关系等等),从多个渠道为社会调查所争取到充足的资金支持。社会调查所的资金主要有三个来源,早期是西方宗教机构(纽约社会宗教研究院),此后是半官方的学术基金(中华教育文化基金),此外还包括官方的财政支持(国防设计委员会)。这固然使陶孟和的研究所获得了充足的研究经费,但是难免在人事安排和学术取向上有所掣肘。特别是 1932 年获得国防设计委员会大笔财政拨款后,社会调查所的研究背离了陶孟和始终倡导的针对社会整体进行综合调查的"社会学"思想①,而是遵照行政机构的命令,完全偏向财政经济方面②。1949 年以后,这个机构改组为中国科学院经济研究所,全体人员留用,也就是说,社会学家陶孟和主持的这个研究所,无形中却为 1949 年以后官方最高经济学研究机构的构建奠定了基础。这样的"阴差阳错"在学科发展史上或许有其客观价值,但显然与陶孟和的初衷相去甚远。也正是在这样的背景下,陶孟和在抗战期间希望通过延聘社会学家费孝通、李安宅和历史学家韩儒林等人,达到改组社会学所、实现自己社会学研究计划的蓝图。

　　但是,陶孟和遇到了似乎更加无法调和的第二个矛盾——他不得不面对与其争夺学术资源的竞争者。1934 年,社会调查所被迫改组,被归并入中央研究院社会科学研究所,这一事件本身就是强势学术机

---

① 典型的表述,参见陶孟和:《孟和文存》第 1 卷,上海:亚东图书馆,1925 年,第 107—112 页。
② 参见郑友揆:《高尚的品德,开阔的胸襟》,《工商经济史料丛刊》1984 年第 3 辑。

构间争夺学术资金的结果。① 此后,历史语言研究所所长傅斯年曾与
社会科学研究所所长陶孟和就研究分工有过明确约定:

> 近一百年史,即鸦片战争起,由社会所办,其设备亦由社会所。
> 明清两代经济史,以其经济方面,或比史之方面为重,归社会所;明
> 清以前者,以其史学方面比经济方面为重,归史语所。②

陶孟和试图添聘费孝通、李安宅、韩儒林等人的计划,被傅斯年认为是
与史语所研究主题重复的"学术浪费"。双方互不相让,终于导致陶孟
和的计划流产,两人关系也一度"形同寇仇"。据同人回忆,此后社会科
学研究所大批研究人员离任,陶孟和也一蹶不振。

(二) 基于"学术资源"的学术派分

如果说,吴文藻与傅斯年为争夺学术资源而产生矛盾,还是研究者
的逻辑推理的话③,那么陶孟和遇到的种种矛盾,则已通过当事人之
口,体现出学术阵营间"争夺"有限学术资源的本质特征。"争夺"是学
术界内部各组织间社会性互动的一种形式。而这种互动的方式和频率

---

① 社会调查所 1929 年成为独立的研究机构,但其部分经费仍由中华教育文化基金拨
付。陶孟和认为,该基金的总干事任鸿隽正是出于削减财政负担的目的,希望调查所
与中央研究院社会科学所合并。任中央研究院总干事的丁文江,则希望两所合并后,
经费仍由中华教育文化基金支付,而中央研究院社会科学所原有经费则挪作他用。
参见陶孟和:《致胡适信》,载胡适:《胡适往来书信选》中卷,北京:中华书局,1980 年,
第 250—251 页;李济:《李济文集》第 5 卷,上海:上海人民出版社,2006 年,第 178—
179 页。
② 原载傅斯年档案,转引自桑兵:《晚清民国的学人与学术》,北京:中华书局,2008 年,
第 341 页。
③ 实际上也不完全是推测,至少费孝通晚年的那段回忆,提及吴文藻在燕京大学没有
"势力",与傅斯年"不对",以及吴自己希望形成"一派",所暗示的其实就是对于学术
资源的争夺,参见朱学勤:《费孝通先生访谈录》。

会在多大的程度上对科学思想产生影响，正是默顿以来科学社会学主要关注的问题之一。在本书中我用"学术资源"这个概念来指代一门学科在完成学术研究过程中所需要的种种条件。最重要的学术资源要素有四种：(A)学术支助；(B)职业研究团队；(C)研究资料；(D)研究范式。这四种要素的整合过程，就是"学术资源"的形成过程；而一个拥有相对稳定的学术资源的组织，我称之为"学术阵营"；不同学术阵营间的互动，就构成了学术制度化的过程。因此可以说，这四种要素，是"学术制度化"的基础。

四个要素对于学术阵营形成和学术制度化的功能是不同的，笔者用以下这个图示来体现其不同的性质：

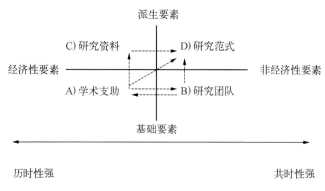

图1　学术资源构成要素

为使笔者想表达的几方面意思更简单明朗，下文将结合此前述及的有关社会学家吴文藻、陶孟和等人的历史事实来阐释这个图形的含义。

首先，我们在指称要素时所使用的四个概念是高度概括的。以每一个概念为核心，都可以衍生出一组需要考察的社会学问题，其中：

（1）"学术支助"（要素 A）包含两方面的含义：既指对学术研究的物质"资助"，这是有形的、可定量估算的；又指对学术研究范式及其成果的"认同"，这是无形的，也无法估算，但对于学术发展的意义不可忽视。围绕"学术支助"，至少涉及以下问题：学术资金提供者的来源（比如赞助吴文藻的中英庚款，赞助陶孟和的中美庚款和纽约社会宗教研究院，赞助费孝通的洛克菲勒基金和中国商人缪云台等）、资助的意图（工具性目的抑或情感性目的）、资助制度（遴选方式、拨付方式、审查方式、对资助项目的干涉程度等）以及学术认同的发生机制。[①] 动员广泛的社会资源以资助学术研究，这是现代性演化的内在要求。但谁在资助？这首先是个问题。不同资助主体或基金主体，有其偏好的研究假定、研究主题、研究路径和意识形态倾向性，它们无可避免地潜入知识行动者的研究过程中，可能会干扰研究的正当过程、结果和对结果的解释与说明。

（2）"职业研究团队"（要素 B）的相关问题包括：学术团队的形成机制（例如吴文藻—费孝通研究团队的建立，以燕京大学社会学系的师承关系为基础；陶孟和学术团队的关系则以社会调查所—社会科学研究所的聘用关系为基础）、赓续机制、学术团队的团结类型（例如因师生关系形成的团结更多体现情感性特征，因职业聘用关系形成的团结更多体现工具性特征）、凝聚力的强弱及其影响因素（例如学术领袖的个性、能力与愿望等）。此外，对"代"（generations）以及"代际间整合与冲突"的考察，是知识社会学理解知识体系形成、传递和演变的重要视角，因

---

① 对学术成果的认同、评价与奖励机制，在默顿及其后的知识社会学体系中，是阐述的重点。参见罗伯特·默顿：《科学社会学：理论与经验研究》，鲁旭东、林聚任译，第337—680页；杰里·加斯顿：《科学的社会运行：英美科学界的奖励系统》，顾昕等译。

此尤其要考虑的因素，是学术团队内部"代际"间的一致与冲突及其对学术团队整体性的影响。

（3）社会学的"研究资料"（要素C），既包括文献资料和各种仪器设备，又包括作为研究对象的实地工作的"田野"（对于不同学者，"田野"的内涵、外延不同。比如，对于费孝通，"田野"包括花蓝瑶的一个社区、江村、禄村；对于陶孟和，"田野"则包括他所调查的北京平民）。而当我们把社会学家的学术活动作为研究对象时，就不仅要考察"田野"（以及其他工具）是什么，还需要进一步追问：这些田野是如何"进入"社会学家的视线中的？"田野"只是单纯作为"呈现者"的研究对象，还是反过来也会对学者产生影响？（例如，费孝通得以进入广西象县考察瑶族社区，就至少经由他的哥哥费青和老师吴文藻的关系，联系上民社党领袖张君劢，继而再联络上广西省政府。而费孝通之所以能够比较顺利地"进入"田野，也与该省政府正在推行的革新计划有密切关系，这一切构成了社会学家进行研究的外部环境，它对学术思想的发展是有很重要的影响的。）

（4）在四个要素中，尽管"研究范式"（要素D）是最抽象的概念，但却最受理论学者的重视。因为看上去这是最"纯粹"的理论问题，也是可以"自洽"的一个系统，但我认为，实际上这是最容易受到干扰的要素。比如我们考察早期中国社会学家的不同的"研究范式"（最典型的就是后面会进一步论及的所谓"社会调查"与"社会学调查"之争），最容易陷入就事论事、就人论人的，而往往忽略了不同社会学家"之所以"主张不同的研究方法和理论的原因，而这正是知识社会学需要重点考察的。

其次，正如默顿所强调的，科学组织的性质及其制度化程度，在不同社会是不一样的，"取决于该社会的科学发展状况以及该社会的经

济、政治、宗教、军事等制度系统的状况",默顿认为这源于"科学与其他
社会制度之间趋于相互依赖的倾向"。① 这提醒我们对任何"学术资源
要素"及其功能的强调,都必然是在具体的历史语境下展开的。例如
"学术阵营"间的互动就并非绝对的对峙与争夺,吴文藻在云南联合同
人成立云南人类学会时,就曾推举人类学家李济为会长,并给他很高的
赞誉。② 李济是傅斯年一生引为同道的挚友,吴文藻此举是否有试图接
近其他学术阵营的意图,不得而知,但至少说明在一个时期内,两者之间
的关系并不那么势如水火。再比如,吴文藻毕生倡导的"社区研究"方
法,在他离开学术界后,主要通过"云南大学—燕京大学社会实地调查工
作站"(也就是"魁阁学术阵营")得以贯彻和推进。"魁阁"学术团队的建
立,来源于吴文藻、费孝通师徒与陶云逵三人的共同创意。在很长一段
时间里,陶云逵也是这个团队的重要成员。在费孝通和其他同事看来,
尽管陶云逵与大多数人师承不同、见解不同,甚至学术思想的基本出发
点都不同,更重要的是,他恰好是傅斯年的下属,史语所人类学组职员,
但这并不妨碍他们成为学术上"相反相成"、生活上则交情莫逆的好友。③
当我们把 1944 年早春时节费孝通(那时他正在万里之外的哈佛大学访
学)对早逝的陶云逵的追忆,与前文提及的潘光旦为《生育制度》撰写的
长序放在一起比较参阅时,就会发现他们彼此之间的期许何其相似,这
种"和而不同"的学术氛围,也许可以为理解当时不同学术阵营间在"剑
拔弩张"以外的真实互动做一个生动的注脚。这种良性的互动,也延续

① 罗伯特·默顿:《科学社会学:理论与经验研究》,鲁旭东、林聚任译,第 241 页。
② 吴文藻:《吴文藻自传》,第 89 页。
③ 费孝通:《费孝通文集》第 3 卷,北京:群言出版社,1999 年,第 146—147 页;许烺光:
《我在"魁阁"的日子》,载潘乃谷、王铭铭编:《重归"魁阁"》,北京:社会科学文献出版
社,2005 年,第 45 页。

到了下一代学者那里,此后长期担任中国民族学会会长的宋蜀华,本科就读于齐鲁大学历史社会学系,这个系的主持人,正是与费孝通论辩的顾颉刚。后来宋蜀华受人类学家冯汉骥的指点,报考由林耀华执掌的燕京大学社会学系,林耀华与冯汉骥是哈佛大学校友,但是彼此学术观点并不相同①,但这却不妨碍他们学生的"转益多师"。

在这样的解读基础上形成的图 1,将是笔者解读中国社会学在 20 世纪中叶历史命运的概念工具。其目的不在于将这个工具自身的结构构建得多么巧妙,而在于发挥它对于我们理解学术史与学人心路历程的"功能"。

(三) 广义的学术流派与狭义的学术流派

在上一节中,笔者尝试着提出了构成"学术资源"的四个要素,并指出所谓"学术阵营"的构成,正是建立在对这四个要素占有的基础上。同时,我也试着提出了"学术阵营"与"学术流派"的差异,指出对"学术流派"的分析更多是建立在对文本解读上的。

在中国最早的那批职业社会学家中,通过划分"学术流派"来给中国社会学做阶段性总结的研究成果,突出地体现在孙本文的著作中。②作为类似研究的先驱,孙先生的这个划分迄今还有很重要的参考价值,但是他的最大问题是完全就"作品"本身论事,脱离了"作者"及其作品产生的历史语境,按照这样的标准进行的划分,往往割裂了作为一个整体的学术史,孙先生将他的划分称为"流派"而非"学派",可能就是出于这方面的考虑。赵承信是另外一个在中国社会学流派分类上做出开拓

① 林耀华的学术观点基本来自功能学派,而冯汉骥的思想取向则多少反映了进化论的视角,参见李绍明口述:《变革社会中的人生与学术》,伍婷婷等记录整理,北京:世界图书出版公司北京公司,2007 年,第 54 页。
② 孙本文:《当代中国社会学》,第 238—278 页。

性贡献的学者。在早期第一流的学院社会学家中,他是比较早的把唯物主义社会学客观地纳入视域的。① 此后的研究者,在对 20 世纪上半叶中国社会学诸家进行"学派"的划分时,其标准就参照了思想与现实的多重因素,就显得比较全面。有研究者认为学派"是一门学科内部具有相同或相似的基本学术要素的学者集合体"②,这些基本要素至少包括以下几个方面:

(1) 集合体成员有大致相同的思想渊源与知识谱系;

(2) 在这样的渊源基础上,集合体内部有大致相近的核心理论观点与方法论主张;

(3) 上述理论与方法的主张已综合成一套相对严密的理论体系;

(4) 在这一理论体系的观照下,集合体各成员在共同主张的研究对象范围内进行学术分工和集群研究;

(5) 有一个或几个参照系,也就是在上述几个要素方面与之相异乃至对立的其他派别。

用我在上一节提出的那个"学术资源"的概念工具来考察,这五个要素整合成的一个整体,实际上就是一种"研究范式"。其中,前四个要素共同构成学术群体"内聚力"的基础,而第五个要素则形成"排他性"的基础。"内聚"与"排他"这两方面的交互作用,形成的具有自觉意识的学术共同体,就可以被称为"学术流派",简称为"学派"。

---

① 赵承信:《中国社会学的两大派》,《益世报·社会研究》1948 年第 23 期。在燕京大学,赵承信的政治立场是比较左倾的,这种政治立场对他的学术判断是否会有影响,还不得而知。不过此文发表时,他已前往美国访学,目前还没有资料可以证明他的这个观点受到某些外在政治性因素的干扰。参见陈永龄:《赵承信传略》,载《民族学浅论文集》,台北:弘毅出版社,1995 年,第 180—183 页。

② 叶嘉国、风笑天:《我国社会学"学派"的现状与展望——以此谈谈我国社会学存在的几个问题》,《学术界》2000 年第 1 期。

实际上,揆诸整个社会学发展历史,在以往百多年的发展过程中,无数的社会学家提出了难以计数的有关人性和社会秩序的各种假设。正是在这些假设的基础上,形成了各式各样的相互对立和冲突的理论流派和观点。甚至可以说,社会学的历史,起码"社会学思想史",就是一部理论流派蜂拥迭出的历史。

在图2中可以看到,在构成一个"学派"的学术资源要素中,研究范式(要素D)和职业研究团队(要素B)变成了基础要素。也就是说,我们判断一个或几个学术阵营是否构成一个"学派",主要的标准是看其是否具有相同的"研究范式"和"研究团队"。

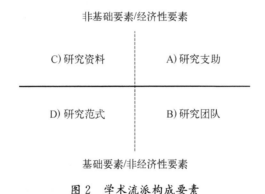

图 2　学术流派构成要素

图3和图4试图说明,学派的概念应该有广义和狭义之分。广义的学派的形成条件,只需要具有相同学术研究范式即可,这也就是为什么很多生活在不同年代的学者也可以被归入一个"学派"当中,比如我们说的"乾嘉学派"。而狭义的学派,则指的是在相同的时空范围内,用相同的范式进行研究的一群人,比如本书所说的"社区研究学派"。

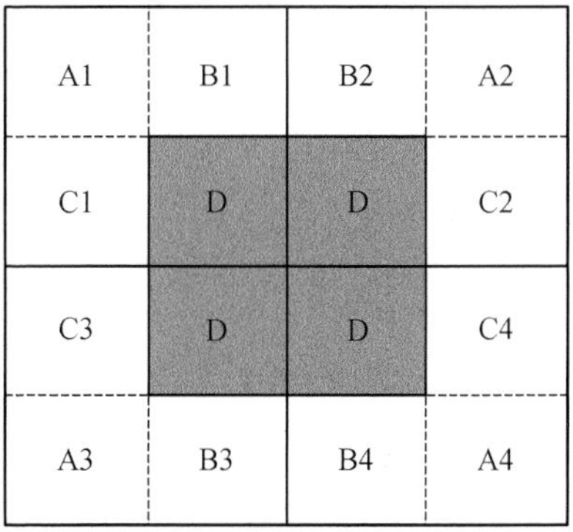

A1	B1	B2	A2
C1	D	D	C2
C3	D	D	C4
A3	B3	B4	A4

图 3　广义的"学派"

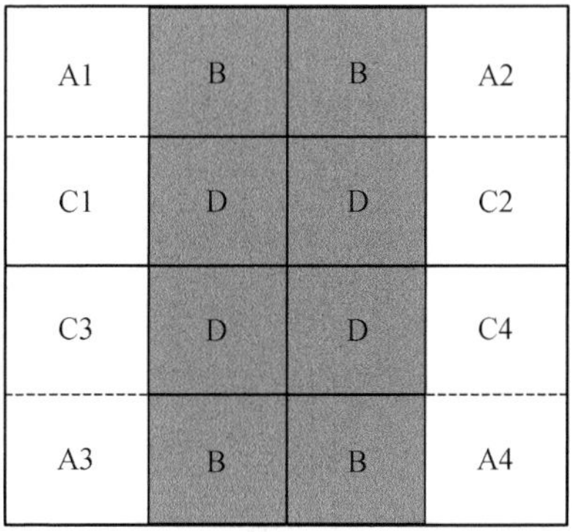

A1	B	B	A2
C1	D	D	C2
C3	D	D	C4
A3	B	B	A4

图 4　狭义的"学派"

　　考察中国社会学的历史进程可以发现，至少自吴文藻1938年离开燕京大学时起——那时他仅仅担任了三年的系主任——他带领出的学术阵营已经足以构成一个狭义的"学派"。这部分得力于他培养职业研究团队（要素B）的热忱和持续不断的努力，忠实继承他学术思想的学生们被安排在当时中国最重要的几个社会学与人类学研究基地担任领导职务,一直持续到 50 年代这些机构被撤销①;更重要的是,吴倡导的学术思想(要素 D),不仅在这里扎根,而且向外开始扩展它的影响,这突出体现在他筹划的"社会学丛刊",在他本人不直接参与学术界工作的多年以后,依然得到了陆续的出版。严格意义上说,在 20 世纪中国社会学历史上,狭义的"学派"仅此一例。

(四) 基于"学术资源"的学科制度

由"学术资源"概念引起的另一个问题,是有关"学科制度"这个范畴的界定问题。

按照研究者的一般理解,学科制度是规范特定学科科学研究的行为准则体系和支撑学科发展与完善的基础结构体系,通常把前者称为"学科制度精神",把后者称为"学科制度结构"。②

勾画或梳理一门学科的制度精神,至少必须深入研究三个基本问题:第一,整部人类智慧活动史所蕴含的人文理念或人文精神;第二,界定科学阶层或学者阶层独具品质的精神气质,它作为规范科学活动过程即研究过程与评价过程的普遍原则;第三,与之对应的可以测度的操作细则。同时,在科学共同体的内部,学科合法性的建构,在学科理智进展之外,还依赖于学科制度结构的建立和逐步完善。学科制度结构,是支撑学科研究的物质基础,它至少包括四个基本类别:职业化和专业

---

① 自 1938 年至 1952 年燕京大学社会学系取消,先后担任系主任工作的,是赵承信(1938—1941 年)、李安宅(1941—1943 年)、林耀华(1943—1951 年),他们都是吴文藻的学生。李安宅又长期担任华西大学社会学系主任(1941—1947 年),他的影响持续到 20 世纪 50 年代,以至于这个社会学系最后存在的十年,被称为"李安宅的十年"。费孝通则在吴文藻离开后,继任云南大学社会学系主任和云南大学—燕京大学社会实地调查工作站的主持人。参见傅憬冬:《燕京大学社会学系三十年》,《社会》1982 年第 4—5 期;李绍明口述:《变革社会中的人生与学术》,伍婷婷等记录整理,第59—62 页。
② 方文:《学科制度和社会认同》,第 12 页。

化的研究者以及他们赖以栖身的研究机构和学术交流网络；规范的学科培养计划；学术成果的公开流通和评价；稳定的基金资助来源。[①]

我们把这种学科制度的结构与学术资源的结构进行比照，不难发现，在某种程度上学科制度的构建，与学术资源存在结构上的对应[②]，或者说，学科制度，其本质是学术资源的制度化分配结构。

表3 学术资源与学科制度

类别	要素	
学术资源	(A) 研究支助——→(C) 研究工具 (B) 研究团队——→(D) 研究范式	
	制度精神(a)	制度结构(b)
学科制度	a-1 人文理念 a-2 普遍原则 a-3 操作细则	b-1 研究者(知识行动者) b-2 研究计划与课程设置 b-3 学术流通与评价系统 b-4 学术资金支持

本书的主题，是论述早期中国社会学的困境，实际上就是论述社会学学科制度的困境。在后文中我们将看到，在不同的时期、不同的历史语境下，这种困境将表现为上述不同要素所面临的困境。

---

① 方文：《学科制度和社会认同》，第13—16页；另参见邓正来：《学术与自主》，北京：北京大学出版社，2008年，第1—34页。

② 这种对应是重叠的，或者说，学术资源要素的细分，形成了学科制度的要素。其中要素A对应于要素b-4，并影响要素b-2和要素b-3的形成；要素B直接对应要素b-1；要素C对应要素b-2和要素b-3；要素D与要素B的有机结合，则对应要素a及要素b-2、b-3。这两个结构中，知识行动者(要素B、要素b-1)都作为具有能动性的要素发挥核心作用，参见方文：《学科制度和社会认同》，第28—32页。

第三章 "认识社会"还是"改造社会"

> 西洋的炮火惊醒了迷梦,(中国人)完全拜倒在西洋文明下,每每不顾国情,盲目的整个的把西洋的各种主义和制度,介绍到中国来。以为只要学得惟妙惟肖,便是社会的福利。那知道主义和制度,介绍得越多,中国的社会,反倒越发紊乱越发黑暗了。[①]
>
> ——陶孟和

> 现在的社会学,……只是个没有长成的社会科学的老家。一旦长成了,羽毛丰满,就可以闹分家,独立门户去了。这个譬喻确说明了现代社会学中的一个趋势。[②]
>
> ——费孝通

考察中国社会学的历史进程可以发现,至少自 1938 年开始,吴文藻在燕京大学带领的学术阵营已经足以构成一个"学派"。不过在后来的学术史书写中,研究者对这个学派本质特征的认知并不完全一致——有些研究者因为强调其方法论特征而称之为"社区学派"[③],有

---

① 陶孟和:《〈定县社会概况调查〉序》,载李景汉编:《定县社会概况调查》,定县:中华平民教育促进会,1933 年,第 1 页。
② 费孝通:《费孝通文集》第 5 卷,第 390 页。
③ 郑杭生、李迎生:《中国社会学史新编》,第 134 页。

些研究者则因为强调其理论的本土化特征而称之为"中国学派"①,更多的研究者则依照其共同体成员的职业特征称之为"燕京学派"②,我在本书中则称之为"社区研究学派"。在后文中我试图证明,"社区研究"不仅体现了这一群学人基本的社会学方法论倾向,也反映出他们基本的认识论倾向以及学术价值观。更重要的是,把"社区研究"作为该学派的根本主张,可以清楚地解读出这个"学派"与其他广义上的社会学流派,乃至其他学术阵营间的内在冲突。这种冲突为我们理解20世纪中国社会学历史命运提供一种重要因素。为完成这样的论证,我们需要做两步工作:首先,试图明确吴文藻及其"社区研究学派"的基本主张究竟是什么③,以及他们的主张与其西方思想来源之间的异同。当

① 李培林、渠敬东:《20世纪上半叶中国社会学学术史》,载李培林、渠敬东、杨雅彬主编:《中国社会学经典导读》上册,北京:社会科学文献出版社,2009年,第28页。另据费孝通说,"中国学派"的提法最早来自马林诺夫斯基,此后西方学者又加以引述,某种程度上反映了西方学术界对中国学者将西方理论"本土化"努力的赞赏。不过至少在20世纪五六十年代,对中国社会学"学术流派"状况的理解,西方学者与中国学者之间是存在差异的,例如在西方学术界看来,陈达也是"社区研究"群体中很重要的一员,不过中国学者自己(例如费孝通),或许并不这么认为。参见 Maurice Freedman, "Sociology in and of China", *British Journal of Sociology*, Vol. 13 (1963); "Sociology in China: A Brief Survey", *The China Quarterly*, Vol. 10 (1962); "A Chinese Phase in Social Anthropology", *The British Journal of Sociology*, Vol. 14, No. 1 (1963); Morton H. Fried, "Community Studies in China", *The Far Eastern Quarterly*, Vol. 14, No. 1 (1954)。

② 王铭铭、阎明和李章鹏的论述分别代表了人类学者、社会学者与历史学者对这个学派的看法,似乎学术界更多的人都更倾向于使用"燕京学派"这个比较形象,但对学派特征把握不一定很明确的名称。参见王铭铭:《人类学在20世纪中国》,载李培林等主编:《20世纪的中国:学术与社会》(社会学卷),第47页;阎明:《一门学科与一个时代:社会学在中国》,第147页;李章鹏:《社会调查与社会学中国化——以1922—1937年燕京大学社会学系为例的研究》,载黄兴涛、夏明方主编:《清末民国社会调查与现代社会科学兴起》,福州:福建教育出版社,第73页。

③ 需要特别提请注意的是,即使在学派内部,其主要代表人物之间的学术取向也存在很多差异,我们在书中将随时呈现这种差异。一方面,这为学术史的"系统归纳"增添了难度,但另一方面,正是种种差异间的"历史缝隙",赋予了学术史书写这种看似枯燥的学术工作以无穷的吸引力。

然，即使在学派内部，其主要代表人物之间的学术取向也存在很多差异。一方面，这为学术史的"系统归纳"增添了难度，但另一方面，正是种种差异间的"历史缝隙"，赋予了学术史书写这种看似枯燥的学术工作以无穷的吸引力。其次，在20世纪30—40年代的宏观历史语境中解读狭义的"社区研究学派"与其他广义的中国社会学"学派"间的内在冲突，以及这种冲突对此后中国社会学发展的影响。

第一节　重审吴文藻的"社区研究学派"

（一）　吴文藻的两种学术形象

理解社区研究学派的基本主张，或许可以从该学派最重要的开创者吴文藻的两种学术形象谈起。

以1940年离开云南大学为界，吴文藻的学术史形象，呈现出两种不同的定位——在此以前，他作为"社会学家"的形象出现；在此以后，特别是1951年回国之后，甚至直到去世多年后的今天，他则更多是以"人类学家和民族学家"的形象出现在历史叙述与集体记忆中。这种学术形象的"多元一体"（社会学、人类学、民族学）在中国社会学学术史上是一个不多见却富有意味的例子。尽管在20世纪上半叶，广义"社会学"的学科化发展才刚开始，作为一种知识体系，其内部学科边界与研究范式之间的界限并不那么清晰，但是大部分学者的学术形象是比较明确的。比如，柯象峰、吴景超、陶孟和、陈达等人都撰写过讨论人类学或者民族学问题的论文，孙本文还担任了中国民族学会的理事，但他们基本都是以"社会学家"的形象被记录在学术史的书写中的。反之，像吴泽霖，其后半生主要从事的人类学、民族学研究一定程度上也掩盖了他早期作为"社会学家"的学术贡献。由此看来，费孝通在晚年所谓的

"派克是从社会学这方面去攀近社会人类学,布朗则是从人类学这方面去靠拢社会学,一推一拉就在中国实现了这两门学科的通家之好"①,在当时来说,只是在吴文藻及其学术团队的少数年轻学者身上体现出来了。不过,吴文藻的这种学术形象的多元化,却不啻一把关键的钥匙,通过它,我们可以更深刻地理解"吴文藻的社区研究"的独特取向与特征。

吴文藻虽然直到 1923 年进入达特茅斯学院(Dartmouth College)后才正式接触到作为一门专业学科的"社会学",但是他早年在清华学堂的经历,却是不可忽视的。对于吴文藻来说,当时最重要的影响,或许来自梁启超。通过同班同学梁思成的关系,吴文藻曾经几次见过梁启超,直到晚年,他还忆及梁启超的治学方法对自己的终身影响。② 此后到哥伦比亚大学,吴文藻的专业还是"社会学"。虽然那时他已经接触到博厄斯(F. Boas)与本尼迪克特的"人类学",也因为同学潘光旦的影响接触了生物学与优生学,但在当时,这些知识背景对于吴文藻学术生涯的意义,充其量仅仅是使他对"人类学"这门新兴学科有了初步了解。吴文藻毕业后回燕京大学服务,系主任许仕廉分派他开设的三门课程中有一门就是"人类学",但实际上,这时燕京大学人类学还是一种"哲学化的人类学"和"社会学化的人类学"。③ 因此,吴文藻在燕京大学分三个步骤初步实现的还是一种"社会学"的"中国化":

首先,是用社会学的方法对中国历史文献资料进行重新解读。这

---

① 费孝通:《费孝通文集》第 13 卷,第 9 页。
② 吴文藻:《吴文藻自传》,第 78 页。
③ 20 世纪 20 年代末至 30 年代早期,在燕京大学社会学系担任过人类学课程的教师,有步济时、许地山和吴文藻。前两人的学术背景都是宗教哲学,吴文藻接任人类学课程教师后,则进行了社会学化的改造。参见于恩德:《燕京大学社会学系概况》,《社会学界》1930 年第 4 卷;吴文藻:《吴文藻自传》,第 82—83 页。

突出地体现在他开设的"先秦社会政治思想"与"近现代社会政治思想"两门讨论课上。这两门课的基本教材，都来自"新史学"的倡导者梁启超。我们可以大致揣测吴文藻的用意，因为社会学"中国化"的前提，首先是让学生们理解中国传统社会与文化的基本情况——那时燕京大学的学生大多出生于科举时代终结之后，又经受了五四时期"全盘反传统"思想的洗礼，让他们客观地了解过去是有必要的。吴文藻相信，只要理解的工具（西方近代社会科学）是先进的，就可以确保他的教学不至于沦落到与传统私塾式教育一样的境地。实际上，吴文藻的这种学术理路，直接启迪了此后的几部重要的社会学史研究：它们有些是吴文藻所开设的本科课程作业，例如林耀华有关严复思想的研究[①]，有些则是吴文藻指导的毕业论文，例如瞿同祖的《中国封建社会》[②]，或者直接在吴文藻的筹划安排下出版，例如李安宅有关《仪礼》和《礼记》的历史社会学研究[③]。值得深思的还有费孝通，他早年在燕京社会学系撰写的论文，也秉承了这个用社会学方法研究中国历史典籍的学术取向[④]，但是他此后放弃了这种方法，对其评价似乎也不高，有学者认为这种转变导致了费孝通此后作品中的某些缺憾。这种缺憾，如果与20世纪五六十年代西方学界对"社区学派"的方法论缺陷的认知和改进途径联系起来看，会有更深的体会。

其次，1933年派克来燕京大学讲学，是"社会学中国化"进程的第二个重要步骤。对于费孝通一班燕京大学社会学系的同学而言，"派克来华"的意义非常重大：这是他们第一次有机会直接接触西方一流的社

① 林耀华：《从书斋到田野》，北京：中央民族大学出版社，2000年，第3—147页。
② 瞿同祖：《中国封建社会》，上海：上海人民出版社，2005年。
③ 李安宅：《〈仪礼〉与〈礼记〉之社会学的研究》，上海：上海人民出版社，2005年。
④ 费孝通：《费孝通文集》第1卷，北京：群言出版社，1999年，第157—212、286—294页。

会学者。派克走后,燕京大学社会学会编辑了《派克社会学论文集》,这本文集的作者和译者,除了吴文藻和刚刚从密歇根大学学成归国的赵承信之外,都还没有出国游历的机会,无论当时的记录,还是事后的回忆,都不难看出学生们见到派克时的兴奋。严景耀、赵承信等人的论文,都直接受到派克的启发,后者还打算利用派克倡导的人文区位学方法对北平进行研究。① 事实上,赵承信对于派克的理解之深和鼓吹之力,在燕京大学也是首屈一指的。② 费孝通认为,派克对"社会学中国化"的贡献,主要在于向他们指明了这个过程的途径和操作方法,也就是"把我们带出了书本,进入了活生生的现实世界",在费孝通看来,"中国化"的社会学,必然是要研究当下中国的现实(而不仅是中国的历史),这是社会学的学科本质决定的。

但是吴文藻显然不像他的学生们那么兴奋,一个重要的证据是,除了为上述那本论文集撰写的导言之外,他基本上没有在其他场合提及派克,在他晚年撰写的自传中,也完全没有出现派克的名字。即使在这篇导言中,吴的态度也并不很热情。他坦承自己对派克并不很了解,对其学术观点也持有保留意见,这与费孝通形成了很鲜明的对比。总体上,吴文藻对派克个人(乃至整个芝加哥学派)的评价,要低于对季亭史(F. H. Giddings,通译"吉丁斯")的评价(尤其体现在两人关于"社会进程"的研究上),对"人文区位学"有落入广义环境论窠臼的可能性表示了担忧。甚至对派克、步济时编写的那部被誉为社会学"绿色圣经"的《社会学绪论》(*Introduction to the Science of Sociology*)评价也不

① 参见阎明:《一门学科与一个时代:社会学在中国》,第49页。
② 参见赵承信:《关于社区研究的几个问题》,《益世报·社会研究》1937年复刊第53期;《社区人口的研究》,《社会学界》1937年第10卷;《实地研究与中国社会学建设》,《益世报·社会研究》1948年第25期;《社会调查与社区研究》,载北京大学社会学人类学研究所编:《社区与功能:派克、布朗社会学文集及学记》。

高。而当我们把费孝通发表在同一本文集中的那篇比较派克与季亭史学术观点异同的文章与吴文藻的导言放在一起比较阅读时,这种对立就很明显了。① 吴文藻对季亭史在《文明与社会》(*Civilization and Society*)中有关社会进程的分析倍加赞赏,认为远胜派克;而在费孝通的眼里,季亭史的这种努力,不过是把进化论哲学应用到社会现象的解释中,与孔德一样,这种试图找到一种有关社会进程普遍规律的努力,最终还是失败的。尽管这不是根本的分歧,但或许可以为我们全面和客观地理解吴文藻和他的"学派"有所帮助。吴文藻并不满足于派克关于"区位"与"功能"的界定,他认为派克先划分空间区域进而进行社会调查的方法,只是一种研究的领域而非"真正的社会比较研究"。并且即便这样的方法,也是民族学者(特别是马林诺夫斯基)早已采用过的,不过,从派克那里,吴文藻发现了真正可以科学地指导社区研究的方法论源头——功能学派的社会人类学,为功能学派与中国社会学搭起一座桥梁,或许就是派克对于吴文藻最重要的意义。

在这样的背景下,1935 年 10 月,吴文藻以系主任的身份,代表燕京大学社会学系邀请拉德克利夫-布朗(Radcliffe-Brown)来华,在两个月的时间里,吴文藻与布朗"终日相处","谈论辩难之间,大恨相见之晚"②。由此,吴文藻主张的社会学"中国化",开始了其第三步,也是最重要的一步历程。

布朗来华在吴文藻的心路历程上具有极重要的意义。在此前后,吴文藻迎来了相对于他 85 年的漫长人生而言并不很长的学术创作高峰期:仅笔者所见,从 1933 年到 1936 年他休学术年假前往欧美访学的

---

① 参见费孝通:《费孝通文集》第 1 卷,第 129—156 页。
② 吴文藻:《布朗教授的驶向北京与其在学术上的贡献》,载《吴文藻人类学社会学研究文集》,第 159 页。

三年间,他至少发表了十篇学术长文和一篇考察报告,做了若干次讲演,这些学术工作几乎只有一个主题,就是不厌其烦地介绍"社区研究"的理论、方法与代表人物。① 吴文藻的目的很明确:他希望借此奠定在中国推广"社区研究"的基础。而在所有这些学术努力中,吴文藻几乎言必称"布朗",后者在他心目中的地位可见一斑。不过一个有趣的现象是,尽管布朗是名副其实的人类学家,但是吴文藻对他的倚重,却是希望以其功能主义人类学思想改造中国社会学,以人类学上的"功能法"去改进社会学上的"区位法"。当然,吴文藻的理想,未尝没有"打通各派学问"的考量②,学术史发展的实际结果,也正如费孝通所说,社会学与人类学实现了某种程度上的"通家之好",只是在全面抗战以前,这种通家的"好"还没有完全体现出来,典型的人类学与典型的社会学,还是有差异的。所以我们看到,吴文藻此时对"中国社区研究"的整体摹画,其本质还是一种人类学化了的社会学,或说借鉴了人类学方法的社会学研究。也正因为如此,1935—1936年间,吴文藻安排学生所做的大量实地调查,包括徐雍舜在郭县的乡村领袖冲突调查、黄华节在定县的礼俗和社会组织调查、黄迪在清河县的村镇结构调查、郑安仑在福建的侨民调查、李有义在徐沟的社会组织调查等等,虽然开始借鉴功能主义的思想,但却缺少人类学田野工作的味道,因而更类似此前盛行的社

① 吴文藻:《社区研究与社会调查的近今趋势》,《中央日报》1935年4月29日、5月13日;《中国社区研究的西洋影响与国内近状》;《社区的意义与社区研究的近今趋势》,《社会学刊》1936年第1期;《中国社区研究计划的商榷》;《德国的系统社会学派》《功能派社会人类学的由来与现状》《现代社区实地研究的意义与功用》《布朗教授的思想背景与其在学术上的贡献》《西方社区研究的近今趋势》《〈派克社会学论文集〉导言》《蒙古包》,均载《吴文藻人类学社会学研究文集》;北京大学社会学人类学研究所编:《社区与功能:派克、布朗社会学文集及学记》。
② 刘雪婷:《拉德克利夫-布朗在中国:1935—1936》,《社会学研究》2007年第1期。

会调查。[①] 唯一的例外，或者说唯一的以"他文化"为考察对象的典型"人类学田野调查"，可能就是费孝通、王同惠夫妇在广西象县大瑶山所进行的田野工作。他们的研究成果被整理成专著出版，吴文藻对这份研究成果给予了很高的评价。值得注意的是，专著中的大部分资料，来自王同惠的调查结果，她当时还是燕京大学的学生。而费孝通的正式身份，已经是清华大学跟随史禄国教授研习人类学的研究生，他在大瑶山所做的主要工作属于体质人类学范围，但他的学术活动与社会交往（比如，在王同惠逝世后，帮他处理后事的黄华节，写信慰问的林耀华、周叔昭、严景珊等）的"圈子"，还是燕京大学社会学系的同学们，后者构成了费孝通当时所从属的"学术阵营"。因此我们或许可以说，直到此时，吴文藻更多地还是一个社会学家的形象。

反倒是离开云南大学他的学术团队后，吴文藻更"像"一个"人类学家"和"民族学家"了。正如我们前文已经叙述过的，吴文藻在重庆的主要工作，正在典型的民族学与人类学视野之内。战后不久，吴文藻被派往日本。等到他1951年再次回到祖国大陆时，"社会学"的学科地位已经岌岌可危，他被安排到了民族学院任教，直到生命的终结，吴的学术史形象，也由此更多地被定格为一位"民族学家与人类学家"。

---

① 值得注意的是林耀华在福建义序的宗族组织调查以及在此基础上撰写的硕士论文《义序的宗族研究》，由于林耀华在布朗来华任教期间担任其助教，使得很多人认为他的硕士论文直接受到布朗的指导或影响，但林耀华的学生在最近的研究中，已经否认了这种观点，因为该论文的完成早于布朗来华任教。林耀华此后发表的几篇文章确实有浓厚的布朗式功能主义的色彩，但就《义序的宗族研究》而言，某种程度上还有对布朗功能理论局限的突破。参见潘守永：《林耀华评传》，第64—73页；庄孔韶：《银翅：中国的地方社会与文化变迁（1920—1990）》，北京：生活·读书·新知三联书店，2000年，第272—273页。

(二) 社区研究的整体构想：两种形象的内在统一

其实，吴文藻的这两种形象，是内在地统一于他有关"社区研究"的整体构想中的。

20世纪30年代中期，在吴文藻对"社区研究"不遗余力的鼓吹中，有几篇文献特别值得注意。1935年12月1日，与布朗在燕京大学授课同时，吴文藻在清华大学做了题为《现代社区的实地研究》的公开讲演。吴主要讲了三个问题：(1) 现代社区研究的意义和功能；(2) 社区研究与社会调查及社会史研究的区别；(3) 社区研究的方法和步骤。这篇演讲此后被整理成两篇文章发表。这两篇文献加上其他相关的论述，构成了一个完整的体系，全面反映了吴文藻在中国进行社区研究的整体思路。

吴文藻的社区研究计划是分三个层次，或者说三个步骤进行的：

首先，"在一个方法论优先的整体分立社区，或田野工作的社会空间单位"，也就是马林诺夫斯基所谓的"分立群域"(isolates)中的工作。吴文藻划分的社区类型是：(1) 中国各地方五六十个较可代表的村落；(2) 中国边疆若干非汉民族的地方社区；(3) 海外各地华侨社区。[1] 这也就是后来的学术史叙述中总结出的由内而外的三个区带，或者说"三圈"：(1) 作为最内圈的农村人文区位学民族志调查，这一区带也是中国人类学的"核心区"；(2) 作为中间区带的少数民族研究；(3) 作为外围区带存在的，从20世纪二三十年代开始，部分中国人类学者对海外进行的研究。[2] 在划分不同类型"单位"的基础上，进

---

[1] 吴文藻：《中国社区研究计划的商榷》。

[2] 王铭铭：《所谓"天下"，所谓"世界观"》，载《没有后门的教室：人类学随想录》，北京：中国人民大学出版社，2006年，第137—138页。

而"在一定时空坐落中去描画出一地方人民所赖以生活的社会结构"①。所谓"描画"，也就是对每种类型进行"社会学调查"，这种"描画"的对象又分为三个方面：（1）内部静态研究；（2）社区单位外部关系；（3）对变迁的研究。

其次，在"描画"的基础上进行"比较研究"。吴文藻强调"研究的要务，不只是材料的搜集，同时需要理论的解释"，而"最适用的理论方法就是比较法"。② 费孝通此后将之总结为在比较不同社区的社会结构的基础上，产生"格式"的概念，也就是延续"功能论"的"结构论"思路。至于比较的具体方法，又可以分为"横的比较"与"纵的比较"。③ 在吴文藻看来，这第二个步骤是整个社区研究计划中最重要的一环，因为"比较"的本质，是一种"间接的实验法"，也是最接近自然科学的社会科学研究方法。而"社区研究"的最重要的意义与价值，正在于它试图利用类似自然科学的方法来认识社会和改造社会科学方法。

最后，在"比较"的基础上，抽象出对作为一个整体的"中国社会"的认识，也就是吴文藻所谓的认识中国社会的"真相"和"全相"。④

明白了吴文藻规划的三个层次，特别是第一个步骤中不同类型的"社区单位"的划分，我们就可以明白，作为"社会学家"的吴文藻与作为"民族学家和人类学家"的吴文藻是内在统一的。具体地说，吴文藻划分了两种主要的社区类型：内地汉人社区（核心圈）与边疆非汉人社区（中间圈）。这两种类型的社区研究，分别代表了社区研究的"社会学取

---

① 费孝通：《费孝通文集》第5卷，第392—393页。
② 吴文藻：《中国社区研究计划的商榷》。
③ 吴文藻：《布朗教授的思想背景与其在学术上的贡献》，载《吴文藻人类学社会学研究文集》，第177页。
④ 吴文藻：《中国社区研究计划的商榷》。

向"与"民族学取向",但这两种取向具有共同的方法论基础,就是社会人类学的观察客观世界的基本观点。在吴文藻那里,这三者(社会学、民族学、人类学)合而为有机的整体。但是在此后的学术史脉络中,这三者之间的有机性发生了裂变:关于内地汉人社区的比较研究,在抗战后期直至战后一段时间里,被"魁阁团队"比较好地继承了下去。但是很快,在20世纪中叶巨大的社会变革中,这类研究传统消失了。关于边疆非汉人社区的研究,因为强烈的"实用性",在20世纪四五十年代,分别被糅合进带有强烈国家意识形态色彩的"边政学"和"民族研究"框架中,在此后数十年间,这一类型的研究传统在形式上存在着,但是其社会人类学的方法论基础已经完全不复存在。"社区研究",也不再作为一种"活的方法"继续发挥其作用了。

在吴文藻构建他心目中"社区研究计划"的宏伟蓝图过程中,布朗的影响力是随处可见的,特别是吴文藻对中国社区研究提出整体规划的那篇文章,有超过六成的篇幅,是完全引述布朗此前有关在中国开展农村社会学调查的建议。然而在两篇文章的对读中,又处处可以发现吴文藻与布朗的差异。某种程度上,这种差异产生的张力,才是外来学科本土化过程中最精彩和值得反思之处。

第一个差异是,吴文藻弱化了布朗的方法论基础。吴文藻注意到布朗在剑桥大学继承的思想传统中,有一个非常"独特而优越的经验":和布朗同时代的学者"大都是以19世纪的科学观念为出发点,而唯有他(指布朗)是应用了这20世纪的新科学精神",这种"新科学精神",就是"以罗素、怀第黑(A. N. Whitehead,通译"怀特海")的新数理哲学为中心的'剑桥学派'",尤其是怀特海的著作。[1] 怀特海的思维之"新",

① 吴文藻:《布朗教授的思想背景与其在学术上的贡献》,第168页。

在于他把语言视为社会实体的镜像，通过分析语言就可以了解外部社会与整个世界。而语言又被还原为一个个不可化约的单位"原子语言"，这些作为基本单位的"原子语言"构成"分子语言"，再进一步集合为"语言"的过程，正与数的集合问题类似，因此，完全可以通过诸如数学之类纯自然科学的方式来语言，进而研究"社会实体"。布朗将功能主义社会人类学视为研究人类社会的不二法门，试图通过社会人类学来构建"人类社会的自然科学"的方法论逻辑，很大程度上是受到了怀特海的影响。不过，布朗有意无意地忽略了怀特海思想的第二方面也是更深刻的反思，那就是，既然我们可以用科学的方法研究语言以及由语言构成的观念，那么，论著者本人的观念也必须放到科学的解剖台上接受"检验"，这种怀疑精神，非常形象地体现在他的那句名言"观念之史便是错误之史"[1]中。事实上，怀特海正是用这样的逻辑解读了人们对文明的"观念"与"书写"。比起早期他与罗素共同倡导的"逻辑原子论"，显然这种反思的程度更深，或者说，更像是吴文藻所说的那种"20世纪的新科学精神"。相比之下，布朗则过于强调他所构建的认识人类社会方法的"绝对的科学性"，这多多少少令他的理论体系失去了在此后自我更新的空间，也是 20 世纪 60 年代以后功能主义社会人类学遭到批评的原因之一。吴文藻对布朗方法论逻辑的来源显然不陌生，从他开列的书目中就可以看出他对怀特海和罗素的熟稔。[2] 然而，在吴文藻看起来，对于推广一种"实用"的社会研究方法而言，过多地介绍这些过于思辨性和理论化的内容似乎没有很大必要。某种程度上，这反映了 19 世纪末以后"非西方国家"引进"西方现代科学理论"过程中普

---

① 怀特海：《观念的冒险》，贵阳：贵州人民出版社，2000 年，第 31 页
② 吴文藻：《布朗教授的思想背景与其在学术上的贡献》，第 188—189 页。

遍存在的现象。

第二个差异是,吴文藻一定程度上缓和了在布朗那里显得很对立的"社会人类学方法"与"历史学方法"。客观地说,布朗并不排斥"历史",他也鼓励学生们对历史发生兴趣,但是从《民族学和社会人类学的方法》这篇被研究者们视为英国现代社会人类学的"出生证明"的论文开始,布朗就严格区分了"历史解释"与"功能分析"的界限。① 布朗对"历史方法"的态度,部分来源于他对于以往人类学者通过种种途径搜集的有关原始部族历史资料的不信任,认为这无益于他证实社会体系存在的普遍条件和发现社会变迁的一般规律。然而对于吴文藻来说,他生活于其中,需要面对的是完全不同于那些还处于原始部族社会的一种文明——中华文明,其可以采信的文字记载与其他历史资料有超过 2000 年的历史,其规模之庞大也是罕见的。在吴文藻的规划方案里,他非常明确地指出,根据"文献档案的历史学研究方法"应当与"根据实地观察的社会学研究方法"相辅相成。② 这种观点,显然对布朗有所影响:就在 1935 年在燕京大学所做的那次被中国同人奉为圭臬的演讲中,布朗还几乎完全无视中国古老的文明史,只是在演讲的末尾,他略微提及中国的"绵延至数千年的社会性",但是那时布朗的用意并不是暗示中国的悠久文明史对"社区研究"的意义,而是恰恰相反,他告诉中国人,利用功能主义的方法,可以让我们从当下的情况去重新认识历史。③ 但是自中国回国后不久,布朗就批评了不加调整就把对现代西方或原始部落的研究方法移用于中国这个古老文明的过于武断的态

① 拉德克利夫-布朗:《社会人类学方法》,夏建中译,台北:桂冠图书股份有限公司,1991年,第 17—48 页。
② 吴文藻:《中国社区研究计划的商榷》。
③ 布朗:《对中国乡村生活社会学调查的建议》,载北京大学社会学人类学研究所编:《社区与功能:派克、布朗社会学文集及学记》,第 309 页。

度,他暗示,若想更好地理解中国就要求人类学开发新的方法论,甚至可以从中国思想传统中汲取资源来完善人类学理论。到了 1945 年,在一篇关于论述宗教的社会功能的讲演中,布朗直接利用了诸如《论语》《荀子》《礼记》《国语》等中国历史典籍中关于"仪礼"的理论来印证他的观点①,而这恰恰是吴文藻在 1936 年的文章中提及的。我认为,这不应当仅仅被视为"巧合",某种程度上,可以推测,如何处理像中国这样的既"非西方"的又"非原始"的文明形态,是吴文藻等中国学人对西方学术界的启发和贡献。在吴文藻对布朗的这种"改造"以后 20 多年,西方人类学界开始在反思功能主义社会人类学方法时,专门提及了布朗的这篇讲演。作者弗里德曼认为:"功能主义者在宣扬社会人类学调查有效性的时候,忘记了'有历史的文明社会'是中国社会与传统人类学研究对象不同之根本所在,在这样一个有历史的、有社会分化的文明大国,功能主义的社区研究方法和共时性剖析不足以运用到对中国的研究。"②不过,弗里德曼也引用了布朗晚期的著作中对日本、中国等"文明社会"研究方法的再思考。弗里德曼把吴文藻作为引社会人类学进入中国的领路人,却没有提及他的著作(这部分是因为在 20 世纪 60 年代,西方人很难获得有关早期中国的文献,也部分因为弗里德曼把吴文藻看作"理论家"而非人类学实地工作者)。但是弗里德曼与吴文藻的观点,却在某种程度上形成了跨时空的"呼应"。

　　第三个,也许是最重要的一个差异,是吴文藻瓦解了布朗理论中的

---

① 参见刘雪婷:《拉德克利夫-布朗在中国:1935—1936》。

② 王铭铭:《小地方与大社会——中国社会人类学的社区方法论》,《民俗研究》1996 年第 4 期。

整体社会观。这一点已是有学者做过比较深入的分析的。① 简单来说,就是对吴文藻而言,"社区"是"具体表词",而"社会"则是"抽象概念"。在吴文藻那里,不仅布朗以功能方法研究整个"世界"的雄心不见了,甚至存不存在一个作为"实体"的"中国社会"都成了问题。固然,吴文藻确实认为"分立群域"和"比较研究"的最终目的是实现对中国"全相"的认知,但在他那里,这个"全相"不是一个"实体",而仅仅是一个"整体"。"实体"是可以听见看见的,"整体"却只存在于思维的构建中。这在吴文藻"社区研究"基本单位的"分立群域"上体现得非常明显。我们前文说以往有学者认为吴文藻划分了三个"区带",也就是"村落—边疆—海外"的三圈。我认为,毋宁说实际上吴文藻划分了四个"区带",另外一个是以一省、数省乃至全国为一研究单位,考察其中社会生活的某一方面。表面上,吴文藻与布朗是一致的,他们都希望自最小最简单的单位("社区")起始,进而进行"比较研究",但是分歧恰恰在下一步出现了:

简单而言,在布朗那里,下一步是将比较的结果整合为对一个社会的整体认知;而在吴文藻那里,下一步却是"向上推",扩大比较的单位,在这更大的范围内获取可供体现"功能"的种种要素,至于最终这些要素是否需要整合为一个完整的"中国社会",倒显得不那么重要了。这最后一点差异,在当时看起来,确实有点"石破天惊"的意味。而当我们更进一步把这种方法论置于时代学术生态与社会思潮的背景中,与其他社会学学者和学派的思想进行对比解读时,或许会对整个 20 世纪社会学乃至社会科学的发展脉络,有更全面的认知。

---

① 参见刘雪婷:《拉德克利夫-布朗在中国:1935—1936》。

第二节 "认识社会"还是"改造社会"：
社会学者的内部分歧

（一）费孝通：中国社会学研究的"三条平行线"

在整个20世纪的中国社会学发展史上，吴文藻摹画的那个"社区研究"的学派，有着非常独特的学术史标本意义。这个"学派"初创于战前的北平——在当时，以燕京大学和清华大学为中心，云集了中国早期最重要的社会学家群体。然而"社区研究学派"的主要创始者吴文藻，即使不是这个"圈子"的局外人，也至少是边缘人。在燕京大学，吴文藻受到校务长司徒雷登很高的礼遇，司徒雷登主持了吴文藻的婚礼，并且特别安排了他们的新婚寓所，然而这种礼遇也许更多来自他的夫人冰心的家世与声望。学术上，当时燕京大学社会学系依然为"美国传教士社会学"氛围所笼罩，吴文藻力倡的用中国材料与方法来考察中国社会的观点，在其中多少显得有些"格格不入"。在燕京大学时，吴文藻很少在社会学系官方刊物上撰文，除了陈达、潘光旦等寥寥几位早期在清华的校友或留美同人之外，他也很少与其他学者往来。

全面抗战爆发以后，就像吴文藻的同侪们说的那样，社会学家们跟随各自所服务的机构前往大后方，集中在一个相对狭小的地理空间内，某种程度上方便了他们的学术交往。除了礼节性的拜访之外，吴文藻显然与这个"社会学家圈子"没有太多的往来，他刻意与其他"社会科学学者"保持距离。这种距离，在1940年吴文藻到达重庆"从政"之后，变得更大了：作为中国社会学曾经的头面人物之一，尽管"吴文藻"的名字依然出现在某些重要的场合，但那仅仅是名义上的，除了费孝通、林耀华、李安宅等几位早年的学生，他几乎不与社会学界发生联系。吴文藻本是"社区研究学派"的创始人和不遗余力的鼓吹者,但是现在,他的学生费孝通开始成为这个学派的力行者和精神领袖。我认为,吴文藻的这种"小心翼翼",恐怕不仅来源于性格与对政治现实的反应,更多的是有学术上的考量。

从一开始引进"社区研究"方法的时候,吴文藻就完全是在方法论的意义上认识功能派"社区研究"对中国的意义的,他非常注意但绝不过度引申这种研究方法在介入社会现实方面的"功用"。吴文藻一再强调,他所倡导的社区研究与那些"以学者而兼革命家、改良家以及行政家"为改造社会现状而"急于速成"的态度有很大区别,同时也很明确地表示自己的研究计划"暂时不与实际政策或改革方案相附而行"。[①] 所谓吴文藻的社区研究学派是"学术史标本",也正是从这个层面出发的。而要了解这种标本的"独特性",则要置于中国社会学的长成史的宏观背景中考察。

抗战结束后的 1947 年,费孝通为《日本社会学年报》撰写了一篇介绍此前三四十年中国社会学发展历程的长文《中国社会学的长成》。[②]那时,内战的号角虽然已经吹响,但在两股政治军事力量的僵持对垒之中,学者们反倒得到一个短暂的却相对安宁的环境来对各自的学科"收拾旧山河",从而继往开来。因此在那几年,中国社会学家梳理本学科发展史的著述层出不穷,孙本文、潘光旦、杨成志、赵承信、陶孟和都曾经在 20 世纪 40 年代中后期做过相关的学术史梳理工作。与他的老师辈学者,比如孙本文那种四平八稳、面面俱到的文风不同,费孝通的这篇学术史回顾,虽然有些结论不无偏颇,却笔锋犀利,眼光独到,处处显示出一个"新上任"的年轻"学派掌门人"的气象。终其一生,费孝通对

---

① 吴文藻:《中国社区研究计划的商榷》。
② 费孝通:《费孝通文集》第 5 卷,第 407—416 页。

学术史的研究并没有很大兴趣,他这篇文章,与其说是"学科史回顾",毋宁说是通过对学术史的批评性描述方式为"社区研究学派"张目。在费孝通看来,在西方相对统一在一个学术体系中的社会学,到了中国的语境中,其发展脉络却顺着三条途径散发开去,这三条路就是"经院理论""实验区的调查"和"社会主义者教条性的实践",这三条线索构成了三条彼此"碰不上的平行线",甚至间或彼此攻讦。

在费孝通那里没有出现"学术流派"之类的用语,但是参照笔者在本书上一节中对"研究范式"的描述,费孝通区分的这三条线索,实际上各自就代表大致具有相同"学术范式"的一个学者群体,他们构成了广义上并存于 20 世纪 20—40 年代的"社会学学术流派"。而且,不仅在学术研究范式上,并且在成员构成、学术支助来源乃至研究对象与研究资料上,各派之间都大有不同。正如前文中所述,以往的社会学学术史研究,多多少少都涉及了这种派分,但是这些分类的缺点在于:首先,以往的分类大多是概述性的,其目的只是为了"更方便地"去了解当时中国社会学发展的"概貌",而忽略了蕴含着大量信息的"细节"。表面上看,这些"细节"可能不那么具有"学术意义",却可能正是我们摆脱惯常的冰冷生硬的学术史叙述话语、进入学者内心世界和当时的学术语境的窗口。其次,以往的分类大多是静态的,在以往的叙述中,我们看到的是一个个一成不变的、首尾呼应的、规整的学术流派。但在历史实际中,任何一个学术流派,都会随着外在社会结构与形态以及内在人员研究兴趣与范式的变化而时刻变化着,有时这种历时性的变迁会在并不长的时间里大相径庭。在社会学早期发展史上,这样的例子俯拾皆是。比如,同属"社区研究学派",20 世纪 40 年代在费孝通主持下的"魁阁团队"社区研究的实际成果,与吴文藻在此前十年间的整体摹画实际上相差得已经很远。再比如,陶孟和对自己早期主持的社会调查所的期许,是带有强烈的"社会改良"色彩与"社会学"和"社会工作"意味的。但是这个机构几经变迁,成为中央研究院社会科学研究所后,虽然仍旧由陶孟和主持,但是基本上已经变为"经济学学科单一性体制"的研究机构,其功能是为政府的经济建设和规划提供智力支持,早已远离了陶孟和的构想。而分析造成这些"背离"与"差异"的内外部原因,或许可以帮我们理解一个动态的学术历程。最后,以往的分类大多是封闭的,在以往的叙述中,各学派往往被描述成各自边界清晰、结构规整的体系,也很少见它们彼此之间的互动。而实际上,至少从当事人费孝通在当时的叙述中,我们已经看到不同"学派"之间是充满了矛盾冲突与"明争暗斗"的。某种程度上,这种"冲突"更具有学术史价值,也更值得后来的研究者关注。因此,我们试图通过对当时中国社会学不同流派间的冲突进行动态的、细节性的描述,来展示早期中国社会学的内在困境,以及这种困境对中国社会学在 20 世纪 50 年代后命运的影响。

回到费孝通的叙述中。在费孝通看来,当时中国社会学研究的这"三条平行线",其实都称不上"科学"的社会学研究,他把源头追溯到了五四运动。费孝通认为,中国社会学"并不是从五四运动中直接培养出来的",相反,教会大学才是"中国社会学的温床",而由这个温床培养出来的早期中国社会学,要么成为"关在教室里的流于经院式的讨论",这些讨论"多引用西洋社会学的理论和事实",但是"既不是因研究具体社会现象而发生的不同结论,也不是以实用为目的而提出的不同计划,只是讲座之间相互炫耀其学识而已";要么"在基督教义的精神中,发生了不需要理论的社会工作与社会实验区,……所有研究工作也只以胪列数字而不作解释的社会调查为满足"。① 另一方面,作为五四精神直接

---

① 费孝通:《费孝通文集》第 5 卷,第 410—411 页。

继承者的"社会主义这一路",原本应当与社会科学在人类生活的改进中相互协作,但在激烈的社会变迁中,却彼此分道扬镳。过度地信奉教条,过度地强调"斗争",过度地强调改变现实,使得社会主义者的实践,也没有多大成果。

费孝通把这种"不科学"的社会学研究的根本原因,归结到学术以外的社会环境中,特别是借此对五四运动的历史缺憾提出了反思。他总结道:"五四运动只指出将生的将是什么,但并没有让将生的降世成为现实,因为我觉得德先生和赛先生在那时只投了两张名片罢了。社会科学……没有在那时立下基础。"①在当时的社会学界,具有这种反思的,也非费孝通一人。就在当年的五四纪念日前夕,费孝通的同事潘光旦应《燕京新闻》社的邀约,写了一篇题为《正视科学》的短文纪念五四运动 28 周年。潘光旦开宗明义,说"二十八年前的五四运动是失败了的,至少是开了头而接着不曾有下文的",究其原因,就是"科学精神培养"的缺失和过度注重"科学的实际应用"。② 费孝通此后的反思,与此几乎如出一辙。实际上,在写完这篇文章的第二天,潘光旦就约集费孝通一同去燕京大学社会学系会见到访的哥伦比亚大学教授奥斯本(Osborne),他们或许在路上讨论过这篇文章,费也显然受到了潘的影响。③

(二) 分歧之一:理论旅行与理论碎片化

从潘光旦、费孝通的意见看,早期中国社会学派与学者之间分歧的中心之一,是如何理解社会学研究的"科学性"问题。而所谓社会学"科

---

① 费孝通:《费孝通文集》第 5 卷,第 409 页。
② 潘光旦:《潘光旦文集》第 10 卷,北京:北京大学出版社,2000 年,第 62 页。
③ 潘光旦:《潘光旦文集》第 11 卷,北京:北京大学出版社,2000 年,第 256 页。

学性"的问题,是围绕两个焦点展开的:第一,中国社会学应当引进、仿效和追随什么样的理论模式及其方法论,以及如何进行这种借鉴活动?第二,社会学是不是应该更多地介入社会现实当中,社会学者是不是应当更多地充当改造者的角色;或者,按照吴文藻的说法,如果说社会学具有"功用",那么这种"功用"究竟体现为"客观认识社会"还是"改造现实社会"?

　　这两个焦点问题,在从19世纪末到20世纪20年代的中国社会学开端时期,在知识界本没有太大争议——对以斯宾塞为代表的欧洲早期社会学理论的追随被视为"当然",而引进这门学科的目的,也"当然"是为了回答和"解决"中国当时面临的现实问题,并在此基础上"改造"传统社会。唯一可能会有聚讼的,就是所谓社会学在中国的"双重开端"问题。[①] 也就是说,我们是否可以从本土资源中找到一些社会学的"源头"? 最知名的一个例子,就是究竟用严复翻译的"群学"还是借自日语的"社会学"来指代 sociology 这门学科及其思想体系的论辩。但对这个争论的"深描",更多是一个世纪以后当代研究者进行学术史反思的结果,在一百多年前的历史语境中,包括严复在内的早期译介者们,是在亲身感受到中国社会结构发生着深层震荡和复杂重组背景下,出于对中国社会重大问题的全局性思考,试图引进一门能够在事实观察和价值批判的综合视野中对中国社会问题给出总体性回答的学问。至于中国本土知识资源中,是否有可以与这门学问对接之处,至少在当时人看来,不过是细枝末节的问题,并不很重要。这也能够说明费孝通在20世纪40年代就观察到的现象:严复的用心已少有人能体会,他的衣钵已无人继承。

---

① 刘少杰:《中国社会学的发端与扩展》,北京:中国人民大学出版社,2007年,第69—80页。

但是随后,情况发生了变化。

费孝通把这种变化发生的时间临界,放在五四运动前后。不过准确地说,情况开始变化,是在第一批自欧美接受了社会学专业训练的学者回国之后。这批职业社会学家不满足于先前康、梁、严(复)、章(太炎)传播的斯宾塞式社会哲学在中国的统摄地位,在他们各自专攻的领域,无论在社会学理论抑或研究方法、教育教学方法上,都有了质的突破。这种质的突破,也就是社会学开始在中国学科化、专业化和建制化的过程。这批学者的归来,对这种专业化发展,是一种莫大的促进。

表4 本书主要关注的社会学家留学背景

学者	留学国家	留学学校	专攻方向
陶孟和	日本 英国	东京高等师范 伦敦经济学院	教育学 经济学
李景汉	美国	哥伦比亚大学	社会调查与统计
陈达	美国	哥伦比亚大学	劳工、移民、人口
孙本文	美国	纽约大学	文化与社会心理分析
潘光旦	美国	哥伦比亚大学	优生学
吴文藻	美国	哥伦比亚大学	历史社会学、社会人类学
吴景超	美国	芝加哥大学	都市社会学(人文区位学)
费孝通	英国	伦敦经济学院	人类学
严景耀	美国	芝加哥大学	都市社会学(犯罪问题)
赵承信	美国	密歇根大学	社区研究

资料来源:作者自制。

中国第一批职业社会学家在欧美接受社会学训练的时候,正是这门学科的经典时代走向尾声,走向学派林立、观点分化的"学术制度化"时期,自此以后,理论流派的作用代替了思想家个人的影响,而首先在美国出现的社会学系科为那些以社会学为志业的人找到了安身立命的制度化场所。① 但无法忽视和回避的是,在各专门领域研究深化的同时,"专业化"在另一层面上也意味着"碎片化""片面化"和"表层化",原本作为一个整体的"社会",在种种学科制度性障碍下,在社会学家眼里,被割裂了。而这种碎片化的知识系统在自西而东的传播中,随着社会现实的变化,其原有的意义再一次遭到了削弱和割裂,费孝通描述了这个过程:

> 西洋社会学里的各种派别,各从它们所授的生徒,分别传入中国;中国社会学所不尽同于西洋社会学的在它们和实际社会的关系上:西洋的社会学不论哪一个派别,都反映着一部分社会现实,但是当它被带进中国来时,却只剩了一套脱离了社会现实的空洞理论。这在当时讲座间的辩论中是可以看得出来的,因为他们的互相批评到后来只成了逻辑上的责难,而不是事实上的驳证了。②

在早期,即使中国最优秀的社会学家,也难免陷入这种炫耀学识式的"逻辑责难"中。譬如自1924年开始,围绕改良民族人种的手段,社会学界展开了一场旷日持久的争论。争论的焦点,在于改良人种究竟应该是采行优生学的方式,还是应该更重视社会文化的作用。清华大学教授潘光旦和中央大学教授孙本文各执一词,而当时中国社会学界的头面人物诸如吴景超、陈达、李景汉等,多多少少都对这场争论发表过意见③,甚至一直到20年以后,费孝通还在撰文与潘光旦的观点"遥相

① 周晓虹:《西方社会学历史与体系》,上海:上海人民出版社,2002年,第397页。
② 费孝通:《费孝通文集》第5卷。
③ 参见吴景超:《社会的生物基础》,上海:世界书局,1930年;陈达:《浪迹十年》,上海:商务印书馆,1946年,第467—468页;李景汉:《〈民族特性与民族卫生〉序》,载潘光旦:《潘光旦文集》第3卷,北京:北京大学出版社,2000年,第5—22页。

呼应"①。尽管在当时,这场争论可谓声势浩大②,但是,其实不过是西方社会学的中国弟子把在西方已然发生过的争论在中国重演一遍,论辩的双方既没有运用更多的中国材料,理论视角更谈不上创造性。更重要的问题是,在前往中国的"旅行"过程中,脱离了原本所由生长的具体社会历史语境的西方理论,不仅变得"空洞",有时甚至会走向它的反面,变成另一种"教条"。研究者保持"价值中立",原本是社会学者一贯试图秉持的基本准则,陶孟和的一段话代表了他们那一代社会学家在这个问题上的看法:

> 科学只是朴朴实实的探索事实,考究事实间的关系,寻求事实发现的道理。理想、希望、私人成见、利害观念,都不能掺入科学研究。我们以国民的资格可以对于政治有一定的主张,我们若对政治做科学的研究,必须抛弃一切的主张而忠实地客观地探索政治现象。我们因经济的地位、阶级的利益或者相信一定的经济理论,但是在我们研究的时候,便应该抛弃一切的信仰,求经济现象正确的认识。凡是能牺牲私心、成见、希望、理想,而能耐心搜求事实,追求客观事实的真相与真理的,便是帮助社会研究进到科学的地位。③

这种不掺杂任何主观意见与偏见,纯粹客观、公正和理性地探索社会事

---

① 费孝通:《费孝通文集》第 3 卷,第 110—112 页。
② 学者任卓宣(即叶青,笔名如松)就在当时发表了长达 70 页的文章,对这场论辩进行评述,此后研究者对此也有过较客观和全面的分析。参见如松:《评优生学与环境论底论争:潘光旦、周建人、孙本文诸人意见底清算》,《二十世纪》1931 年第 1 期;吕文浩:《中国现代思想史上的潘光旦》,福州:福建教育出版社,2009 年,第 75—88 页。
③ 陶孟和:《社会科学是科学吗?》,《社会科学杂志》1930 年第 1 期。

实的观念,本非中国传统学术价值观的主流,而是中国留学生自西洋取得的"真经"。有趣的是,虽然"价值中立"的观念进入中国语境的时间并不长,不同社会学家对于在研究中如何实现这个原则也众说纷纭,但是当时那批职业社会学家对这个信条的基本态度大多是笃信不疑的——李景汉就是最忠实的信徒之一。在李景汉看来,从事客观的社会调查,是实现"价值中立"的途径,而他自陈对社会调查那种近乎"信仰"的坚定不移的"嗜好",在他的同侪当中也显得很醒目。① 对于李景汉与他的同道们来说,"信仰"社会调查,绝不仅仅只是因为不满或自愧于有关中国社会较精确的调查与统计数据的缺乏,而是从一开始,对社会调查(及其背后的"价值中立"原则)的鼓吹,就是建立在对"假想敌"的攻击上。

早在五四运动之前,陶孟和就在《新青年》上撰文,为"社会调查"的意义与价值张目:

> 解决中国问题的方案多如雨后之春笋。差不多每个人都自居为社会学者、政治学者,虽然很少的人敢于对于自然科学这样自负的。每个政客都是政治家,每个新闻记者都是社会改良家,……每个有权力的都要提倡一种主张——至少他们响应那最时髦的、最有力的,去帮着呐喊鼓吹。假定他们都是极诚恳的极真挚的,他们的解决方案已经是危险的了,已经"践到神所不敢践的"地方了,何况有许多人不过是用些方案作旗帜,而完全为私利呢? ……那么,中国的问题该如何解决呢? 我的见解就是先求了解——就着我们

---

① 参见李景汉:《北京拉车的苦工》,《现代评论》1926 年第 62 期;《社会调查与社会计划》,《时代精神》1941 年第 4 期。

心理与言语的可能的范围之内求透彻的深远的了解。有了真的了解就得到真的解决。①

很明显，陶孟和心中的"假想敌"，就是试图解决中国问题、改造中国社会的各种"主义"与"教条"。这些教条各有所本，唯一的共同点，是它们都不是建立在对中国社会的客观与科学的认识基础上的。在鼓吹"社会调查"这一点上，陶孟和与李景汉是坚定不移的同道。1926 年，中华教育文化基金董事会社会调查部成立时，陶孟和担任主任，李景汉担任调查主任，他们的分工类似于"行政领导"与"业务领导"。虽然李景汉两年后离开这个机构，担任新成立的中华平民教育促进会定县实验区社会调查部主任，但是陶孟和依然对他的社会调查工作成果给予了很高的评价。而有关李景汉从事的有关定县集市的研究，则也是陶孟和治下的社会调查所的主要调查课题之一。

在对"主义"与"教条"假想敌的攻击上，李景汉与陶孟和也如出一辙：

> 近数十年来我国拼命地模仿西洋，甚至于东洋，……举凡近代物质建设、最新政治制度，无不尽量采用。宜乎国家有突飞之进步矣，至少亦能维持国家之颜面矣。孰知竟有不然者。……国势至此，吾人可以醒矣，推原其故，皆因平日未尝以冷静之态度、科学之头脑、精密准确的彻底研究，了解中国社会自身之性质，寻出真正病根。一向盲目随人脚跟，囫囵吞枣，非系张冠李戴，即是削足适履。……夫一种改善办法或社会制度，宜于他国者未必适于我国，

---

① 陶孟和：《孟和文存》第 1 卷，第 47—48 页。

在彼邦成效昭著者,此邦施用未必见效。无他,办法必须与社会情
形适合耳。①

　　西洋的炮火惊醒了迷梦,(中国人)完全拜倒在西洋文明下,每
每不顾国情,盲目的整个的把西洋的各种主义和制度,介绍到中国
来。以为只要学得惟妙惟肖,便是社会的福利。那知道主义和制
度,介绍得越多,中国的社会,反倒越发紊乱越发黑暗了。②

很明显,对于李景汉、陶孟和他们来说,"假想敌"的谬误之处就在于盲
目追随他国,特别是来自西方的各种文化与制度,不加分析,结果是张
冠李戴、削足适履、囫囵吞枣。他们一再强调外来的任何方法、手段与
制度,其成效都建立在与本土相"适应"的基础上。但是问题在于,他们
为根治这个社会病开出的"药方",却依然是西来的。特别是李景汉,在
1924 年回国后长达十余年的时间里,除了身体力行实践"社会调查"
外,他不厌其烦地总结"社会调查"对于认识中国社会、解决社会问题的
理论意义与实践价值,把它作为疗治"中国病症"的良方加以介绍和鼓
吹。③ 作为理论与方法论的总结,在 1933 年出版的《实地社会调查方
法》中,李景汉用 400 余页正文、50 余页参考书目(其中 95％以上是西
文资料)以及不计其数的表格和调查提纲,构建了一个逻辑严密、结构
精巧、巨细靡遗的社会调查技术方法体系。但李景汉似乎忽略了一个

---

① 李景汉:《社会调查在今日中国之需要》。
② 陶孟和:《〈定县社会概况调查〉序》,第 1 页。
③ 参见李景汉:《中国社会调查运动》;《社会调查应行注意之点》;《住在农村从事社会调
　查所得的印象》;《中国农村人口调查研究之经验与心得》;《关于从事定县社会调查的
　一些经验》;《社会调查在今日中国之需要》;《实地社会调查方法》;《深入民间的一些
　经验与感想》;《健全县单位调查统计工作的需要》;《从定县人口总调查所发见之人口
　调查技术问题》;《边疆社会调查应行注意之点》,《边政公论》1941 年第 1 期;《社会调
　查与社会计划》;《社会调查》,《社会建设》1944 年第 3 期。

他无法回避的根本问题，那就是，既然承认他鼓吹的社会调查方法完全来自西方，那么这种外来的方法也必然存在一个"本土适应性"的问题。在连篇累牍之中，李景汉没有专门论述过这个问题，相反，他更多地强调的，一方面是中国传统文化、社会习俗与"现代社会调查"不相适应之处，另一方面是在中国（特别是农村）开展社会调查的障碍、困难以及解决办法。其结果是，他构建的社会调查方法体系越严密，技术越精密，就越让人产生疑惑：同是外来的方法，为什么社会调查方法就适用于客观认识中国社会呢？就像那个无法拔着自己的头发离开地面的巨人一样，李景汉似乎也没有办法对这个问题给出圆满的解答。

（三）分歧之二："李景汉困境"

李景汉他们遇到的问题远不止此一端。细心人不难发现，社会调查鼓吹者在对"价值中立"原则的崇奉与恪守这一表面之下，存在着强烈的价值关怀和实践取向。随之而来的问题就是，他们该如何处理"价值中立"与"价值关联"，或者说"事实"与"价值"的关系问题。换句话说，社会学家究竟应该止步于"认识社会现实"，还是应该大胆地再向前迈一步，进入社会现实中去，真正参与到"改造现实社会"的工作中。李景汉的选择是向前一步，通过参与中华平民教育促进总会（简称"平教会"）定县实验区的调查工作，亲身参与到"改造现实社会"中去，也就是他自己说的"由四年纯粹为求得知识性质的社会调查，而转向为社会改善之应用性质的社会调查。这其中有很大的分别，也是我个人调查工作性质的一个重要转变"[1]。

而此后的学术史的事实显示，正是在这个问题上，当时的社会学界内外产生了很激烈的争论。

---

[1] 李景汉：《实地社会调查方法》，第5页。

其实"价值中立"与"价值关联"这一对概念在其早期阐述者那里，是平衡和统一的。① 实践品格也是现代社会科学自身的鲜明特征之一。无论是社会学、人类学抑或经济学、政治学，都是18世纪后因资本主义的发展而导致的社会结构复杂化的产儿，因为正是工业文明的发展，向人类提出了解自身和由自身组成的社会的需要。然而一旦将这一组概念置于20世纪二三十年代的中国社会历史语境中，问题就变得复杂了许多。

前文已经提及，"价值中立"这种超然的学术立场，在中国学术传统中不仅本无根基，某种程度上甚至是与传统相悖的。艾森斯塔德(S. N. Eisenstadt)就曾经认为，中国是以文化性的取向和模式来塑造官僚体系的，在这个体系中，特别强调特定文化传统、文化秩序和文化模式的维持，它们构成了政治得以完成其主要功能的基本框架，并且政治性目标必须从属于它们，至少在理论上是如此。到了19世纪末，在生存竞争的总体背景下，知识分子的"中心话语"大多集中在如何构建新的国家形象这一主题上，也就是一个现实的、局部政治建构的问题，一切文化伦理和道德问题的解决，都围绕着这个轴心展开。正是在这样的背景下，社会学作为一种西方思想资源被介绍到中国来；也正是在这样的背景下，如何调动一切文化、社会、心理的因素为建构政治性的国家理念及其实体服务，也成为当时中国社会学界的核心议题和主流价值取向。在这个潮流中，李景汉选择向前一步，本不足为奇——因为就像他自己体认的那样，这个行为本身，就是提高现代公民精神、构建"有条理的现代国家"的步骤之一。按照李景汉本人的说法，他在定县的工作任务，虽然是为平教会预设的有关中国农村社会问题症结及其解决方

① 周晓虹:《再论"价值中立"及其应用限度》,《学术月刊》2005年第8期。

案"提供事实根据"，但是调查工作本身是尽可能系统、科学和客观的。[①] 也就是说，在意识到参与平教会定县实验区的工作可能会在他一贯倡导的社会调查"价值中立"与社会改良"价值关联"间产生矛盾时，李景汉本人也在试图找到一个平衡点。

然而，尽管尽了最大努力，李景汉还是遭到了来自多方的驳难。批评最激烈的两方，首先是持马克思主义立场的社会学家[②]，继而是吴文藻领衔的社区研究学派的学人。而这两方的批评意见，却是相对立的：前者赞赏平教会"改造社会"的基本立场，只是认为他们提出的"愚、穷、弱、私"的判断并非"中国整个的根本问题症结之所在"[③]；而在后者看来，"愚、穷、弱、私"的"臆测"或许"误打误撞"部分地反映了中国农村问题，但是那种为了改良目的而进行的研究，却实在会让科学的双眼受到蒙蔽[④]。至于像潘光旦那样基本认同可以用"私、愚、病、乱"几个特点来概括中国民族不健全的品性，但是不同意平教会"以此种特点为完全由于后天的教养无方"的看法，而是认定"一半由于先天的遗传不利"[⑤]，则更足以显示社会学界的众说纷纭与实际情况的复杂。

李景汉"腹背受敌"，他所面临的困境和质疑，大致可以概括成以下几个方面：

第一，就像任何学术研究一样，平教会定县实验区调查也无法脱离

① 李景汉：《回忆平教会定县实验区的社会调查工作》，载中国人民政治协商会议河北省委员会文史资料研究委员会编：《河北文史资料选辑》第11辑，石家庄：河北人民出版社，1983年。
② 来自这个阵营的部分批评意见，集中在千家驹编辑的《中国农村经济论文集》(上海：中华书局，1936年)中。一个有趣的现象是，在被李景汉等人视为"教条主义者"的这些人眼中，定县实验者的理论，却也成了一种"主义"。
③ 吴半农：《论"定县主义"》，载陈翰笙、薛暮桥、冯和法编：《解放前的中国农村》第1辑，北京：中国展望出版社，1985年，第535页。
④ 吴文藻：《社区的意义与社区研究的近今趋势》。
⑤ 潘光旦：《潘光旦文集》第10卷，第49页。

一定的内外部条件的制约。最显而易见的一点,是在一个由"美国的金圆铸成"①的实验区,研究者能在多大程度上不受其资助者的影响,保持观察和结论的客观,以及纵然实验成功了,是否能像研究者们冀望的那样,"社会调查能在一村成功,或一区成功,或一县成功,也就是全省的一部分成功,全国的一部分成功,也可以说,一地方的成功可以代表全国成功"②,或者说,其他的县份和其他的省份是否有能力来仿效它?

第二,马克思主义学者普遍认为,"平教会本身的性质和背景",包括定县实验区的研究资助来源等因素,使他们不敢正视破坏中国社会的主力:帝国主义和封建势力。马克思主义者最多在"单纯的教育制度实验"这一层面上对平教会的工作予以赞同,却坚持声称平教会"对中国社会的整个认识是错误的",从而"根据这种错误认识开出的方案当然也会药不对症"。③ 在驳难中,李景汉作为平教会的代表被屡次点名,马克思主义者说他"虽然不理会(造成中国社会穷弱的)这些根本问题,但要解决的却正是这些根本问题,……一言以蔽之,他们要从撇开中国根本问题,以谋解决中国根本问题这一夹道中去找出路。这当然会使他们常常碰壁的"④。一个有意味的现象是,有些社会学家(例如费孝通),尽管政治立场和基本视角当时都与马克思主义有些不同,对于如何解决中国农村日益凋敝的现实问题也与马克思主义者之间存在不小的差异,但是在指陈定县实验区及其研究工作的缺憾方面,在某些方面得出了与马克思主义者相似的结论。⑤ 这对我们尽量客观地理解

① 吴半农:《论"定县主义"》,第535页。
② 李景汉:《实地社会调查方法》,第45页。
③ 千家驹:《定县的实验运动能解决中国农村问题吗?》,载陈翰笙、薛暮桥、冯和法编:《解放前的中国农村》第2辑,北京:中国展望出版社,1987年,第411—412页。
④ 吴半农:《论"定县主义"》,第535页。
⑤ 参见费孝通:《费孝通文集》第5卷,第503—511页。

当时中国社会结构及其矛盾不无启发意义。

第三，在吴文藻与他的同道看来，以定县调查为集中代表的"社会调查"，则是一种"改良式的""为对症下药而调查"的调查，这种"热心过度"的调查难免会滋生以偏概全的流弊，赵承信对这种弊端的根源有过一段详细解释：

> 社会调查虽以实际问题为出发点，但这些调查者却不是为分析问题而调查，他们是为社会改良而调查的。他们都是社会改良家……凡是社会改良家总先有一套社会改良方案，最低限度有一套社会改良的观念。所以每个社会改良式的社会调查总为调查者的改良观念所蒙蔽。①

正如李景汉他们把教条主义者视为"假想敌"一样，在社区研究学派同人那里，李景汉成了"假想敌"。这一系列的论争也从一个角度解释了本节开头述及的吴文藻刻意与其他社会学者保持距离的原因：正是看到后者一旦把学术研究的触角卷入"改造社会"的实践中，就会陷入"主义"之争的泥淖，吴文藻他们才小心翼翼地与"社会调查学派"划清界限，而把"社区研究"的界限严格限定在"认识社会"的范围内，尽量不涉足"改良现实"的实践领域。吴文藻倡导"社区研究"的第一要务，就是要尽量保持对中国社会认识的"客观性"，也就是他所谓的"正当认识"。在吴文藻看来，杜绝流弊的办法，首先是利用科学的方法（在他看来就是功能法与区位法的结合），其次就是在使用这种方法时抑制住改造社会的主观愿望，某种程度上恪守价值中立原则：

---

① 赵承信：《社会调查与社区研究》，第273页。

国民革命运动兴起，社会科学思潮始汹涌澎湃而来。……此后社会科学发展的主要路向，在方法上，走入了两个极端的途径：一是走入马克思派唯物辩证法的途径，一是走入社会经济调查及统计的途径。这两派的出发点，稍有不同。一则偏重于社会起源及发展过程或进化论的看法，故由中国古代社会研究，而演出中国社会史论战的问题；一则偏重当前经济实况及社会现状的看法，故对于中国各地资料之搜集，不遗余力。但两派亦有一共通之点，即是都自信用最科学的方法来认识社会现实，并且根据这种认识而实践之于行动，以来解决社会的问题。

两派在方法论上的立场，亦各有长短。第一派以唯物辩证法为社会科学方法论者，能够明确指示一切事物间有密切的联系性，以及一切事物皆在不断地变迁发展中，此其所长。唯此派学者往往武断地确说唯物辩证法，就是社会科学唯一正确的方法，甚至用以编制政治标语，使青年徒唤机械呆板的口号。影响所及，思想犯了公式化的毛病，此其所短。第二派以调查与统计为社会科学方法论者，大都重视实地考察，力持客观态度，充量搜集资料，尽情描写事实，此其所长。唯此派学者往往热心科学过度，以为"科学即是测量"，误认调查与统计的技艺及工具，即是科学方法的本身；并且观察现状，限于静态，易于忽略事物间的联系性，此期所短。

我们认为社会科学唯一正确的方法，当不外自然科学的方法，即观察、分类与概推。辩证法只是逻辑思辨的方法，是哲学的方法，不是科学的方法。至于调查与统计，严格言之，乃是一种技术或工具，并不是方法的本身。单纯的事实搜集，并不是科学研究。徒有描写叙述，而无解释说明，科学的任务，并未完成。一切科学工作的进行,事前必须悬有一种可以运用的假设;假设与科学是绝不可分,所以我们主张:以运用假设始,以实地证验终;理论必须符合事实,事实必须启发理论;只有修改理论以适合事实,不能隐讳事实以迁就理论。①

从中可以看到,无论费孝通所谓的三条平行线,抑或我在这里描述的马克思主义立场学者、定县实验区研究者与社区研究学派之间的争论,都说明至少在 20 世纪 20—40 年代间,中国社会学界在对"中国社会"和"中国社会学"这两个基本概念的认知上,存在着巨大的差异。本书并不试图对众说纷纭的各方意见做更多的学术判断,而是力求通过对这种差异的呈现,简要地归纳和总结出中国社会学在当时面临的矛盾与内在困境。

第三节 "边缘化"与中国社会学的内在困境

(一) 20 世纪 40 年代:中国社会学的 "边缘化"?

20 世纪下半叶的中西方研究者们,在回溯和检讨 20 世纪上半叶中国社会学的发展历程时,都多少会提及这样一个趋势:如果说中国社会学在 19 世纪末 20 世纪初可以视作一门"显学",它在当时的中国社会科学诸领域处于中心地位的话,那么自 30 年代后期开始,这个中心的地位开始动摇,逐渐从堂奥退向庭院,中国社会学边缘化的问题开始出现了。学术史上首先对这个趋势有敏锐认识的是西方学者。20 世纪 50 年代初期,随着新政权在中国大陆建立,并且以"社会主义"作为

① 吴文藻:《何以要建立中国社会科学的基础?》。

其意识形态基础,一些学者对此前与"社会主义"有着千丝万缕联系的"社会学"在共和国的命运产生兴趣,但当他们发现很难从中国大陆获得足够多的信息时,便转向从叙述历史回溯中国社会学发展史,以求得对现状的逻辑推演,正是这批学者,首先提出了中国社会学"边缘化"的问题。20 世纪 70 年代以后,随着西方中国社会学史研究的深入,西方学者在做了部分修正的同时,基本坚持了有关这个"边缘化"的主题的叙述。①

实际上,身处其中的某些中国社会学家尽管没有使用"边缘化"这种概括性的术语,但是作为历史进程的直接参与者,他们对构成"边缘化"的种种具体现象,比如研究人员和学生的减少,研究成果水平的下降,来自社会学的话语影响力的减弱,在国民教育序列中社会学学科地位的降低等等,是有切身体会的。类似的论述给了我们一个非常重要的启示,那就是一门学科、一种知识体系,即便经历再剧烈的社会历史变迁,还是具有内在的历史关联性和逻辑关联性的。考察中国社会学在 1949 年以后的历史命运,如果把视野仅仅局限在新政权成立以后,或者仅仅局限在新政权领导者及其意识形态与社会学者基本主张的对立冲突上,那么得出的结论可能并不全面。至少 20 世纪 40 年代就体现出的中国社会学"边缘化"的趋向,从一个方面隐隐约约为其此后的命运埋下了一个伏笔。它提醒我,在 20 世纪上半叶中国独特的社会历

---

① 参见 William H. Newell, "Modern Chinese Sociologists", *Sociological Bulletin*, Vol. 1, No. 2 (1952); Morton H. Fried, "Community Studies in China", *The Far Eastern Quarterly*, Vol. 14, No. 1 (1954); Maurice Freedman, "Sociology in China: A Brief Survey", *The China Quarterly*, Vol. 10 (1962); Wong Siulun, *Sociology and Socialism in Contemporary China*, London: Routledge and Kegan Paul, 1979; "On 'An Interview with Chinese Anthropologists'", *China Quarterly*, Vol. 60 (1974)。

史语境下，社会学在中国的发展，似乎有其特殊的内在困境，"边缘化"只是这种困境的外在表现。而在多大程度上理解这种内在困境的复杂构成，就可以在多大程度上理解其命运走向。关于中国社会学在全面抗战前的发展，日本社会学家福武直有个"不可逾越的界限"的评价，他认为由于"不合理地存在着许多外国人设立的大学，使得发展条件受到限制，而限于对英美系统的社会学理论的生搬硬套，不能超出基督教系统的大学以慈善的社会改良运动为前提的社会实验区调查的范畴"，实际上也是从一个角度表述了这种"内在困境"。

然而，任何试图对这种所谓的"内在困境"进行概括的工作，都将是困难的和危险的。这不仅因为类似学术史内在规律的归纳，都必须建立在熟练掌握海量信息的基础上，有时候一个不起眼的细节的忽略，就可能导致结论的偏差，遑论任何结论的得出都无法忽视作为考察背景的纷繁芜杂的具体历史语境。而在叙述者不可避免地受到各种主观因素影响的情形下，试图对这种内在困境做某些总结，也注定是危险的，因为随时可能滑入主观臆断的深渊。因此，在这一简短的小节中，本书只是尝试着做一些最初步的（并且显然将有不少漏洞的）判断，结论的依据，主要来自本章前几节的论述，考察的对象，则主要集中于本书主要考察的几位社会学家。

（二）内在困境之一：社会学"专业化"与"边缘化"的内在矛盾

1948年，费孝通在为《乡土中国》撰写的后记中，很明确地阐述了这个矛盾：

孔德用（社会学）这名词来预言的那门研究社会现象的科学应

当相等于现在我们所谓"社会科学"的统称。斯宾塞也是这样,他所谓社会学是研究社会现象的总论。把社会学降为和政治学、经济学、法学等社会科学并列的一门学问,并非创立这名称的早年学者所意想得到的。……社会学能不能成为一门特殊的社会科学其实还是一个没有解决的问题。这里牵涉到了社会科学领域的分划。如果我们承认政治学、经济学有它们特殊的领域,我们也承认了社会科学可以依社会制度加以划分:政治学研究政治制度,经济学研究经济制度等。社会现象能分多少制度也就可以成立多少门社会科学。现在的社会学,从这立场上说来,只是个没有长成的社会科学的老家。一旦长成了,羽毛丰满,就可以闹分家,独立门户去了。这个譬喻确说明了现代社会学中的一个趋势。①

很显然,费孝通在这里指出的是社会学发展中的普遍性问题。一般而言,社会科学研究的学科化程度越高,这门学科的学术地位和学术影响也越高。社会学的情况却有些例外——通过对社会学发展诸阶段的简练概括,默顿就认为,社会学的发展部分背离了这个"一般规律"。默顿把社会学的发展大致分为三个阶段:第一阶段,社会学从以前的学科中分化出来,并要求享有"合法的思想地位",也就是社会学者试图从此前纷繁芜杂的"社会思想"(social thought)中确立"思想边界",构建"社会学思想"(sociological thought)的过程;第二阶段,寻求确立学术自主权;第三阶段,一旦前一努力取得成功,社会学又重新开始寻求与其他社会科学的联合。② 在默顿看来,社会学的内在困境也正蕴含于此:一

---

① 费孝通:《费孝通文集》第 5 卷,第 389—390 页。
② 罗伯特·默顿:《科学社会学:理论与经验研究》,鲁旭东、林聚任译,第 66 页。

方面，他所谓的前两个阶段（尤其第二个阶段），正是寻求思想合法性和制度合法性的过程，是学科和学者谋求独立生存的必然要求，也就是说，只有这样，社会学才有可能作为一门边界相对清楚的思想体系和学科体系存活下来。但是另一方面，寻求合法性的过程，对鲜活的思想而言，某种程度上又是近乎"残酷"的：社会学必须努力通过有意识的"自行隔离"才可能实现自主。默顿以齐美尔和涂尔干两个人的经历为例，说明一门边界不清、核心理论框架不明的学科体系可能存在的生存危机，以及学者为了获取这种独立地位而需要付出的代价——自我隔离于其他学科。不仅如此，争取合法性的斗争，还很可能增加社会学的"功利主义"倾向。①

正因为如此，无论中西学界，随着社会学学科化程度持续提高，某些重要的研究内容被分化出去，研究方法经验化、技术化和研究内容表层化，它的学术地位和影响不但没有提高，反而随之下降。正因为如此，我们看到，19世纪末20世纪初引进西方社会学的那批思想家和某些早期的马克思主义者，尽管此后并不一定被视为社会学家，但是他们在综合性视野下，将整个中国社会作为探求对象以求整体上的解决之道，不仅在学界，而且在整个社会引发了巨大的影响。一个突出的例子是梁启超在《社会学界》创刊号上发表的长文《社会学在中国方面的几个重要问题研究举例》。作为传统学者，梁启超没有受过任何现代社会学的专业训练，他不可能理解和掌握社会学制度化以后的种种范式与规则。文章中主要涉及的部分，实际上更近似于梁启超素所主张的"新史学"研究理路，而不是一般意义上的"社会学"研究。但这却不影响梁启超思想中真知灼见的火花，或者说，正因为没有所谓"专业范式"束

---

① 罗伯特·默顿：《科学社会学：理论与经验研究》，鲁旭东、林聚任译，第68—70页。

缚,梁启超宕开制度化、固定化的"学科"限制,从总体上观照作为整个中国现代思想体系的各学科,从更开阔更宏大的角度审视一门新兴学科中国化的历史地位与意义,从而显得气度不凡。而此后,随着社会学在中国学科化、专业化的程度日益提高,职业社会学家开始产生,他们的社会学专业化水平不断提高,但是视角却相对局限在了社会生活的某些层面、某些区域甚至某些角落,既容易忽视对社会生活普遍性问题的关注和思考,也容易轻视从思想理论上对作为一个整体的社会做出的概括——前几节中涉及的那些社会学论争,无论 20 世纪 20 年代发生在潘光旦、周建人、孙本文等学者间的关于改良人种手段的争论,还是"社区研究学派"的吴文藻、赵承信与主张社会调查的李景汉、陶孟和之间的论争,都存在这样的问题。社会学者们普遍带着雄心壮志,试图把自己坚持的理论构建为可以通盘解决中国问题的整体方案,但是他们的方案都是零星的、局部的、片面的,彼此之间的互相攻讦又多于有效沟通,他们的"理想"注定难以实现,因而其理论和主张,对现实的解释力和影响力的持续衰弱,也不足为奇。从这个意义上讲,在 20 世纪 40 年代末那种社会结构的根本性的变迁面前,中国社会学家表现得有些措手不及,也绝非没有其自身根源的。

(三) 内在困境之二:民族主义情绪与社会学基本范式的"西来特征"的内在矛盾

19 世纪后期直至整个 20 世纪,由于现实的困境,加上历次中国式启蒙运动中知识分子的鼓吹,民族主义情绪已成为中国最重要的社会思潮和意识形态之一。尽管"社会学"最初是作为挽救国家—民族命运的思想资源被引入中国的,但是它始终改变不了"来自西方"的学科底色。这种抹不去的"底色",在身处并不那么理性的民族主义语境中时,

往往会显得进退失据。具体来说,二者间的矛盾体现在以下两个方面:

第一,既然事实像费孝通说的那样,"教会大学是中国社会学的温床"①,那么,这种"传教士社会学"能在多大程度上规避西方宗教教义的影响,保持对中国社会的客观认识,就成了社会学家首先需要解答的问题。更何况,在传教的名义之下是否有其他更叵测的目的,显然是民族主义者会进一步考问的。早期中国职业社会学家显然对此也有体认和不满,为此他们提出的解决之道,就是"社会学的中国化",其主要内容,就是"联系中国实际讲社会学和以社会学的研究来服务于中国社会的改革和建设"②。在费孝通看来,这是"1930 年代中国社会学的共同趋向",不仅仅倡行"社会学中国化"最力的吴文藻,而且包括孙本文、陈达、李景汉、晏阳初、梁漱溟、陈翰笙等在内的各种理论流派代表人物以及他们的实践活动,都可以被纳入"社会学中国化"的范围中。然而随之,以下的这第二个矛盾出现了。

第二,倡导社会学中国化的理论家和实践者,他们的工作或接受西方资金的资助,或受到西方教条的影响,对他们来说,如何向民族主义者证明自己的理论研究和实践工作是独立于西方力量的,成为一个更棘手的问题。在前文中我们述及,李景汉在定县的工作,被指为用"美国的金圆铸成"的,而吴文藻的研究受到民族主义者傅斯年等人攻讦的原因之一,就是他接受的是中英庚款等西方资助。而 1933 年时任中央研究院社会科学研究所副所长的陈翰笙,仅因为对中国农村土地问题的调查研究结果被认为受到"共产主义教条"影响,便备受攻击,不得已

---

① 费孝通:《费孝通文集》第 5 卷,第 412 页。
② 费孝通:《费孝通文集》第 13 卷,第 7 页。

辞去工作。① 也正是出于这样的现实考量,尽管吴文藻确实认识到他所提倡的"功能派社会人类学"的"实用价值",甚至也专门谈过这门学科对于殖民国家在属地"殖民行政"的"实用价值"②,但他严格把理解限于殖民帝国自身,一旦联系到中国实际,他立刻明确地表示,现代社区实地研究"不能直接帮助当前实际问题的解决",社区研究的目的,"不在控制社会,而在了解社会"③。在吴文藻看来,"九一八"事变以后的政治与舆论形势,与社区研究的关系,不是后者服务于前者,而是后者利用前者提供的契机,深化研究进程。也就是说,如果说功能主义社会人类学对中国有"功用",那么这个"功用"被严格限定在学术层面。更准确地说,只是为科学地"认识"中国提供一种方法,舍此之外,不应该有任何更多的引申。④ 在吴文藻看来,从 20 世纪 30 年代后期开始,中国沦为"殖民地"的可能性在不断增长。而社会人类学在其发源地英国的主要"实际功用",恰恰是为"殖民者"服务的,吴文藻坚决将"学术"与现实分开,或许也是担心在敏感的局势下授人以柄的可能性。在这里,我们看到的是"社会现实"对"知识系统"之间的复杂关系,某种程度上,这正是本书所希望展示和解读的。

(四) 内在困境之三:"科学主义"话语的历史困境

"科学"在近代中国被视为具有普遍效力的"准绳",乃至成为"主

---

① 陈翰笙:《现代中国的土地问题》,载陈翰笙、薛暮桥、冯和法编:《解放前的中国农村》第 2 辑,第 80—92 页。
② 吴文藻:《功能派社会人类学的由来与现状》,第 141—143 页。
③ 吴文藻:《现代社区实地研究的意义与功用》,第 148 页。
④ 后来的研究者也看到了吴文藻对功能主义的"功用"的认识,也使笔者有所获益。但是我认为,他们对社区研究"学科理想"的部分认识,比如以"社区研究挽救民族危机,以社区研究推动国家统一"(宣朝庆、王处辉:《从社区研究看社会学的中国风格——以学科理想与知识建构为视角的分析》,《河北学刊》2006 年第 1 期),或许是当时知识分子感情上的普遍体认,但并不一定是吴文藻当时对社会学这门学科的内心期许。

义"，甚至被奉为宗教，这是历史学界许多学者的共识。"社会学"最初是带着"科学"的名号进入中国的，而在中国传统的知识体系中，又不存在一门边界相对清晰的学问与之对应。因此"科学"的崇高地位，似乎很容易在社会学界确立，也不存在话语权的危机。但问题正如潘光旦所指出的那样，"科学"的口号，至少代表着三种很不相同的努力，其背后是并不完全相同的价值立场。[①] 在社会学界内部，学者虽然大都秉承这门学科的开创者的意愿，也就是试图把它建设成为一门像自然科学那样的"科学"，但是在究竟什么才是"科学"的社会学研究、究竟何种方法才能达到对中国社会的客观和"科学"的认知方面，学者们就莫衷一是了。

所以我们看到，当陶孟和在方法论的层面上强调科学的社会学研究必须"抛弃一切信仰"的同时，他的同事李景汉却在价值观的立场上宣称，社会调查是自己矢志不渝的"终身信仰"。尽管论者自己很清楚个中的分别，但是难免会授人以口实或令人迷惑。发生在李景汉与吴文藻之间的争论更可以说明这一点。1930—1940年间，在鼓吹各自社会学方法方面，李景汉和吴文藻是最不遗余力的两位。他们都主张观察社会时需秉持客观中立的"科学立场"，也都认定各自倡导的社会学研究方法是符合"科学"原则的，是"科学精神"的代表，甚至都有将各自的主张作为解决中国社会问题的整体方案加以普遍推广的宏愿，在把所谓"马克思主义的教条主义者"作为学术假想敌进行批评时，他们也表现出某种程度上的一致。然而这一切并不意味着他们彼此之间存在认同。特别是自吴文藻开始，"社区研究学派"中人就特别强调"社区研究"与"社会调查"的区别，而他们对李景汉倡导的社会调查批评的焦

[①] 潘光旦：《潘光旦文集》第 10 卷，第 62 页。

点,恰恰在于认定它不是"科学"的。吴文藻和李景汉曾经用"照相"(当时写作"照像")和"拍电影"打比方,有过一次争论,吴文藻认为:"社会调查譬之照像,社区调查譬之电影。照像所代表的生活是横断的、一时的、局部的、静态的;反之,电影所代表的生活是纵贯的、连续的、全角的、动态的。"①李景汉则回应认为:"电影是活动的,这是从全体的观察来看。但同时电影也是静的,它是包括许多张静的单片。当然合在一起映演起来更有意义,而个别的某张或许多单片,亦不能抹杀它的价值。我们对于社会所能得到的认识常是部分的,是相对的。部分虽不是全体,而全体是部分的总和。"②比喻虽然令人印象深刻,但彼此各执一端,都免不了以偏概全的缺点,实际上割裂了社会学作为一种方法论的整体性,某种程度上也就削弱了其"科学性"。更关键的是,就像李景汉始终无法完满地解释来自西方的社会调查方法在中国语境中的适应性一样,吴文藻尽管一直在强调社会学的"中国化",但是从他把社区研究方法视为认识中国社会唯一科学方法的主张背后,我们还是看得到功能主义统摄的影子——在 20 世纪 20 年代到 50 年代的鼎盛时期,功能主义社会人类学几乎被独尊为唯一科学的研究方法,它的倡导者将其视为一种"科学",而非"学派"。③ 就像我们前文叙述的那样,正因为吴文藻过度地强调"社区研究"在方法论上的"科学意义",他的这种社会学研究方法,很大程度上只能说是形式上的"科学",而并不一定能真正客观全面地理解中国社会的现实。

---

① 吴文藻:《西方社区研究的近今趋势》,第 157 页。
② 李景汉:《边疆社会调查应行注意之点》,第 81 页。
③ 王铭铭:《西方人类学思潮十讲》,桂林:广西师范大学出版社,2005 年,第 34 页。

（五） 内在困境之四：“社会学”与“社会主义”的暧昧关系与 紧张对立

在整个 20 世纪中国社会学发展史上，无论是作为一门学科，还是作为一种思想体系，社会学始终回避不了这样一个问题，就是它与“社会主义”之间的关系，这个问题也是中国社会学在 20 世纪中国特殊的历史语境中必须直面的一个困境。

造成这个问题的复杂性的原因之一，是“社会主义”这个概念复杂的历史内涵与外延。简单而言，在 20 世纪早期，社会主义这个概念刚刚传入中国时，它是被作为一种认识社会和改造社会的思想体系或知识体系来看待的，在社会学家看来，那时“社会学和社会主义的区别在实质上说并不很显著……社会主义，为某一种社会理想所定下的实践道路，和社会科学并不互相排斥。事实上，是相互辅助的”[1]。

但问题是，一旦思想体系附着于具体的承载者（也就是遵循这种思想体系的人）身上，它们内在的根本差异就开始体现出来——“社会主义者对于某种社会理想是视作不必考虑的前提，对这前提的态度是信仰。因之我们可以说社会主义的出发点是教条。社会科学对于社会理想并没有成见，兴趣是在‘怎么会有这种或那种理想？’，社会科学是批评的，而社会主义是战斗的；社会科学对于现实是思考和解释，社会主义对于现实是改变和推动。”[2]

正是基于这种内在矛盾，在激烈的社会变迁中，特别是社会学和社会主义会分道扬镳。“在五四运动之后的中国社会学和社会主义，就走

---

① 费孝通：《费孝通文集》第 5 卷，第 410 页。
② 费孝通：《费孝通文集》第 5 卷，第 410 页。

上了这样分歧的路线。"在 1938 年社会学作为一门学科被正式列入国民政府教育部统一制定的课程标准中,也就是中国社会学初步学科化完成之前,社会学就面临着这样的歧路带来的尴尬:

> 中国社会学并不是从五四运动中直接培养出来的,社会主义这一路才是"五四"的继承者。正因为在这方面的发展,使一部分"五四"的正统派对于富于社会革命性的实际运动抱着歧视,多少排斥在外围,是"五四"的结果表面上只限于文学的改革,"五四"之后文学的大众化和历史的科学化汇成了一个主流,而社会主义的旁支则和当前的政治相结合,展开了一直到现在没有停止过的革命运动。社会学那一门新进的科学,却在不同的偏见中被冷落地挤在荒芜的田园里。①

因此,1949 年以前中国社会学进退失据的本质就是:"在文史的主流里因为社会学和社会主义的瓜葛而不愿加以接受;在社会主义的旁支里,却因为社会学的批评性不适宜于早期的政治运动而加以拒绝了。"1949年以后,在"社会主义"不再是一种普通的思想体系,而是被尊奉为一种"意识形态"后,社会学的尴尬境遇依旧存在,并且在与此前完全不同的历史情境和国家体制下,遭到覆亡的厄运。

借用上一章文末提出的分析概念,不难看出,表面上看,第一种困境主要表现为要素 b-2(研究计划与课程设置)上面临的问题,第二种困境主要是要素 a-1(学科基本的人文理念)面临的矛盾,第三种困境主要表现为要素 a-3(学科具体操作细则)上不同学派间的矛盾,第四

---

① 费孝通:《费孝通文集》第 5 卷,第 410—411 页。

种困境则主要表现为要素 a‐2(学科普遍原则)上的分歧。因而总体来说,这个时期中国社会学面临的困境,还是一个"制度精神"的困境。它一方面表明,一门学科的传播,首先是它的学科制度精神的传播,因此首先出现的问题,也集中在这个层面上;另一方面也表明,这个时候社会学在中国的学科制度结构还没有完全建立,或者说,某种程度上,学科制度结构完善的迟缓化,导致了这门学科的"边缘化"。

第四章　"服务国家"还是"批判现实"

> 这是一个大时代,我们学社会学的人决不能轻易放过。[1]
>
> ——吴景超

> 社会圈子对知识人的要求,随着期望于他所扮演的角色不同而有所变化。知识人所扮演的每一种特殊社会角色都带有某种期望,每一个社会奖惩特定类型的知识绩效。[2]
>
> ——科塞

1947 年 4 月 28 日,很平常的一天。

这一天,在北京出版的《燕京新闻》和在上海出版的《观察》杂志,不约而同地刊发了一期纪念"五四运动"28 周年的专号。两份专号,分别发表了清华大学社会学系教授潘光旦和费孝通的文章。经过了将近 30 年的话语构建,"五四"在当时已经成为中国现代史叙事中一个具有转折点意义的符号,无论站在哪种政治立场或者文化立场上的人,对"德先生"和"赛先生"这两尊神位的祭拜之风,也渐趋火爆热烈。然而在两位社会学家的笔下,却完全是另一番图景:潘光旦开宗明义,说"二十八年前的五四运动是失败了的"[3],费孝通也在文章的末尾问道"五

---

① 转引自谢泳:《清华三才子》,北京:新华出版社,2005 年,第 122 页。
② 刘易斯·科塞:《理念人:一项社会学的考察》,郭方等译,第 14 页。
③ 潘光旦:《潘光旦文集》第 10 卷,第 62 页。

四的一代是否已经死了"①。两位学者的文章的主旨不尽相同,然而他们共同的焦虑和疑惑却可见一斑。表面上看,他们焦虑和疑惑的对象是自 20 世纪初年就日益被视为"启蒙"和"进步"象征符号的五四精神,实际上,他们是对以往几十年中国所经历的社会变迁与学者自己选择的人生道路产生疑问。

这种焦虑和疑惑,不是没有来由的。

1947 年 4 月末的那几天,这两位社会学家几乎天天见面。4 月 27日,也就是他们发表各自文章的前一天,清华大学举行了盛大的校庆纪念日活动,作为校友,潘光旦与费孝通一起参加了庆祝典礼和聚餐。然而在一派祥和的气氛中,费孝通隐隐约约感到,他们这一代人与那些尚在求学的青年一代之间,已产生了很深的隔膜。第二天(也就是文章发表的当天),费孝通在家中宴请远道而来的前妻王同惠的父母,潘光旦是唯一的陪客。② 没有人记录下这次聚宴的详情,但是可以想见,每个人都是百感交集,尤其是费孝通。11 年前当王同惠不幸意外去世以后,他曾经发愿,要用一辈子的艰辛工作来告慰她的灵魂,但是现在,他忽然对"未来"感到困惑了。

如果我们暂且把聚焦在个人身上的视线移开,转向他们当时身处的历史情境,特别是与他们自身密切相关的那一部分历史事实当中,或许会更能体会两位教授这种焦虑的原因。美国学者胡素珊(Suzanne Pepper)写道:

> 1947 年春,由于政府那倒霉的改革措施,京沪地区的经济灾

---

① 费孝通:《费孝通文集》第 4 卷,第 444 页。
② 潘光旦:《潘光旦文集》第 11 卷,第 257 页。

难极为严重。不过,学生的生计艰难不仅包括通货膨胀和经济失策造成的直接损失,还包括日趋有限的毕业后就业机会。第二次世界大战前,中国大学培养最多的合格文科学生,尚能期盼相当安稳的教师或官吏职业。到战争结束,进而到 1947 年时,此类职业的薪金已降到了维持生存的水平。更重要的是,在扶摇直上的工资费用影响下,工作岗位的数量本身正在减少。①

在这样的背景下,心中充满焦虑的,恐怕不仅仅是这两位学者。一些敏锐的社会学家明白,无论他们是否愿意,一场剧烈的社会变迁,已经不远了。

社会学家们如何理解战后错综复杂的现实格局? 在剧烈的变迁面前,他们如何选择? 这种选择与社会学学科和社会学家在 1949 年以后的命运有什么联系? 这些将是本章试图叙述和分析的。

上一章已指出,尽管抗日战争对中国社会学的发展产生了不小的影响,但客观上也为中国社会学家间的互动提供了现实和心理的空间。通过对吴文藻、陶孟和、李景汉、费孝通几位学者在此前后活动的叙述,特别通过详细叙述不同"派系"学者间的对立与冲突,笔者试图从以往的学术史叙述中比较容易受忽视的方面切入,展示现实的社会历史语境中错综复杂的互动图景,以及"有目的之行动"与"未预期之后果"②间的复杂对应关系(用费孝通的话说,就是一条"没有安排好的道路"③),并最终尝试着从学理上总结中国社会学在 20 世纪上半叶的发

① 胡素珊:《中国的内战:1945—1949 年的政治斗争》,王海良等译,北京:中国青年出版社,1997 年,第 97 页。
② 黄平:《有目的之行动与未预期之后果》,《中国社会科学季刊》(香港)1994 年秋季卷,第 37 页。
③ 费孝通:《费孝通文集》第 4 卷,第 441 页。

展历程中无法摆脱的"内在困境"。本章在时间上是对上一章的接续，关注的时间范围，主要是二战中后期以后直到 1949 年中华人民共和国建立之初。叙述的焦点，依旧以几位社会学家为主，在他们的学术思想与著述之外，更尝试把他们作为具体历史语境中的"人"，从整体上关注他们生活历程与社会活动。

第一节　服务国家的技术专家：孙本文与陈达

（一）　中国社会学的学科化与国家化

总体上看，1949 年以前，中国社会学的发展呈现一种极端不均衡的态势：作为一种"学问"，社会学的研究在当时取得了相当丰硕的成果①，但是作为一门"学科"，无论从何种意义上讲，社会学在 1949 年以前的发展规模都称不上很大。1947 年底的一次调查显示，当时全国各大学独立建制的社会学系不过 19 个②，社会学教师总数（包括教授、副教授、讲师）不过 143 人③，专修社会学的学生人数，虽然没有准

---

① 孙本文对此进行了最详尽的总结（参见孙本文：《当代中国社会学》），在海外学术界，对这个阶段中国大陆社会学研究取得的成绩，评价也相当高。不过需要特别注意的是，其中有一些叙述，带有非常强烈的意识形态色彩和政治企图，例如 Newell、O'hara、Sanchez 等人，主要目的是指责中华人民共和国对社会学学科的取缔，他们对 1949 年以前中国社会学的发展，实际上不尽客观，而有某种程度的夸大。参见 William H. Newell, "Modern Chinese Sociologists"; Albert R. O'hara, "The Recent Development of Sociology in China", *American Sociological Review*, Vol. 26, No. 6 (1961); Wong Siulun, "On 'An Interview with Chinese Anthropologists'".

② 孙本文：《当代中国社会学》，第 228 页。

③ 需要说明的是：(1) 这份名单指涉的是广义的"社会学"，也就是包括了人类学、社会工作等专业；(2) 这并非一份当时在任的教师名单，其中有一些人已经去世（如康宝忠），有些已不在社会学系任教（如蔡尚思），还有一些则早已脱离教育界，从事其他工作（如余天休），如果剔除这一部分人，则当时在任的社会学教师人数，只有 121 人。参见孙本文：《当代中国社会学》，第 219—227 页。

确统计,但据孙本文的估计最高峰时尚不到 1000 人①。更重要的是,直到 1938 年,国民政府颁布大学各学院课程时,社会学仅仅是文、法、理、师四学院的选修科目之一,直到 1944 年,在第二次大学课程修订会议上,社会学才获得了一份相对统一和完备的"必修及选修科目表"。

在具体的历史情境下观察,这种不均衡其实并不难理解:这从一个方面体现了民族国家发展过程中面临的传统因素与西方因素之间的矛盾。在形式上统一全国的中央政府成立之前,如何把来自西方的各种知识资源整合到民族国家建构的过程中去,就成了中国社会科学家关注的焦点问题之一,到 1927 年国民政府成立以后,如何使大学课程和内容符合国家建设的需要,就成为这个新兴的民族主义政府在高等教育领域最关注的问题。②

1931 年 5 月,在国际联盟召开的理事会上,中国政府向国际联盟技术部提出了一个议案,要求他们与中国合作制定和实施一项有关高等教育的改革计划。参与这项计划的欧洲学者向中国政府建议,中国应该在全国建立统一的大学入学考试制度,考试范围包括多门基础性的科目。同时,在大学里也应该设立首席教授制度和学生毕业考核制度,学生只有在通过了最后的考试以后方能予以毕业。他们还建议,中国应在大学里设立一个学术评议会,以确保大学对教授和其他教师的任命能有一个较高的学术标准,此外再加上一整套严格的职称任免制度,就能使大学的教学水平保持较高的水准。在随后的几年中,教育部组建了各学科和专业的评审委员会,颁布了各个学科必修课的课程标

---

① 孙本文:《当代中国社会学》,第 229 页。
② 许美德:《中国大学(1895—1995):一个文化冲突的世纪》,许洁英译,北京:教育科学出版社,2000 年,第 75—79 页。

准,规定所有高校都统一执行,此外各学校选修课程的标准也以此为参照。同时,教育部还出版了新的教科书。根据国际联盟的建议,教育部制定了教师任职资格标准,设立了一整套教学人员工作考核制度。这个过程的本质,就是学科体系和知识体系接受"国家统制"或者"国家化"的过程。

在这个过程中,由各学科专家构成的各种形式的评审委员会,承担着非常重要的角色。笔者将其称为学科国家化的"代言人"——对于本学科共同体成员而言,他们是官方的代言人,是规划者和仲裁人,这要求他们具有足够的社会资源、手段和热情,在取信于政府的同时,应付大量繁琐的非学术的事务性工作;对于政府和社会而言,他们又是本学科学术共同体的代言人,是经过官方认可的这个学科最高学术水平的象征,这又要求他们必须享有足够的学术威望和号召力以应付来自学术共同体内部的异议声。

作为高等教育学科门类中的一种,"社会学"的教学与研究自然也在这个"国家化"的进程中,自然也有其"代言人"——孙本文和陈达承担了这样的角色。

在当时那个很小的社会学圈子里,这两个同龄人的优势是明显的[1],他们有足够的学术资历、威望和号召力:20世纪20年代早期就在代表社会学最高研究水平的哥伦比亚大学和芝加哥大学接受系统的社会学训练;回国后成为最早一批教授社会学的中国学者;长期执掌国内最重要的社会学系科(在1929—1949年中央大学社会学系存在的20年间,

---

[1] 年龄绝非可有可无的因素,它不仅意味着孙本文和陈达是第一批职业社会学家中较年长的和资历深的,也意味着在社会学界的"代际"划分中处于比较优越的"老师"的地位。而"代"的划分,则是知识社会学家考察学术生态与知识变迁的重要工具。参见 Anthony Esler, *Generational Studies*, New York: Fawcett Crest, 1979。

孙本文一直是该系的主任,而陈达则是清华大学社会学系第一位教授和首任主任);是学术同人团体的组织者和领袖(特别是孙本文,不仅是中国社会学社的初创者之一,此后也长期担任这个学术团体的领导人;陈达一度也是这个协会的常务理事);有高水平的学术著作,并且都享有足够的国际声望①。在体制内,他们也获得了其他社会学家不曾有过的象征性地位:1942年、1943年,教育部两次成立学术审议委员会,推举"部聘教授"作为教育界最高水准的象征,孙本文是44位当选者中唯一的社会学家;而1948年中央研究院首届院士选举中,陈达则是社会学界仅有的两名当选院士的学者之一。②

更重要的"比较优势",来自学术之外。作为一门外来的知识体系,社会学与"西方"具有无法割裂的紧密联系:教会大学是中国社会学学科最早的温床;超过五分之四的职业社会学家在西方接受专业教育(或者本身就是西方人),他们几乎原封不动地带回了西方的社会学理论与方法;更重要的是,作为一门实践性的科学,社会学此时进行的各类田野工作,是由西方资金支持的——所有这些,对新兴的民族国家政府而言,是一种潜在的威胁。在中央政府看来,这种威胁

① 美国社会学家英格尔斯(Alex Inkeles)在著名的学术入门手册《社会学是什么?》中,论及了孙本文的国际声誉(参见孙世光:《开拓与集成:社会学家孙本文》,南京:南京大学出版社,2001年,第116页);陈达则在国际人口学会和太平洋学会等国际学术组织中担任区域领导。在一篇对陈达的采访中,作者写到,陈达教授"在国内的名气还远不如在国外高"(全慰天:《记陈达教授》,《观察》1947年第8期)。
② 关于"部聘教授"需要说明的细节是,第一批候选名单中,社会学界分到的名额只有二人,是人文社会科学界所占名额最少的,这对社会学在当时学术界的相对地位是一个注脚。除了孙本文,另一位候选人就是陈达,这也能看出两人在社会学界内部的声望。当选首届院士的社会学家,除了陈达以外,还有陶孟和。值得注意的是,在推举院士的过程中,社会学界以外对孙本文的学术水准与声望评价也相当高,并把他作为候选人之一。参见曹天忠:《档案中所见的部聘教授》,《学术研究》2007年第1期;傅斯年:《致朱家骅等》,载欧阳哲生编:《傅斯年全集》第7卷,第348页。

来自三个方面:

首先,不言而喻,是社会学抹不去的"西方底色"对民族国家构建的威胁,这也构成了本书上一章小结中涉及的社会学内在困境的一个来源;其次是社会学价值取向与国家意识形态间的对立;最后,在"社会主义"意识形态和共产主义政治力量尚未取得合法性地位的情况下,"社会学"与"社会主义"那种千丝万缕和令人迷惑的关系对国民政府无疑是更大的潜在威胁——姑且不论真正的共产党理论家,就看看陈翰笙因为其近于马克思主义立场而被辞职的遭遇,就可以知道国民政府在这个问题上的敏感程度了。

在这样的背景下,孙本文和陈达的学术立场和政治立场都显得那么"难能可贵":他们都在国立大学任教,也几乎不与来自海外的资助发生联系;他们的研究兴趣大相径庭,但都偏向技术性的,相对来说价值立场也是"中立"的;他们很少党派色彩,也不发表关于政治的见解。所有这一切,无不与国家力量试图构建的社会学那种客观中立的"科学形象"相吻合。因而他们成为社会学这门知识体系学科化和国家化过程中的代言人也就不足为奇了。在 20 世纪 40 年代后期,这个角色的承担成为孙本文和陈达的自觉。

在相反的向度上,这个角色又强化了像孙本文、陈达这样的社会学家在学术价值和政治立场上持中立态度的自我体认。在他们的著作中,我们可以读出他们对社会学家身份的自我期许:纯粹的技术专家,对局部社会问题提出具体的疗救方案,而不寻求从总体上对社会结构和社会形态进行改变。

(二) "社会部"的设立与社会学的短暂契机

上一章中曾提及社会学在抗战中的"边缘化"的问题。这种"边缘化"的迹象,不仅体现在成熟学者的研究成果的减少,也体现在社会学教学活动及其效果的止步不前。孙本文和陈达对此都有体认。①

不过,按照孙本文的说法,在战争处于最艰难的相持阶段时,一个中国社会学发展的绝佳契机却悄悄出现了,这就是"社会部"在1940年初成立,并迅速由原来隶属国民党中央党部改隶国民政府行政院。作为政府机构的社会部,在职责上和具体工作上有非常明确的界定,就是"制定社会政策,建立社会行政体系,推广社会服务,培养社会工作人才"②。几乎所有这些工作都需要社会学者的参与、支持和指导,这种来自政府部门的强烈需求,给了处于困境中的中国社会学界明确信号,孙本文、陈达这样有敏锐学术嗅觉的社会学者意识到借由与政府部门的合作,不仅可以刺激和促进社会学科自身的发展,或许还能够实现他们兼济天下的入世抱负。如此,社会部的成立及其各项工作的广泛开展,迅速将当时"中国社会学界部分学者与政府的合作关系推向高潮"。

无论如何,至少在社会部成立到战后初期大约五六年的时间里,这种政府与学术的相互倚重,确实对中国社会学自身的发展起了推动作用。对此孙本文也有明确的表述:

> 直至抗战以还,社会部成立,一时需要各项社会行政人才,于是社会学界复表现一种振兴气象。全国各大学有添设社会学系者,有恢复已停办的社会学系者。同时各大学社会学系学生亦突然增加,似社会部之成立,与其他各级社会行政机构的设置,直接

---

① 参见陈达:《历史与社会学之因缘》,《东方杂志》1946年第10号;孙本文:《现在社会学在学术界的地位》,《社会建设》1944年第1期。

② 谷正纲:《中国社会行政之过去与现在》,《社会建设》1948年复刊第6期。

促使各大学社会学系的发达。①

对各大学社会学系学生的"突然增加",孙本文则认为重要原因之一,就是 1944 年教育部修订大学课程,在社会学系内增设了社会行政组,而他和陈达也都是大学课程修订委员会社会学组的成员,他们对社会学系课程标准的制定,起着举足轻重的作用。陈达的回忆也证实了社会部的成立对社会学学科发展的作用:作为社会部社会行政计划委员会委员的陈达,曾经通过委员会向教育部建议"恢复社系,充实课程如增加社会行政等课"②。

对于 20 世纪上半期民族国家格局初具,刚刚开始启动现代化进程,同时带有明显中央集权特征的中国而言,社会科学诸学科中,最具有现实应用价值,且与现实政治和政府部门联系最紧密的,或许就是经济学和社会学两门。实际上,自国民政府形式上统一中国以后,把社会学纳入统一的国家学术体制和教育体系的过程就一直没有停止过。20世纪 30 年代初,许仕廉模仿美国"社会变迁趋势研究委员会"机制,试图在中国成立从中央到地方各级委员会,以统计方法记录分析中国社会变迁实况,为政府行政提供事实依据,同时改良统计方法,形成理性舆论的"社会发展"计划,但是最终未能成功。此后,社会学界发挥专业优势,开展政学合作,既为政府施政服务,又为学科自身扩展寻找空间的尝试,一直没有停止。在这个过程中,孙本文、陈达一直是重要的参与者:孙本文的工作主要是在社会学界内部,从制度上为社会学制定一个完整的符合社会学自身发展和国家需求的学术规范、教学规范和评

① 孙本文:《社会学与社会行政》。
② 陈达:《浪迹十年》,第 389—390 页。

价标准,从而实现其"学科化"①;而陈达的贡献则更多地体现在发挥社会学的实用性的方面,他广泛参与行政部门的人口、户籍、劳工调查,为政策制定提供智力支持②。

在独特的历史背景下成立的社会部,至少在一定时期内形成了社会学界与政界互动的良性机制。关于这种合作的独特背景,后来的研究者有过清楚的阐述:

> 当时,许多西方国家先后开始推行社会保障制度,如美国在20世纪30年代罗斯福总统当政时期,实行著名的"新政",目的是以政府的力量,限制或规范私人经济,发展各项社会福利,以改善下层人民生活。……中国成立社会部,旨在模仿西方工业国家,以行政力量有计划有系统地推进社会福利事业。③

另一方面,如上文所言,作为专门从事社会福利、社会服务、社会行政的政府部门,"社会部"至少在名称和形式上,是一个需要和社会学发生紧密联系的"专业直接对口"的机构。事实上,在短暂的一个时期内,社会

---

① 1934年,孙本文出版了《社会学名词汉译表》一书,五年以后,他担任国立编译馆社会学名词审查委员会主任,主持社会学专有名词的标准化工作;1935年,作为"大学丛书"的一种,商务印书馆出版了孙本文撰写的《社会学原理》,五年以后,这部书经教育部审定,被采用为"部定大学用书",成为社会学领域唯一的标准教科书;1942年,孙本文又担任考试院考选委员会典试委员,负责高等学校考试社会学、社会行政方面的出题与阅卷事宜。参见孙世光编:《开拓与集成:社会学家孙本文》,第254—257页。
② 20世纪30年代,由国防设计委员会资助,陶孟和主持社会调查所;国民政府主计处主持,邀请社会学家陈达、李景汉等参与商议的全国人口普查计划;内政部邀请社会学家陈长蘅、陈达等担任教官的"各省市户籍干部人员训练班";以陈达领衔,李景汉、戴世光、周荣德等社会学者参与,由内政部和云南省政府合作成立的"云南环湖市县户籍示范实施委员会"等等。参见陈达:《浪迹十年》。
③ 阎明:《一门学科与一个时代:社会学在中国》,第221—222页。

学界和社会部也确实保持着这种紧密的互动，特别是体现在这样几个方面：

首先，以陈达和孙本文等人为代表，社会学者主导或参与了社会部举办的各种社会行政和社会计划会议，在制定各项社会政策方面（特别是战后社会建设方面）起了主要作用。社会部成立不久，就组织了社会行政计划委员会，旋即又成立了人口政策研究委员会。这个委员会的会员分驻三地：重庆、成都和昆明。除了重庆的社会部的主要官员外，这样的格局实际上正反映了当时中国社会学研究三股最重要力量的地理分布：以中央大学、金陵大学、华西大学为核心的驻重庆的社会学家群体，最主要的代表人物就是长期主持《社会建设》杂志的孙本文。当然还包括柯象峰、李剑华、言心哲、毛起鹴、朱亦松等相关学校的教授。以中央研究院社会科学研究所为核心的驻四川叙永的社会学家群体，主要指以陶孟和为核心的一批社会经济研究和社会调查专家，另外也包括龙冠海等理论社会学家。以西南联大社会学系为中心的驻昆明的社会学家群体。根据陈达的自述，驻昆明会员为陈达本人（兼任召集人）、李景汉、吴泽霖、潘光旦和红十字会医师庞京周，此后又加聘戴世光、李树青。①

这三股力量的集合，基本就是当时中国社会学界一流学者的全部班底，他们成为社会部的强大智库，一时风头无二。曾经躬亲参其事，并且勤于笔耕的陈达，留给我们一份非常详细的记录。他的日记显示，自战争后期的1943年开始，这个庞大而优秀的智库在政府的社会事务决策过程中发挥了重要作用，而政府机构对社会学者的借重，也达到了

---

① 陈达：《浪迹十年》，第443—444页。另外，一个有意思的现象是，当时避居云南的以燕京大学—云南大学为中心的一批社会学者，即使名义上曾出现在这个社会部的智囊团名单中，却没有做任何实际工作。

空前的程度。

其次,社会学界也确实因社会部的存在,获致了不少助力。对于学者的研究和教学而言,最重要的是两条:获取研究经费,承担学术课题。在前一个方面,比如社会部曾多次以经费补助西南联大社会系和国情调查所;在后一个方面最著名的例子,就是社会部委托西南联大社会系同人分别主持的云南社会问题研究,即李景汉主持的昆明市研究、吴泽霖主持的云南少数民族研究、陈达主持的云南选县社会行政研究。对于社会学学生而言,一方面他们可以通过参与学校与社会部联合合作的课题,深化专业体认,强化专业训练①;另一方面,按照"中央政府社会部—省市级社会处—市县级社会科"这一序列展开的成建制的政府机构,以及因此展开的各种社会服务机构,拓展了社会学系学生"专业对口"的就业空间。燕京大学毕业生张鸿钧,后来担任社会部社会工作司及调查计划司司长;清华大学毕业生张天开,后来担任社会部社会行政委员会专员,就可以视作其中的翘楚。至于在省市县相关部门任职的社会学系毕业生,则为数更多。

不过,从另一方面看,就像李景汉、吴文藻在传播西方社会学理论和方法,同时接受西方学术资金支持开展研究工作时,不可避免地会招致人们对他们是否能保持学术的相对独立性的质疑一样,在社会学按照民族国家建设需要进行标准化改造并从国家那里获得大量助益时,作为这个过程的主持者和代言人,陈达、孙本文等人也将不可避免地面临国家统制与学术自主的矛盾。

一方面,抗战军兴,是国族存亡的大端。以战争需要为绝对核心,以政府统制为绝对主导,是战时最高的"政治正确性",学术研究既不可能,

---

① 《社会建设》月刊 1948 年复刊以后每期附录的"社工报道"对此有详尽报道。

也不应该自外于这个中心，尤其是与现实社会直接相关的社会科学诸领域。对于社会学界而言，自社会部成立以来，其主要关注点，已经开始聚集在一个核心问题上，那就是战后的"社会建设"或曰"社会重建"问题。

（三）　"发动学者"与"社会建设"

1944 年 7 月，在抗战胜利已曙光微露之际，《社会建设》月刊在重庆创刊。此前几个月，中国社会行政学会也已成立。与中国社会学社的同人学术团体性质不同的是，这个社会行政学会由社会部主导，约集社会学界同人参加。孙本文的描述，明确地体现了这个学会的政府主导性质和服务国家建设性质："其主要任务为依据三民主义及国内情境，适应世界潮流，研究社会行政学理，以配合政府政策，建立社会事业及社会行政体制，培养社会行政干部，借运用社会力量，以谋增加社会福利。"[①]作为这种政学合作的延续，由谷正纲提议，社会部每月津贴30000 元国币，资助《社会建设》杂志的出版，具体的编辑出版事宜则由中国社会学社承担，不过"部与社均不出面"，名义上这是一份完全的同人刊物。孙本文作为中国社会学社的常务理事，担任这份刊物的主编，作为学社的另一位常务理事，陈达担任杂志的常务编辑委员，也是前期的主要撰稿人。月刊的《发刊词》表示，创刊的目的，就是着眼于"发动全国富有学理研究的社会学者及富有实际经验的社会事业与社会行政专家，共同研讨有关战后社会建设方面各种理论与实际问题"，按照惯例，这篇宣言应该出于孙本文之手，而其中"发动学者"和"社会建设"两个概念是大可玩味的两个关键词。

先解读"发动学者"。

《社会建设》月刊自第 1 卷第 1 期开始，就在每期的扉页上列出编

---

① 孙本文:《抗战期间社会学的回顾及今后的趋向》。

委会名单。编委会由正副总编辑(总编辑长期由孙本文担任,创刊初期的副总编辑为毛起鵁)、常务委员、编辑委员和"特邀撰述委员"组成。除了张鸿钧、张天开、谢徵孚、贺衷寒、谌小岑等官方代表以及熊芷、章元善、寿勉成等社会福利机构代表以外,大部分均为职业社会学家。熟悉中国早期社会学史的研究者一眼可以看出,除极个别外,当时社会学界各家各派、各籍各系的头面人物,几乎全部网罗至尽。

1943年2月初,中国社会学社第七届年会分别在重庆、成都和昆明举行。由孙本文在重庆拟定"战后社会建设讨论纲要",分寄成都、昆明两个分会场,作为各分会的讨论主题和依据。孙本人是重庆会场的主持人,但没有专门提交论文。在昆明分会场,作为召集人之一(李景汉、潘光旦为共同召集人),陈达宣读了题为《战后人口政策商榷》的论文,结合在呈贡主持清华大学国情普查研究所时搜集的实地调查资料,从人口数量、人口品质、婚姻家庭、移民运动四个方面,对战后人口政策的制定提出建议。① 与陈达一样,与会者宣读的主要论文,如李景汉的《战后农村问题》、吴泽霖的《战后边疆建设》,都是围绕"战后社会建设"这个问题展开的应用型研究。唯一的偏于学理讨论的论文,是潘光旦的《工与中国文化》,其基调也是着眼于战后中国工业化建设复兴的考量。② 其实早在中国社会学社此次年会以前,长期与政府机构保持合作的"代言人"陈达,就已经在与社会部商讨合作计划,其总主题就是"战后社会建设的初步研究",他也一再强调社会学界与政府社会行政工作结合的重要性和必要性。

在我看来,《社会建设》杂志对社会学学者的罗致和社会学社第七

---

① 参见陈达:《现代中国人口》,廖宝昀译,天津:天津人民出版社,1981年,第108—117页。
② 潘光旦:《潘光旦教育文存》,北京:人民教育出版社,2002年,第261—277页。

届年会的召开，是一个明确的信号。这个信号或许意味着，一方面，"社会学"的实用性和"现实价值"开始日益为政府/国家所体认，后者开始把"社会学"纳入政府主导的"国家学术研究体系"中，以期尽可能掌控其研究方向，利用其研究成果。反过来说，社会学界部分同人以更加积极的姿态迎合政府的实际需求，主动强化社会学应用型研究的功能，以期为政府和现实服务。在这个过程中，由学校系科、研究机构、专业期刊、学人交往所构建起来的社会学学术网络，其"同人性"逐渐弱化，"政府主导性"或者"官方化"特征逐渐增强，我们以中国社会学社第七届年会为界标，比较分析此前六届和此后三届（包括第七届）年会，就可以明显看出对这种趋势的论断，所言非虚。实际上，1948年在南京复刊的《社会建设》月刊，政府主导的色彩浓厚，某种程度上已经取代了同人刊物《社会学刊》而成为原本是同人学会的中国社会学社的社刊，也是这种趋向的一个表现。这正反两个向度上的共同作用，一定程度上暗含了此后中国社会学学科品质和研究取向的潜流。前文强调，在当时特定的时代背景下，这种趋向是具有毋庸置疑的"合法性"和合理性的。问题是，在怀抱"历史的同情"之余，也不乏反思的必要。

再解读"社会建设"的概念。

自提出"和谐社会"建设目标以来，这一概念遂成为国中流行语汇，与之相应的，社会学界因之深入思考，目光也集中到"社会建设"这一概念上来，并由此提出"经济""精神""政治"以外第四大"文明"——"社会文明"的构建目标。不过倘以为"社会建设"概念是今人首创，则至少显示了对历史的缺乏了解。以不那么严格的标准来说，至少在全面抗战前，已有社会学家开始使用"社会建设"这一术语。[①] 如果把视域拉长，

---

① 参见言心哲：《我国社会建设之展望》，《社会建设》1944年第1期。

那么早在教会学校开始把社会学引入中国以后,就开始了部分意义上的"社会建设"的实践探索和理论总结。① 而自抗战后期开始,相关政府机构和社会学界,已经把"社会建设"悬为战后工作首要目标。

　　当时的社会学界,有三个概念具有相近含义,却常为人混淆,即"社会建设""社会事业""社会行政"。朱亦松、陈达曾分别做了相对明确的辨析,在朱亦松看来,"社会建设"就是建设和改善一个社会,解决其中存在的各种社会问题,使之臻于"富泰康乐"的目标,而"社会事业",则是解决问题的具体工作,"社会行政"则是政府、团体和个人为完成具体工作而使用的手段和方法。② 而陈达则将"社会行政"与英国通用的"社会服务"(social service)和美国通用的"社会工作"(social work)进行了对比。③

　　通观战时、战后的数年,实际上中国的社会学家已经在全面译介和借鉴西方经验的基础上,大致勾画出战后"社会建设"的战略远景、实施步骤,甚至各专门方面的具体方案了。④ 几乎每一期《社会建设》杂志都会围绕"社会建设"不同方面的一个主题展开分析:

---

① 参见于恩德:《燕京大学社会学系概况》。
② 朱亦松:《社会建设之内容》,《社会建设》1945 年第 2 期。
③ 陈达:《我国社会行政的重要问题》,《社会建设》1944 年第 1 期。
④ 参见陈仁炳:《社会调查与社会事业之关联》,《社会建设》1948 年复刊第 8 期;谷正纲:《三十七年下半年度社会行政施政方针》,《社会建设》1948 年复刊第 4 期;《中国社会行政之过去与现在》,《社会建设》1948 年复刊第 6 期;柯象峰:《我国社会建设之展望》,《社会建设》1944 年第 1 期;李安宅:《边疆社会建设》,《社会建设》1944 年第 1 期;瞿菊农:《社会建设引论》,《社会建设》1944 年第 1 期;吴健:《战后中国社会救济与重建的难关及其打破筹策》,《社会建设》1945 年第 3 期;《我国战后社会安全初步设施计划举要》,《社会建设》1945 年第 4 期;许昌龄:《从社会安全论到就业辅导计划》,《社会建设》1948 年复刊第 3 期;朱冲涛:《战后社会救济问题选区研究》,《社会建设》1945 年第 3 期;蒋旨昂:《社区计划与住宅改善》,《社会建设》1946 年第 5 期;言心哲:《我国社会建设之展望》,《社会建设》1944 年第 1 期等。

表5 《社会建设》杂志主题一览

刊号	主题	刊号	主题
第1卷第1期	社会行政一般概念	复第1卷第3期	儿童福利
第1卷第2期	社会救济法	复第1卷第4期	劳工行政与劳工救济
第1卷第3期	/	复第1卷第5期	/
第1卷第4期	社会安全与劳工	复第1卷第6期	世界各国社会保险介绍
第1卷第5期	战后住宅问题	复第1卷第7期	/
复第1卷第1期	育幼事业与儿童救济	复第1卷第8期	英美相关社会政策
复第1卷第2期	/	复第1卷第9期	欧美相关救济保险政策

资料来源:作者根据《社会建设》各期杂志目录编制。

实际上,当时的学者已经不仅仅局限于从具体技术层面上去理解"社会建设"的意义,中央政校教授朱亦松就说:

> 社会建设之最积极的工作,尚非仅仅以防止严重社会问题之发生而已,其最大目标,在于实现一个有计划的、谐和的社会秩序,以发展社会之潜力。至于最大限度,以减低社会之耗费,至于最小限度,并使社会之社格与其各分子之人格,皆得以提高水准,向上发展。显然如此一种工作,必须以一种健全的社会哲学,为其指导之指南针。所谓社会哲学即谓对社会价值与个人价值之一种深刻认识的、有系统的知识而已。社会组织,包括风俗制度在内,与社会过程皆需受此种最高的价值概念之支配,以谋求其调整、革新与进展。庶几无意识的社会演化,可以为一种人事指导的、有意识的社会演化之所代替。[1]

---

[1] 朱亦松:《社会建设之内容》。

这种从社会发展规律角度上理解"社会建设"的思考方式,已隐约涉及"唯名"和"唯实"的社会本体论深度,朱亦松在中国社会学史上不算一流学者,但是他的识见甚于当下我们对"和谐社会"的解读,也不乏对话的可能。

1948 年复刊后的《社会建设》月刊,增加了刊名的英文译名"*The Journal of Social Reconstruction*",或许表明,直到波诡云谲的 1948 年,主其事的社会学学者还保有一种天真的理想、乐观的心态和宏大的计划,希望能在原有的政治格局下实现社会的复兴和重建(reconstruction)。但是,明眼人心里必然清楚,对这种在不改变既有社会结构与政治格局情形下的"社会建设"的期待,已随着抗战后期国内政治力量的消长和战后政治生态的急剧变化,一步步化为泡影。且不说 1941—1943 年,陈达、孙本文与李景汉、吴泽霖等人兴致勃勃地规划的包含了经济社会诸方面的"全面社会建设"计划根本无法落实到纸面[1],即使热心国政、积极入世如吴景超者,都在《社会建设》创刊号上发出不合时宜的声音:战后的福利事业,根本缺乏实施的基本条件。最根本的是,战后党国大员迅速日益腐败,政府日益失去公信力,社会部在公众印象中竟至沦为"特务机构",谷正纲、贺衷寒等社会部首脑则几成"鹰犬",这对昙花一现的战后"社会建设"事业,既是悲剧,也未始不是一种绝大的讽刺。

当孙本文 1946 年随复员的中央大学回到南京时,他发现生活的艰辛丝毫没有随战争的结束而有所缓解。自己在战前所筑的位于兰家庄

---

[1] 可以作为一个例子的是:1943 年,陈达遵照社会部的嘱托,带领西南联大社会学系同学在云南昆明、昆阳、呈贡三县进行了社会行政调查研究,写出了长达数百页的翔实的研究报告。在递送给部长谷正纲以后,陈达自述感觉像了一大桩心事。然而这份报告此后便如泥牛入海,没有任何消息。即使没有任何文字表露,但陈达内心的失望则是可想而知的。参见陈达:《浪迹十年》,第 338—346 页。

的那幢住宅，已被人占用，几经周折收回后，却又不得不出租一半以增加收入，补贴家用——因为担负着繁重的行政和学术任务，以至于孙本文依旧无暇像社会学系的同事们那样，在校外兼差。在国共两种政治势力对垒、军事冲突日益激烈的情势下，和大部分学者一样，孙本文的心情并不轻松。他知道在重庆摹画的种种战后社会建设的图景，恐怕没有机会成为现实了。

从 1945 年开始，孙本文的文章很少再涉及这方面的主题，而是转而专注于与政治联系不那么密切的中国和西方社会学史的整理工作，1947 年出版的《近代社会学发展史》和 1948 年出版的《当代中国社会学》两书则是这些学术工作的总结。此时，孙本文依旧是中国社会学社的领导人。1948 年 10 月 1 日到 2 日，学社在南京、北平、广州、成都同时召开了成立 20 周年纪念大会暨第九次年会，从规模上看，在学社 20 年的发展史上，这次年会堪称盛况空前：仅南京主会场，就有超过 500 人参加开幕式，以致原定会场根本容纳不下，不得不改在中央大学大礼堂举行。孙本文煞费苦心地为这次会议拟定了总题"二十年来之社会学"，恐怕不仅仅因为这个题目正契合他当时关注的研究主旨。就在这届年会开幕以前，辽沈战役的号角已经吹响。孙本文不是枯坐象牙塔中的书生，对未来的军事与政治发展走向，嗅觉敏锐的知识分子不可能没有基本的判断。他选择"总结过去"作为年会的主题，多多少少含有总结成绩、继往开来的用意。如果我们再注意到这个事实，也就是在那一届年会上，孙本文与他的同道们，决议来年 10 月在上海举行第十届年会，主题为"新社会学之展望"，那么他们的用意就再明显不过了：学者们已经隐约预感到，一个除旧布新的时代，可能很快就要到来了。尽管并不清楚"新时代"究竟是什么样的，但是显然在内心里，孙本文并不拒斥它。这种容纳，并非因为孙政治立场的左倾，而恰恰是他对政治的疏离——他更倾向于从纯粹的技术层面去理解政权的鼎革和制度的变迁,这从他对带有改良色彩的西方"社会主义"思想家和著作的介绍中,可以清楚地看到。也正是因为不拒斥,在 1949 年 4 月中央大学"护校运动"中,孙本文临危受命,担任了"校维会"的主席,5 月,学校被完整地移交给南京市军管会代表。

不过此后"新形势"的发展之快,却出乎孙本文的意料,1949 年 8 月,由南京市军管会任命的南京大学校务委员颁布的首批命令中,"社会系与政治系合并"(实际上即为撤销)的指示就昭然其中。此前,中央大学社会学系曾经两度被撤销,却又很快恢复。但是孙本文恐怕没有想到的是,新时代不仅没有给他召开新一届社会学年会"展望新社会学"的机会,甚至在有生之年里,他再也没能再度看到自己苦心经营了 20 年的社会学系的恢复。

同样在 1946 年,陈达跟随复员的学校回到北平。尽管身体很不好——抗战时清贫的生活和高强度的工作使他患上了神经衰弱,为此他辞去了清华大学社会学系主任的职务,然而就像他的同事说的那样,他"不曾一天停止工作"[①]。在 20 世纪 40 年代最后的这几年里,陈达保持着像过去的 20 年里一样的工作状态。除了学术研究,没有任何其他嗜好:他生活极其规律;不抽烟,不吃零食;大小会议和应酬概不参加;没有必要的事情照例不拜访朋友;他"为人方正"得近乎"不通人情",在为学生写的推荐信上会特意注明"该生英文不及格";他无党无派,不议论政治;甚至"没有口音"——用陈达自己的话说,他是"一部机器"。正是靠着这种惊人的意志力和学术努力,陈达在 1946 年迎来了他一生学术声誉的最高峰:受邀前往普林斯顿大学参加题为"远东文化与社会"

———————

① 全慰天:《记陈达教授》。

的研讨会。据亲历这次大会的学者费慰梅（Wilma Canon Fairbank）回忆，这个研讨会是该校为庆祝建校 200 周年而举办的为期一年的纪念活动的一部分，会议日程中涉及中国研究的很多领域，大约 60 名专家受邀与会，他们大部分和中国研究有关，其中包括美国在这一领域中的领先人物以及一些欧亚的著名学者，如里顿大学的杜维文达克（J. J. L. Dovindark）教授、瑞典的奥斯瓦尔德·喜龙仁（Osvald Siron）教授和牛津大学的休斯（Huges）教授。但是受到邀请的中国学者只有寥寥三五位——陈梦家、冯友兰、屈栋子等，陈达是其中唯一的中国社会学家。[①] 这次出访，陈达在美国盘桓了两个月，同过去几十年一样，他几乎每天都记日记，不厌其烦地记录每天都有的新观感。除了普林斯顿大学以外，陈达还走访了很多大学和研究机构，特别是社会学的重镇芝加哥大学社会学系。

芝加哥大学社会学系显然很欢迎陈达的到来——他们对他并不陌生：当时任系主任的步济时曾经是十多年前访华的派克教授的助手，而该系的另一位教授奥格本（W. F. Ogburn）则是 25 年前陈达在哥伦比亚大学求学时的老师。见到他们，陈达的心情是愉快的，在一次例行的学术茶会上，他与昔日的老师回忆起四分之一个世纪前共同参加这类茶会的情形。[②] 在 1947 年上半年，陈达可能是唯一在美国访问的重要的中国社会学家——无论对他本人，还是对他的美国招待人，这都很重要。当时的中国社会变迁的走向和美中关系的未来，正因为中国内战局势的变化而变得异常微妙，美国知识界希望从一个中国社会科学家那里了解相关信息的迫切心情也就可想而知了。而陈达也试图借此机

---

① 费慰梅：《梁思成与林徽因：一对探索中国建筑史的伴侣》，曲莹璞等译，北京：中国文联出版公司，1997 年，第 184—185 页。

② 陈达：《北美重游》，《益世报·社会研究》1946 年第 43 期。

会向当时已逐渐成为世界社会学中心的美国学界介绍中国社会与社会学的发展,当然也包括他本人的研究。当年的 5 月底,陈达接连在芝大社会学系做了三次公开讲演(当然还有数不清的非正式的茶会和私人交谈),主题分别为战后中国人口问题、战后中国劳工界主要问题和中国社会政策的基础。① 他把讲演完全限定在专业技术的层面,很少对政治和时局的问题发表更多的看法,这使他在美国知识界中成功树立了严守价值中立"科学"立场的技术专家形象,陈本人也因此赢得了很高的声望:那次美国之行以后,国际人口学会、太平洋学会和国际统计学会吸收他为会员,前两个机构还推举他为领导人,国际劳工局也在稍后聘请他为专门委员,《美国社会学杂志》(AJS)发表了他的讲演稿,并将其扩充成专书出版。

陈达的国际声望也增加了他在中国学术界的影响力,在 1948 年中央研究院院士选举中,他与陶孟和一道,作为社会学界的代表,当选为首届院士。这次选举,是现代中国学术界选举学术精英的自主公正的典范,是中国现代科学建制化历程开始步入成熟阶段的重要标志,在社会学组所有四位候选人陈达、陶孟和、潘光旦、孙本文中,他是唯一没有受到争议的。② 与孙本文一样,陈达始终以技术专家的角色自任,他不想过多地涉入政治,对各种社会问题,始终不倾向于采用"革命式"的手段,而试图使用"演化式的运动",把方法限定在社会政策层面,这是他社会角色的"底色",不会因为一时的政治表态而改变,而陈达学术地位的获取,某种事实上也正跟这种中立的立场有很大关系。

① 陈达:《北美重游》,《益世报·社会研究》1946 年第 27 期。
② 傅斯年:《致朱家骅等》,第 348 页。

第二节　社会现实的批判者：
吴景超、费孝通与潘光旦

我在上一节中强调，尽管以社会部和《社会建设》为核心的官方、半官方力量在名单上罗致了中国社会学界的绝大部分代表人物，但是这仅仅是纸面上的、名义上的。检索创刊初期的《社会建设》，我们不难发现，至少以下这几位名列"编委"或"特别撰述委员"的社会学界头面人物，没有在刊物上发表过只言片语：

陶孟和、潘光旦、吴文藻、费孝通。

而吴景超除了在《社会建设》创刊号上发表过一篇与"主旋律"唱反调的文章外，也再没有了声息。[1]

到了 1948 年，复刊时的《社会建设》杂志编委，来自清华大学、燕京大学等北方社会学重镇的代表，更是只有仅仅挂了名的赵承信和林耀华而已。[2]

这是个有趣的现象，其中既有学术理论和学术见解上的差异，更包含政治态度和取向上的区别。笔者认为，解读此后几十年中国社会学的坎坷命运，乃至当下的中国社会学学术生态，这个现象都是耐人寻味的线索之一。那么，正当孙本文、陈达等人不遗余力地鼓吹战后"社会重建"之际，这一批没有发出声音的社会学家在做什么呢？

1948 年 5 月，《新路》周刊开始在北平出版，根据创办人之一的钱昌照晚年回忆："我到北平，在清华大学住了两天，一天在吴景超家，一

---

[1]　吴景超：《经济建设与社会福利事业》，《社会建设》1944 年第 1 期。

[2]　复刊后的编委还包括吴文藻，不过吴文藻当时的身份已不属于学术界。参见阎明：《一门学科与一个时代：社会学在中国》。

天在刘大中家。朋友们聚在一起,谈到要办一个杂志,批评时政,对国民党和共产党都批评。杂志的名字,就叫《新路》。"①筹办刊物的同时,他们又商定筹设一个性质类似费边社的机构"中国社会经济研究会",专司负责出版《新路》周刊,在这个研究会的 11 名理事中,就包括上文提到的三位社会学家吴景超、陶孟和与潘光旦。《新路》周刊由吴景超负责,他在 20 世纪 40 年代末对中国社会问题的主要分析与批评,都集中在这本杂志上。《新路》每期设一个专题讨论,由一人主讲,其他人发表不同意见,参加者众多,大致以清华大学社会学系教师为主体。这个专栏同时发表赞成和反对马克思主义的文章,同时一面批评国民党,一面对共产主义抱持怀疑立场,因此遭到左右两方面的夹击。《社会建设》杂志的支持者和出资者国民政府社会部,甚至在当年年底强行勒令《新路》停刊。

1943 年 3 月,与中国社会学社第七届年会召开几乎同时,一个主要由历史学家、经济学家和社会学家参与的"战后经济问题座谈会"在昆明召开了。出席会议的社会学界代表,是三位没有出现在社会学社年会上的学者:吴景超、费孝通和李树青。

因为集合了社会科学诸领域的学人的视角,所以相较于社会学社年会的议题——1. 社会组织;2. 社会福利;3. 社会服务;4. 社会运动——"战后经济问题座谈会"主要偏重战后经济建设,视域更加广阔和宏观,主要包括战后经济形态的择取(自由经济、干涉经济还是计划经济)、战后工业政策及其他对内对外经济政策。总体来说,座谈会诸家意见是:战后中国必须迅速工业化,实现工业革命、交通革命和社会革命。为达此目的,在经济制度方面既不能采取放任主义(自由经济),

① 钱昌照:《钱昌照回忆录》,北京:中国文史出版社,1998 年,第 101—102 页。

也不能采取苏联式的计划经济，而应结合两者，采取"有计划的干涉主义"，既有周密计划，又避免全面统制。这次座谈会的主题，在五年以后的《新路》周刊那里被吴景超全面承继下来——笔者之所以不揣妄陋地认为《新路》思想理路的深刻性要在《社会建设》之上，缘由也在于此。

表面上看，所谓"有计划的干涉主义"单纯指的是工业或经济发展政策的选择问题，实际上，其背后包含着中国学界在战后美苏两极格局已隐然可见的形势下，对中国究竟应该如何择取其发展道路的判断。参加座谈会的李树青在两年后发表的著作中已经很明确地把这个主题点出来："我们无法直抄英美，也不能完全模仿德苏，只能设法寻出自己的出路。"[1]相比"社会行政""社会事业"的主题，这个"道路择取"的主题，恐怕是更急切更宏观，也是需要更彻底考量的问题。

实际上，自抗战后期开始，社会学界就战后社会改造和重建，至少在两个方面有基本的共识：

第一，战后的中国不大可能维持固有的社会结构，新的社会形态的构建有其必然性和可能性。比如相对亲官方的学者，社会教育学院的教授朱亦松在《社会建设》上撰文时，都认为战后中国必然走上工业化道路，则由此带来的必然是"社会组织之新体系"的形成。[2]

第二，美国（某些时候也包括其欧洲盟友）和苏联是值得采长补短、部分效法的榜样。中国早期职业社会学家的代表人物大部分都是在英美接受的专业训练和文化熏陶，他们对英美社会的深切认知和对其社会经济发展模式的向往自不待言。而作为世界上首个全面推行社会主义制度的国家，苏联的经济水平在短时期内得到迅速发展，社会结构彻

---

① 李树青：《蜕变中的中国社会》，上海：商务印书馆，1945年，第237页。
② 朱亦松：《社会建设之内容》。

底变革，精神文化面貌迅速改善，也使得它成为社会学界无法忽视乃至极大关注的"存在"。《社会建设》虽然标榜英美的社会服务与社会工作模式，却在创刊号上刊登了对苏联工业发展与社会建设的相似介绍，正体现了这种"存在"的意义。而许仕廉、黄文山、吴文藻、严景耀、陈达等社会学者亲历苏联的经历，更给了他们全面体认这个新社会制度的机会。1935年，陈达曾借学术年假之机，在苏联逗留七周，仔细考察和详尽记录了在苏联所观各种政治机构、经济部门、教科文卫设施，他特别对苏联用以陶冶"新世界"的"新公民"品格以应付"新生活"的诸般手段感到歆羡。[1] 严景耀更是不遗余力地宣传苏联的民主制度。[2]

但是这两方面的"共识"，与其说体现在具体策略上，毋宁说只是一种意向性的表征。对具体道路的择取、"主义"的适从，则在人数不多的社会学界内部都是言人人殊。朱亦松指陈西方社会思想的弊病，首当其冲的就是"唯物主义"，比起同一时期，"进步教授"严景耀、雷洁琼对共产主义、社会主义的鼓吹，相差何止霄壤！

因此，吴景超和《新路》同人承继的经济座谈会"有计划的干涉主义"思路，已经跳出了《社会建设》作者群所无法逾越的"党国统制"体制的局限，比较美苏两国经济制度，最终目的是为中国的现代化发展摹画道路。纵观《新路》开展的种种讨论，诸如《关于美国经济制度》（第1卷第1期）、《论耕者有其田之后》（第1卷第2期）、《苏联是否民主》（第1卷第3期）、《论我国今后的人口政策》（第1卷第5期）、《用和平方法能否实现社会主义》（第1卷第6期）、《中国工业化的资本问题》（第1卷第7期）、《现政府是否有改善的希望》（第1卷第9期）、《一夫一妻制能

---

[1]　陈达：《浪迹十年》，第118—152页。
[2]　严景耀：《严景耀论文集》，北京：开明出版社，1995年。

否长久》(第 1 卷第 11 期)、《经济民主与政治民主》(第 1 卷第 13 期)、《目前国际局面美苏应付的责任》(第 1 卷第 14 期)、《社会主义的经济是否需要计划》(第 1 卷第 16 期)、《论公务员的法律地位与政治权利》(第 1 卷第 17 期)、《美苏和平是否可能》(第 1 卷第 18 期)、《现行保甲制度是否应存在》(第 1 卷第 20 期)、《美国前途的展望》(第 2 卷第 2 期)等等,在在都是当时政学两界最感兴趣、却也最富争议、最"敏感"的议题。

吴景超的例子告诉我们,看似在当时社会学界"主流"那里没有声音的学者,其实是在其他阵地,以其他方式发出自己或许更响亮的声音,费孝通和他的同人也是这样兀自发出响亮声音的学者。

前文的注释中曾提及,孙本文在战后对中国社会学的成就的总结中,对以吴文藻—费孝通为代表的以人类学社区研究方法研究中国社会的学派,着墨并不多。个中缘由,并非三言两语可以道清。以下两点或许值得注意:第一是学术生态中主流和边缘的差异。孙本文以官方大学(中央大学)系主任的身份,又兼任过教育部高官,他是社会学界在当时的行政体系中的主要代表人物,以他为中心的社会学家群体自是当时社会学界掌握话语权的"主流"。费孝通和他的团队,则相应处在"边缘地位"。第二则是学理上的分歧。在以往的学术史书写中,以燕京大学和中央大学分别代表早期中国社会学发展的两种不同向度,并非仅仅出自后人的揣度,至少到 20 世纪 30 年代初期,当时的社会学界已经对这种分野有所体认。

实际上这是一种粗略的划分,如果仔细区分,不难发现在分别以中央大学、金陵大学、复旦大学和燕京大学、清华大学为代表的社会学"南北学派"分野之外,即使在"南北"各自内部,也存在着学术理路上的差异。费孝通在抗战中曾经对美国友人祖露过心迹:

> 我们大学界新老两代人有矛盾。……我不信任中国维多利亚时代的学者。……我喜欢竞争。作为一个青年,我懂得竞争的含义。玩一场游戏总要有对手。我的对手是陈达,他是强大的竞争者,因为他对工作严肃认真,我利用他的弱点发挥我的长处。①

这段坦白的表达,对我们理解前文所说的"学理"差异很有助益。它告诉我们,从横向上看,这种差异表现在不同学术流派间在理论和方法上的差异。从纵向上看,也包括学科发展的"代际差异"。为费孝通所不信任和视为"对手"的"中国维多利亚时代的学者",其实何止陈达一人?仔细阅读燕京大学倡导"社区研究"的那批年轻的学者(也就是"魁阁团队"的前身)的著作,我们会发现,至少许仕廉、李景汉乃至陶孟和等人,或许多少都是被他"不信任"的前辈学者。

和吴景超一样,自战争后期开始,尽管在《社会建设》这样的半官方刊物上不见费孝通的踪影,但他对战后中国发展道路择取的思考,不仅没有一刻停止,而且较之前者,视域更宽阔,思考更深刻。相比其他社会学学者,当时费孝通有一个得天独厚的优势:自1943年到1947年间,他得以分别在英美两国长期居停,时间长达15个月,这样的经历不仅给了他优裕的时间和物质保证,总结整理"魁阁团队"的研究成果,也给了他一个不可多得的良机,得以切身感受和比较处在社会急剧变迁前夜的中西社会,从而对中国社会未来走向得出自己的判断。费孝通晚年曾经自拟了一份《学历简述》,对以往的学术历程有过大致回顾。从中可以看到,在20世纪40年代后期这一段时间,不仅他的学术成果

---

① 阿古什:《费孝通传》,董天民译,第106页。

极丰富，而且其思考的深度不亚于 1979 年社会学恢复重建以后的水平，代表了其 20 世纪前期学术研究的高峰。①

大体来说，费孝通在这短短的数年中，在学术思想和政治趋向上，经历了一个"以美国为师，从美国看中国的未来"到"回归中国本位"的变化过程。1943 年前往美国访问前，费孝通曾经到中央训练团接受训练，结业时受到蒋介石接见，蒋问他读什么中国书，费回答："不读中国古书。"后来费孝通《初访美国》结集出版，第一篇就是《人生的另一道路》。访美之前，他确实是带着"向美国寻求战后中国社会重建的良方"这一目的。不过，这种愿望和目标，很快随着现实政治以及他本人学术思考方向的变化而急剧变化，以至到了抗战刚刚结束时，费孝通已经公开对美国的各项政策进行批评，毫不讳言"美国你不应这样"。等到费孝通在潘光旦的劝告下加入民盟，成为活跃的社会活动家以后，这种倾向更加明显。②

以往的研究，很多从政治的角度去分析这种转变，比如谢泳所说的"费孝通本人的思想，虽然在 40 年代末给人留下了向左转的倾向，但当时费孝通的左转并非走向政治的操作，而依然是自由主义知识分子天性的流露，他的左转只是偶尔顺应了某一在野的政治势力"③，固是知人之语，但我们从社会学学术理路考量，也可以见得这种转变的内在关联。

---

① 参见费孝通：《费孝通文集》第 11 卷，第 308—315 页。
② 在 20 世纪 40 年代的最后几年，费孝通在一般读者中的影响力是远远超过潘光旦的。一个有意思的细节是，潘光旦的时论集《政学罪言》由观察社出版后，数月之内在北平、上海各卖出 40 余册，潘已经觉得"成绩不坏"了。可据费孝通的传记作者阿古什说，费孝通的《乡土中国》由同一出版社出版，初版 3000 册一月之内售罄，此后半年，加印本每月售量在 2000 册左右。悬殊之大，耐人寻味。
③ 谢泳：《西南联大与中国现代知识分子》，福州：福建教育出版社，2009 年，第 60 页。

虽然接受的是西方现代社会科学训练,但自一开始进行学术研究时,费孝通抱持的终极目的,就是"认识中国""认真为中国文化求出路"。正如同一论者所言:

> 天性上,费孝通似不乏大诗人常有的浪漫气质;愿望上,他渴望立言立功立德;事实上,他从学术的角度入世很深;方法上,倾向于实证主义。依照常理,他对"人生另一道路"不至于在情感上有太大的距离,也足以理解杨庆堃写信给他的心情。但是,差别在于,杨的"希望"中带有在"另一道路"上转换个人生活方式的意思,而费的人生定位必然使他守望在更有利于认识中国社会和文化的地方。

20世纪40年代末,费孝通对中国未来工业化的基本思路,是在大工业无法全面展开的情况下,走乡村工业化的道路,借由"以农促工,以工养农"的方式,最终实现民族振兴。此前述及他在"战后经济问题座谈会"上的发言,尽管格于具体情势,不可能公开与吴景超等人有原则性分歧,但是字里行间,还是有自己的主张。这种"乡村工业化"的主张,与他服膺和实践的西方社会学方法(社区研究)有密切关系,也与他始终把社会学研究的目标放在认识本土、改造本土的思想本位有关。

从这个角度再看本书开头提到的费老晚年关于"扩展社会学边界"的思考,个中的理路是一脉相承的。费老从"不读中国古书",到提倡加紧"补课",其中都有一条主线,就是试图把西来的学术本土化的关怀。从这个意义上讲,我们对他们那一代人关于社会学本土化先进的深入理解和反思,或许才刚刚开始。

第三节 实用性与批判性之间的困境

或许是受了以往历史学训练的影响，笔者在对社会学进程做史的分析时，偏好通过某些一般不为社会学学者所关注的材料，尽可能地还原活生生的"历史现场"，也就是费孝通所谓的"具体的、生动的、活着的历史"，进而通过这种"现场感"的体验，发掘以往或许为社会学学者忽视的主观"人"的因素对结构、历史等客观因素的作用。比如，分析潘光旦时，收入其文集中的1947年、1949—1950年两份日记就引起了笔者的特别注意。稍加留心，我们就不难发现当时潘光旦、吴景超、费孝通三人极亲密的私人感情和极频繁的私人交往——1947年，费孝通和吴景超先后来到清华任教，潘光旦在日记中毫不掩饰对他们的到来的期盼。费孝通抵达前，潘光旦多方打听他的归期，得到确切消息后，又事无巨细详尽周到地安排接机、交通、食宿、住房等细节问题。费孝通携眷一到北平，就被潘光旦接到家中暂住。吴景超自南京北上以前，潘光旦更是再三去函敦促北上。此后的日记里，几乎每天都会出现"孝通""景超"的名字，一段时间内，三人甚至到了无日不聚宴、无日不聚谈的程度。

人以群分，把三人紧密联系在一起的，除了同业、同事之缘外，更重要的是三人相类的气质秉性，以及受其影响甚深的学术研究理路。在早期职业社会学家群体中，潘、吴、费三人，虽然学术传承上已是两代人，但是同样具有大开大合的学术气质、广大开阔的学术视野、灵敏锐利的学术嗅觉和优美动人的文笔。实事求是地说，他们的视域是超过了当时大部分职业社会学家的专业范围的。前文已经提及，就学术理路而言，以费孝通为代表的燕京学派，倡导文化分析的社区研究，以"社会学调查"取代"社会调查",正是建立在对以陈达、李景汉等为中坚的"中国社会调查运动"的反思基础上的。而就学术风格而言,同是一流社会学家,这三人也与陈达、李景汉等学者那种一丝不苟、按部就班、严肃谨慎的专业作风有很大差异。按照伯林的那种比喻,我们是不是可以大致分别把他们视为"狐狸型"学者和"刺猬型"学者?

由"人"反观"事",正因为这种种独特的学术气质,吴景超和潘光旦、费孝通才能分别以《新路》和《观察》为主要阵地,围绕"战后中国该向哪里去"的主题,以社会学视角为本位又不囿于学科界限而展开论述。他们择取的主题往往都切中时代的肯綮,却又绝非哗众取宠,因为在敏锐的嗅觉之外,他们还拥有深厚的学术素养和长期艰苦的功夫,比如吴景超为了更客观地理解苏联社会经济制度的利弊并与美国进行全面比较,自学俄文,在极度动荡的时局中,直到中华人民共和国成立后的 1950 年,还在继续这个问题的深入研究。①

正因为某种程度上可谓过人的视域,他们能够对瞬息万变的时局有相对清醒的认识。在从《观察》阶段到《新路》时期,实际上他们都已经很明白,政权的鼎革不过是迟早的事。对于鼎革之后该走的路,他们始终秉承前述 1943 年"战后经济座谈会"上提出的"有计划的干涉主义"思路。亲身参与了座谈会的吴景超、费孝通自不待言,潘光旦在 1946 年有一次关于"战后社会建设"的讲演,开宗明义地指出:

> 关于建设的原则,建设的最后目标,有人赞成仿效美国,着重

---

① 参见吴景超:《私有财产与公有财产——美苏经济制度述评之一》,《新路》1948 年第 5 期;《论经济自由——美苏经济制度述评之二》,《新路》1948 年第 24 期;《美苏的对外经济关系》,《新路》1948 年第 6 期;《计划经济与价格机构》,《社会科学》1948 年第 1 期;《从四种观点论美苏两国的经济平等》,《观察》1948 年第 13 期;《苏联工业建设研究》,《社会科学》1950 年第 1 期;《苏联农业建设研究》,《社会科学》1950 年第 2 期。

个人，着重自由竞争。我们虽爱好美国社会的优点，但也不愿重走旧路，兼拾他们的缺憾。此外另有人称许苏联，特别着重整个的社会，但他们的表现，也并不是没有毛病。总之，抄文章不是办法，有时抄得好，有时抄得坏，并且有时根本无从抄起。我们应当个人及社会兼顾，对个人，求他健全发展，对社会，要使它能给每个人以适宜的地位及充分发展的机会。[1]

虽然同是"狐狸型"学者，潘光旦仍与吴景超、费孝通那样汪洋恣肆的论题择取风格有所不同，他一直比较严格地把论域限定在以人文角度考察社会的范围内，而所引发的思考却深广得多，这种由博返约的风格，正是潘光旦"通人"式学养和识见的体现。比如这篇讲演，虽然也用"社会建设"的概念，但是所论却不落仅仅从技术层面谈社会福利和社会行政的窠臼，在在涉及根本问题。潘氏把他的设想称为"协调的社会建设"，虽然着重点不同，但是精神内涵却与吴景超、费孝通所谓的"有计划的干涉主义"如出一辙。

到了《新路》与《观察》的时期，这种主张，就具体落实和细化在了《中国社会经济研究会的初步主张》中。这 32 条主张囊括了政治、外交、经济、社会四个方面，直可视为国共两大政治力量之外的"第三种力量"所制定的"建国纲略"，这个初步的纲领也代表了吴景超、潘光旦、费孝通等人"建设新社会"的基本主张和蓝图构想。

然而，历史的复杂与吊诡也正在于此。一方面，社会学家的职业敏感告诉他们，革故鼎新之际，也就是社会急剧变迁之时，正为社会学家开展学术研究提供了不可多得的样本和对象。吴景超曾经对一位从国

---

① 潘光旦：《潘光旦文集》第 6 卷，第 57 页。

外归来的清华校友说："这是一个大时代,我们学社会学的人决不能轻易放过。"①他表述的就是这样一个意思。从学科发展的角度考量,这也是一批社会学者明确要走"建设社会"的"新路",以及明确提出"建设社会"主张的原因。然而同时,社会学家的内心并非没有迷茫惶惑。在《新路》创刊号上,吴景超只发表了一篇对费孝通《生育制度》的书评,文末有这样一句意味深长的话:

> 家庭在变,婚姻也在变,将来会变成什么样子,谁都不能预言。但作为一种制度看,他正如私有财产制度一样,好些人以为他是永存的,那知在转眼之间,他已经变了花样了。②

吴景超这时的心境,或许并不如纸面上那样明朗,甚至有些"惶惑"。费孝通也说他那时虽然自觉是共产党"忠实反对派"的一员,却"对共产主义是什么,实际上并没有清楚的概念",与吴何其相似。当时对时局稍有关注的学者,几乎都写过"……向何处去?"之类的作文,尽管言人人殊,但是内心的微妙或许更值得琢磨。

抛开其他为学术界所经常注意的因素不说,单就社会学学科而言,对于吴景超、潘光旦、费孝通这样的一流职业社会学家而言,他们内心的迷惑,也许不仅仅来自时局的动荡和未来的走势的暧昧,也来自对在彻底的社会变革面前,社会学自身解释力的贫乏的焦虑和反思。自孔德以来的社会学,发展到二战结束,虽然为时已有百年,但在横向上尚没有突破"民族国家"的格局,纵向上也没有突破王朝、帝国、政权等"短

---

① 转引自谢泳:《清华三才子》,第 122 页。
② 吴景超:《婚姻向何处去?》,《新路》1948 年第 1 期。

时段"视角的局限，在基本主张和视角上，也基本是在"维护既有社会秩序的整合"这样的圈子里打转，年鉴学派强调"长时段"的思考理路此时刚见端倪，"全球社会学"与反思式的历史社会学更是闻所未闻。对于中国社会学这种"输入式"的学科而言更是如此。面对历史上不曾有过的激烈的社会变革，社会学表现出的惊愕和无奈是必然的，当时的诸般"社会学理论"，根本无法应付和解释大变动时代的社会现实。

从这个意义上说，《新路》《观察》等刊物的主张最终夭折，既是一个政治事件，放到社会学学术史上来回顾，未尝不给后学以启迪，特别是在将社会学自 20 世纪 50 年代开始遭遇的坎坷命运连为一体而观时。

学者刘援朝曾经如此反思 1979 年处于恢复发展中的中国当代社会学的品质：

> 社会学生逢改革大潮，一出世便将它推向剧烈变动的中国社会。由于整个学界在理论素养上的缺陷，又来不及进行认真的理论准备和探讨，社会学逐渐变成实用色彩浓厚的一门学科；表现在学科运作层面上，便充满了功利目的，进而大大危及了学科声誉。[1]

20 世纪 40 年代中后期的中国社会学界，面临的境遇与此有几分相似。尽管 40 年代的社会学人面临的社会"动荡"和"变动"的性质与改革开放后的中国社会并不一样，但是对于学科发展，同样有一个"形势比人强"的问题。无论当时的学者内心是否积极主动，毋庸置疑的是，他们

---

[1] 刘援朝：《传统社会学的分化、发展和困境——关于学科建设的诸问题》，《开放时代》1998 年第 6 期。

的社会学学术研究和实际应用,确实是在被"时势""推着"向前走。作为后来的研究者,指责前贤的研究固然有狂妄之虞,但是"实用色彩浓厚"的学科特征自那时起就表露无遗,却是不可否认的事实。对于40年代正处于成长期的中国社会学学科而言,"时势"强化了中国社会学对"经世致用""报效国家"的本土传统的吸纳和固守,却大大限制了学科视域,使中国社会学学人背离了西来的原本就不甚强烈的"社会批判"的学科使命意识和"独立自主"的学人精神操守。这种研究取向,虽不至于"大大危及了学科声誉",但是处于成长期形成的这种特征,对此后的学科发展,隐性的负面影响或许更大。

实际上,时人对此并非没有体认。《社会建设》的"发刊词",在强调战后社会行政与社会事业建设之余,并不忘"如何根据固有的学术基础,建设中国社会学的理论体系"的深层次学科发展问题,并认为抗战后的"重建"对于本土化理论体系构建也未始不是一个"契机"。而作为主编的孙本文,在该刊创刊号上发表的文章《社会学与社会行政》,总的旨意,也在不遗余力地改变"社会人士"对学科的那种"误认社会学为造就社会行政人才的准备,甚至误认社会学者即为社会行政专家"的庸俗化理解,再三强调理论研究与实用工作是一体两翼,不可偏废。这与该刊大部分实用色彩明显、就事论事的主张大相径庭。格于具体情势,这种"固守"也只能是壁立千仞中的逆行小舟,无法激荡起更大的波浪。

第五章 从"三大运动"到院系调整

教育行动在客观上是一种符号暴力,是因为一个社会构成内各集团或阶级之间的权力关系是专断权力的基础,而这一权力是建立一种教育交流关系的条件,即以一种强加和灌输(教育)的专断方式进行的强加和灌输文化专断的条件。[1]

——皮埃尔·布迪厄、帕斯隆

1951 年 10 月,全国政协召开第一届第三次会议。会议期间出版的一期《人民日报》上刊登了这样一张照片:某个会间休息时,毛泽东走下主席台,看望时任政务院文化教育委员,身有残疾的潘光旦,并与之交谈。毛泽东和潘光旦此时彼此应该已不陌生。他们的第一次见面,是在整整两年以前。1949 年 10 月 20 日,政务院公布了新成立的文化教育委员会名单,包括正副主任在内,这个委员会共有 47 名成员。作为中国民主同盟的代表,潘光旦的名字也被列入其中,同在这个名单上的社会学家,还有陶孟和、费孝通和雷洁琼。[2] 这个突如其来的任命完全出乎潘光旦的意料,与他的那些为之欣喜不已的清华学生相比,潘光旦并不怎么兴奋。事实上,直到此时,他对中国共产党建立的新政权一直还是持将信将疑的观望态度的:就在半个月以前,潘光旦陪同中共要人陈毅去清华大学参观,并主持了陈在大礼堂的讲演。潘光旦明显感

---

[1] 皮埃尔·布迪厄、帕斯隆:《再生产:一种教育系统理论的要点》,邢克超译,北京:商务印书馆,2004 年,第 14 页。

[2] 参见《文化教育委员会主任副主任及委员名单》,《人民日报》1949 年 10 月 20 日。

觉到,同样的讲演内容,但是由陈毅这样的位高权重者嘴里说出来,听众的反响要热烈得多。尽管他也懂得这个"政务院文化教育委员"职务的象征意义大于实际职权,但毕竟也给他带来了一些"政治荣誉"——半个月以后,潘光旦以新的政治身份参加了苏联大使馆举办的纪念十月革命酒会,在那里,他第一次见到了毛泽东。在当天的日记里,他记下了对这位伟大人物的第一印象:"丰神与照片上所见相同,衣履则整肃有加。"①

熟悉政治宣传系统运作的研究者们都清楚,公开刊发的任何一则信息,背后都是有政治考量的,至少是传达着某种带有政治意味的讯号。那张公开刊发的毛泽东与潘光旦的照片,就至少说明潘光旦这个时候还是"跟得上形势,与中共之间的关系发展到了比较融洽的程度"②的。

但是,也正是在这次会议的开幕式上,毛泽东公开宣布了那个很快导致潘光旦堕入政治深渊的进行思想改造运动的决定。他宣告说:"思想改造,首先是各种知识分子的思想改造,是我国在各方面彻底实现民主改革和逐步实行工业化的重要条件之一。"③就在几天前,政务院总理周恩来已经专程到北京大学向京津地区高校 1700 多名教师做了题为《关于知识分子的改造问题》的长篇报告。在长达五个小时的报告中,周恩来用亲身经历说明了从阶级出身、阶级成分和旧社会的社会政治环境看思想改造的重要性和必要性,说明自己过去也曾有过各种错误的思想和行为,并且对思想改造的立场和态度问题,都做了说明和要

---

① 潘光旦:《潘光旦文集》第 11 卷,第 312 页。
② 杨奎松:《思想改造运动中的潘光旦》,《史林》2007 年第 6 期。
③ 转引自杨奎松:《思想改造运动中的潘光旦》。

求。[①] 包括潘光旦在内，几乎所有在北京的社会学家们都参加了这个报告会。尽管他们对"思想改造"这种新型的社会运动并不陌生，但是周恩来的讲话还是给他们很深刻的印象。或者说，周恩来的讲话把正在进行中的思想改造运动推向了高潮。

实际上，思想改造只是这个时期导致大陆政治生态和社会结构急剧变迁的社会运动形式之一。在当时，随着新政权的逐渐稳固，各项"改革"便以社会运动的方式更加迅速地展开。通过发动土地改革运动、镇压反革命运动、抗美援朝运动"三大运动"和"三反"运动等等，新政权不仅在社会结构上对整个中国社会做了初步改造，也在思想上奠定了革命意识形态的正统地位。这场全面而深刻的社会变革，对社会学命运的影响是决定性的。如果说，1949年以前中国社会学的发展还在一定程度上受学科内在因素所左右的话，那么自1949年开始，其生存的处境便同外在的社会政治因素更加紧密地连在了一起。国际政治形势、国内社会经济状况、文化教育方针与政策等三个方面共同作用的结果，使社会学学科的内容遭到完全否定；社会学者或主动或被动地反思、改变自己的世界观；社会学的研究、教育机构逐步被削弱，以至最终被取消。

第一节　社会学家们"走进新时代"

（一）　进步的教授们：春江水暖鸭先知

解放军的胜利来得非常之快。1948年11月中旬的一天，未名湖畔的社会学家雷洁琼突然发现："英勇的人民解放军像天兵一样降临北

---

① 周恩来：《周恩来选集》，北京：人民出版社，1984年，第59—71页。

平西北部,出现在公路两旁的据点里。"①几天以后,雷洁琼和她同为社会学家的丈夫,时任燕京大学教务长的严景耀教授一起,接待了北平军管会文化接管委员会的先遣人员光未然、张宗麟等人。接连几天,严景耀夫妇和其他燕京大学的进步教授们一起,为光未然布置了在大礼堂宣传中国共产党接收与改造大学政策的讲演,又专门组织了"进步和中间教授"座谈会,由光未然向教授们详细介绍了种种政策,解答他们的问题。严景耀夫妇还专门为光未然一行举办了家宴。②

与严景耀一样对"解放军"和"共产党"不感到陌生的,还有此时住在距离未名湖一箭之遥的清华园里的费孝通。这一年稍晚些时候,费孝通发现清华大学西校门口张贴着一张新的布告③:

中国人民解放军第十三兵团政治部布告

为布告事:查清华大学为中国北方高级学府之一,凡我军政机关一切人员,均应本我党我军既定爱护与重视文化教育之方针,严加保护,不准滋扰;尚望学校当局及全体学生,照常进行教育,安心求学,维持学校秩序。特此布告,俾众周知!

此布

政治部主任 刘道生
中华民国三十七年十二月十八日

此后,清华大学和燕京大学的师生一起,邀请刘道生为师生做形势报

---

① 雷洁琼:《雷洁琼文集》,北京:开明出版社,1994年,第479页。
② 光未然:《北京解放前夕西郊工作日记》,《北京观察》1999年第4期。
③ 转引自清华大学校史研究室编:《清华大学史料选编》第4卷,北京:清华大学出版社,1994年,第4页。

告。三位社会学家都参加了报告会。据说,尽管国民党的飞机在燕京大学的操场上投下了几枚炸弹,但是报告会的礼堂里还是挤得水泄不通。

半个月以后,1949年1月15日,农历腊月十七,费孝通、雷洁琼、严景耀三位社会学家迎着凛冽的寒风,由八名解放军护送离开北平。他们的目标是河北平山县的西柏坡村——在当时,这是中共中央和毛泽东的驻地,周恩来多年后曾说,毛泽东在这个世界上最小的司令部里,指挥了最大的人民解放战争。而此时,距离这场最大战争的最终结束,只有不到半个月的时间了。

在西柏坡,社会学家们见到了包括毛泽东在内的中共所有最重要的领导人,并与他们做了彻夜长谈。多年以后,费孝通的传记作者写道:"共产党在其军队进入城市的最初几年,无疑是在争取像费孝通这样的著名学者的支持,以便消除革命家和城市知识分子之间的隔阂,并取得有教养的城市居民对共产党的必要支持。"[1]又过了差不多20年,费孝通也回忆起这场会见,并坦承那是自己日后政治活动的起点:

> 我那时是知识分子的头头,经常发表政论。符合知识分子的心理,符合知识分子要求的水平,又要西方,又要中国,我两面都有了,所以那时是知识分子的代表。我当时是中国最好的 columnist……张东荪把我引到西柏坡。……储安平想去没有去成,他还怪我怎么不叫上他。他也不知道内幕。但我们知道背后一定有一套东西在运作。[2]

---

① 阿古什:《费孝通传》,董天民译,第164页。
② 朱学勤:《费孝通先生访谈录》。

教授们在河北农村李家庄度过了一个难忘的农历新年——他们学习毛泽东的新年献词《将革命进行到底》，讨论了战犯名单，还第一次和华北的农民们扭起了秧歌。半个月以后，平津战役结束，北平和平解放。就在第二天，在周恩来的安排下，一部分民主人士作为他们各自党派和团体的代表，随中共军队一起"进城接收"。严景耀夫妇和费孝通也在这个队列中。当夜，严景耀夫妇作为东道主，在燕京大学款待了进城的"客人"们。就在这一天，他们三位还与其他 53 人一道，联名致电毛泽东、朱德，庆祝解放战争伟大胜利。此后，他们三位就经常出现在欢迎中共要人和民主人士进城的迎接仪式上。严景耀还动员了他昔日的同窗和现在的同事赵承信参加政治活动。[①] 到了这一年 9 月新政协会议召开时，严景耀夫妇、赵承信和费孝通分别作为中国民主促进会和中国民主同盟的代表参加了大会。自此以后，这些社会学家们就开始以"进步分子"和"民主人士"的角色，广泛参与到各项政治活动中去了。

　　如同默顿在评论兹纳涅茨基时所指出的那样，社会角色首先是在心理结构上产生影响，因为这既是最表层的，又是最深层的。20 世纪 50 年代早期，进步教授们的愉快心态，从费孝通专门给海外友人的一封信跃然纸上：

　　　　如果我复述这半年的历史，它将是一部很长的故事。我认为我留在北平的决定是正确的。我从解放的过程中学到很多根本性的、很宝贵的经验。它至少给我一个机会，使我反省很多根本性的问题和批判我以前的工作。我又当了学生，在思想改造过程中接

---

① 陈永龄:《赵承信传略》，第 731—732 页。

受"再教育"。……我也相信如果西方让我们自己建设我们的国家，中国会在我有生之年赶上现代化的西方。解放这个字不是空洞口号，它有具体含义。

我去访问过老解放区，回来以后对中国的前途充满信心。请相信我，在我亲眼看到具体事实以前，我不会相信任何人的话……一旦人力资源被解放出来，即每个人都对前途有了希望，就会发挥出巨大的创造力。……我在新中国未看到任何排外情绪……新政权在建设中诚心诚意学习先进技术。即使是在最困难的时候，我们的薪金也提高了，这表明科学和知识受到重视。我们大学里没有人在政治上受到歧视。课照样上下去，而且学生在课堂上比以前更守纪律。我的教学方法受到鼓励，即在我讲课过程中带领学生做实地观察。我还被聘请到北平市城市规划委员会，以便发展城市研究工作。①

不过费孝通对政局和自己的前途也并非没有担忧，他让杨庆堃捎信给美国的友人，请后者把自己的手稿翻译并在美国出版，他还为此想了托词："就说是一个美国教授偶然得到的，作者本人事先并不知道。"

（二） 另一群教授：保守己见还是努力学习？

在北平的另一群社会学教授，也多少和费孝通一样有所担忧。所不同的是，他们与共产党接触得很少，其实也并不想有过多的接触，他们还是更愿意待在书斋里，研究他们钟情的社会学。费孝通的同事潘光旦就是这样。北平解放之初，潘光旦是清华大学社会学系的主任，还

---

① 转引自阿古什：《费孝通传》，董天民译，第165—166页。

兼任着图书馆的馆长。1949 年,新成立的校务委员会推举带有自治组织性质的教职工联合会,潘光旦作为系主任,和费孝通、吴景超被推举为社会学系的代表。不过年过半百的教授,显然不像他年轻的朋友费孝通那样热衷于参与政治,他的志向还是在学术研究的本行,他对朋友说自己的"志于教读并将老于教读矣,他则力有未逮"①。对于接踵而来的各种政治活动,潘显然很不耐烦,他在日记里抱怨说:

> 同人有以余应更较积极相劝勉者,余自问固未尝消极,于才力上能做之事或岗位上应做之事尤尔,至实际之政治工作则余自省不甚相宜,人亦知我而不相强,恐亦不能以消极目之。至若干城中团体活动所以未曾参加,则事实为其主事者不来约我,或有人欲约我而更有人靳我,非我不肯参加,此类事实涉及私人成见,我自知之,识者冷眼观察,亦可知之,固不烦为同人明言也。②

对在学生中已经初见苗头的那种"红黑线条,缤纷满目"的文牍主义倾向,对民主党派内部的互相攻讦,对形式主义的各种文山会海等等,潘光旦常在日记中略表微词。1949 年 10 月 1 日,潘光旦拖着残躯参加了开国大典,从早上六点半起床,到将近午夜才回到清华园,尽管辛苦,却很愉快。三天以后,潘光旦以图书馆馆长的身份,接待了来清华大学参观的陈毅。陈毅的视野和谈锋令潘光旦钦佩,但是听众中那种"见客下菜"的庸俗行径,又让他厌恶。

---

① 潘光旦:《潘光旦文集》第 11 卷,第 303 页。
② 潘光旦:《潘光旦文集》第 11 卷,第 295 页。

潘光旦承认他与共产党思想的差距[1]，但是并不表明他对接受新思想不积极甚至消极抵抗。主观上，潘光旦愿意接受共产党的领导，是因为从心底深处，他期望共产党能够领导中国实现国家的独立富强，在政治方面期望能够实现政治民主和思想自由，1949 年 9 月 8 日的日记中表露了他的期待：

> 观察社寄来版税八千余元，知《政学罪言》与《优生原理》各售出四十余册，尚不恶，惟前者于今日通行之政治理论，后者于行将流行之生物哲学，均有评论，余将以二书之流行程度觇前途学术思想自由之境界。[2]

很快，他就看到了主流意识形态教育的广泛、深入程度：

> 适社（指观察社）中有版税通知单寄来，九、十两月版税不足五千元，亦足见近月学习风气之一斑矣。[3]

潘光旦广博的人文视野，使他并不太会带有本位主义偏见地排斥新事物与新思想。他请朋友为自己买了本英文版的《联共党史》，当天就从头到尾通读一遍。他佩服全书"条理简洁、词旨明达"，却又对作者把马克思捧为"天才"觉得反感。在兴奋和疑虑中迎来新政权的潘光旦，和李景汉、陈达这些老社会学家一样，他们在政治上可能是"保守的""不

---

① 潘光旦：《潘光旦文集》第 10 卷，第 467—468 页。
② 潘光旦：《潘光旦文集》第 11 卷，第 302 页。
③ 潘光旦：《潘光旦文集》第 11 卷，第 314 页。

积极的",但是内心里,还是认可这种新政治制度的。

1949年12月31日,新历年的除夕。这一天晚上,清华大学社会学系的师生们举行聚餐。热闹过后,潘光旦又拉着费孝通到吴景超家里下围棋,直至深夜才回。送走了客人,吴景超回想过去一年里国家和校园发生的翻天覆地的变化,思绪万千,他铺开纸笔,写下了一篇《除夕总结》。在这篇短文里,吴景超写道:

> 我们在一九四九年,在这个大革命的时期中,学到了许多东西,是以前无法学到的。

> 我认识了共产党。这是从学习马列主义的文献,从阅读毛主席及刘副主席的论文及报告,从一年来的实际经验,从与共产党的朋友交谈中得到的结果。……今年对于共产党的新认识,使我扬弃了过去许多错误的观念,使我对于中国的前途,充满了希望与信心,这是理智上与感情上最大的收获。

> 其次,我认识了国家的本质。……今年在北京围城时期,重读《国家与革命》,才开始了解这本书的意义,才开始热爱这一本书。对于改造我的思想最有力量的,我得承认是这一本书了。从这一本书,我明白什么是阶级,什么是国家,并且学会了以新的观点,来把世界上的国家分类。

> 再其次,我也开始认识辩证法。我们学社会学的人,过去也曾讲求严格的科学方法,讲求调查统计,讲求全面地看问题。但是我们所学到的科学方法中,还缺少了一点很重要的因素,那就是从发展的观点,从矛盾斗争的观点,从新兴阶级的观点来看问题。因为缺少了这一个重要因素,所以我们过去的研究便容易陷于列宁所

传承与断裂：剧变中的中国社会学与社会学家

164

说的爱用讨论来代替做事，用空话来代替工作的恶习。……这种
毛病，希望以后可以用辩证法来克服它。①

吴景超的态度是真诚的，他非常下功夫地学习马列著作，深入研究苏联
经济建设的成就，此后他对于社会学科学教学、苏联经济建设经验、中
国经济建设的道路的反思，则更加深刻。

（三）角色与心态：解读走进新时代的学者们

一个人掌握的理论与已有的阅历、经验构成他的"历史"，这个历史
是他面对新环境时决策、行动的所谓"支援意识"（subsidiary
awareness）②，也决定了他的眼界和视野；一个人的行动不能超越"历
史"给他的可能范围。新政权建立初期的知识分子阅历、经验及由此而
来的心态，为此后各种针对他们的各种大小规模的社会运动，提供了心
理上的切入点。

西方学术界在对 20 世纪 50 年代这个社会急剧变革时期中国知识
分子的研究中，做过一些类型学的分析，比方说，Theodore Chen 将当时
的知识分子分为四类：第一类是中华人民共和国成立前就信仰共产主
义思想的知识分子，对这些人来说，适应新的形势，或至少适应共和国

---

① 吴景超：《除夕总结》，《人民日报》1950 年 1 月 6 日。
② "支援意识"是迈克尔·波兰尼（Micheal Polanyi）知识论中的一个概念，指的是一个人
从他的文化与教育背景中经由潜移默化而得到的未可明言的知识（tacit knowledge），
这种知识是产生正确问题的源泉。"换句话说，当你提出问题的时候，已经意会到了
找寻答案的方向与答案的眉目，但却无法明说出来。……你在追求一个答案的时候，
你觉得要在这条路上走，而不在那条路上走，是可能得到答案的。""波兰尼区分人的
意识为明显自知的'集中意识'（focal awareness）和无法表面明说、在与具体事例时常
接触以后经由潜移默化而得到的'支援意识'。人的创造活动是由这两种意识相互激
荡的过程；但在这种过程中，'支援意识'所发生的作用更为重要。波兰尼说：'在支援
意识中可以意会而不能言传的知的能力是头脑的基本力量。'"参见林毓生：《中国传
统的创造性转化》，北京：生活·读书·新知三联书店，1988 年，第 29—30 页。

成立初期的形势,不是很难。第二类是有政治抱负的知识分子,是积极
参加政治活动或运动、领头喊口号的人。第三类是朴素的爱国主义者,
他们厌恶国民党腐败政权下的生活,希望落后的祖国获得新生,是将自
己的命运交给共产党政权的知识分子。大多数知识分子属于此类。第
四类是除了协助新政权之外别无选择,因而对自己不可能改变的现状
不得不接受的一类知识分子。① 从心理学的观点进行分析的里夫顿
(Robert Jay Lifton)则将当时的知识分子分为狂热的皈依者(zealous
converts)、抗拒者(resisters)以及介于两者之间的顺应者(adapters)三
类。② 中国学者对这种分类也有过尝试,认为 20 世纪 50 年代初期知识
分子对于新政权的心理状况可归纳为四类:第一类是深感自己跟不上
时代,因此努力学习,主动改造自己的;第二类是感觉到自己旧的一套
已经不能应付形势,不得已用马列理论来做外衣,而里面的内容还是旧
的;第三类是单纯技术与业务观点,不过问政治的;第四类是有抗拒的
心情的。③

　　与我们在此前介绍的兹纳涅茨基基于"功能"进行的角色划分不
同,上述划分的标准,是知识分子在当时政治格局中所处的相对地位,
以及基于这种地位形成的"心态",这种分类方法的关注点,是他们在社
会变迁与政治运动过程中的内在的心理因素。具体地说,涉及两类
问题:

　　第一类问题关系到"情感",从早期的微观社会学研究到 20 世纪

---

① Theodore Chen, *Thought Reform of the Chinese Intellectuals*, Hong Kong: Oxford University Press, 1960.
② Robert Jay Lifton, *Thought Reform and the Psychology of Totalism*, London: Victor Gollancz LTD, 1961, pp. 400 – 401.
③ 阎明:《一门学科与一个时代:社会学在中国》。

90 年代以来的有关政治运动的理论，都把"情感"作为在政治或社会运动中发挥重要功能的因素加以考量，也得出了一些很有意思的命题和推论。[①] 具体到本书叙述的语境中，也就是说，后来的学者们试图追问，在急剧的社会变迁过程中，知识分子是否发生了情感上的变化？为什么会发生这种变化？这种变化与思想改造运动的发生是否存在相关关系？之所以有这样的追问，与此后的研究者对知识分子在思想改造运动中的"角色"与"功能"的反思有关。实际上，从 1949 年开始，"思想改造"这样的词汇已经开始传播了，但它成为一种运动还是一年多以后的事。由"思想改造"成为后来的"思想改造运动"，固然是一个时代政治文化精神体现的必然结果，但在这一转变过程中，知识分子自己也应当承担一定的历史责任，思想改造始终有主动与被动、自觉与不自觉的二重性。就是说光有外部压力，没有被改造者的主动迎合，思想改造是不会生效的。当时利用的是人追求生命意义和真理、升华道德水准的崇高愿望。此外，还利用了人的从众性来强化舆论的环境，使得个人难以发展和坚持一套和占压倒优势的意识形态不同的想法。当然，所有这些思想和社会环境的无形压力，离开了权力作为后盾，其效果都是有限的。或许可以说，后来发生的"思想改造运动"，是由时代本身压力和知识分子的主动性相结合，才成为一场给知识分子带来巨大后果的政治运动的。

第二类问题关系到"认同"，也就是说，学者们通过对"情感"的观察、描述和测量，试图推论在经历了繁复的政治运动和急剧的社会变迁以后，特别是接受了"改造"以后，知识分子是否会对新政权的合法性重构他们的"认同"。"认同重构"，一直是社会政治变迁研究中的重要命

---

① 赵鼎新：《社会与政治运动讲义》，北京：社会科学文献出版社，2006 年，第 64—72 页。

题,尤其是对于在社会变迁中产生的新型政权来说,如何建构社会各阶层对其政治合法性的认同,直接关涉到新的统治合法性的确立与否。这种情形,对中华人民共和国成立初期的新政权来说同样如此。按照罗森堡姆(A. Rosenbaum)的说法:"政治认同,是指一个人感觉他属于什么政治单位(国家、民族、城镇、区域)、地理区域或团体,在某些重要的主观意识上,此是他自己的社会认同的一部分,特别地,这些认同包括那些他感觉要强烈效忠、尽义务或责任的单位和团体。"[1]实际上,除了罗森堡姆所界定的有形的团体归属感之外,政治认同还具有心理归属的特点。而归属感的强烈与否能够反映出人们对政治合法性的认可度,在亚里士多德那里:"一种政体如果要达到长治久安的目的,必须使全邦各部分(各阶级)的人们都能参加,而且怀抱着让它存在和延续的意愿。"由此可见,确立广泛的政治认同对任何一个新政权的生存都显得尤为重要。对于以革命夺取政权的共产党来说,政治认同建构的重要性变得更为突出。

第二节　"教育者本身的教育"[2]:社会学家在"改造"中

　　表面上看,中华人民共和国成立之初的土地改革、镇压反革命和抗美援朝"三大运动"是在政治、军事、外交和经济领域进行的政府行为,但如果我们仅仅把对它们的理解独立在它们各自的领域之内,那么不仅不能通过对这三个"运动"的解读去理解 20 世纪中期中国社会结构

---

① 罗森邦(罗森堡姆):《政治文化》,陈鸿瑜译,台北:桂冠图书股份有限公司,1984 年,第 69 页。
② 这是费孝通 1950 年一篇文章的标题,参见费孝通:《费孝通文集》第 6 卷,北京:群言出版社,1999 年,第 213 页。

根本性变迁的实质及其意义，甚至对这三个运动本身的认识都会出现偏差。本节对"三大运动"产生兴趣的原因，依然来自笔者着重关注的社会学家们。因为无论从职业区隔，抑或社会制度的划分来看，这些学者此前很少会与政治、军事、外交等领域的政府事务发生直接联系，但是在"三大运动"期间，他们多少都参与（有时甚至是主动参与）到运动中去。这就使我在对"三大运动"的一般叙述之外，产生更多好奇：这"三大运动"究竟是仅仅涉及"经济—政治—军事"的事件，还是影响整个社会领域的"运动"？作为知识分子的这些社会学家参与其中的动因与机制是什么？是一般性的，还是与社会学这门学科的某些特征有关？这些运动与社会学家自身以及社会学学科在中国的命运，是否存在某种相关？为了回答这些问题，我首先尝试着对他们在其中的作用和影响，做一个简单的类型学描述。

（一）费孝通与严景耀："话语"与"情感"

1950年10月，中国参与朝鲜战争后，为了动员群众支持战争，发动了声势浩大的抗美援朝"运动"，广泛地进行"仇视、蔑视、鄙视"美帝国主义的教育。当时一个普遍的看法是，"抗美援朝思想成问题的还是知识分子"，"知识分子或多或少是'亲美崇美'的多"。因此，知识界中有美国教育背景的一部分高级知识分子便成了"三视教育"的对象。清理"亲美、崇美、恐美"思想的主要目标，其声讨目标以反击美国的文化侵略、清算帝国主义基督教对中国文化教育的影响为重点。

这一年年底，政务院通过《关于处理接受美国津贴的文化教育救济机关及宗教团体的方针的决定》，中国科学院院长郭沫若在关于这个决定的报告中宣称，根据1936年的调查，美国教会及救济机关在华投资总额达4190亿美元。在20所教会主办的高等学校中，接受美国津贴的有 17 所。教会所办高校学生占全国高校学生总数的 11%。两个半月以后,燕京大学作为教会主办的高等教育的典型,被教育部接管,成为第一所被接管的教会大学。五天以后,天主教辅仁大学被接管,金陵、齐鲁、圣约翰、沪江、之江、震旦、岭南等教会大学陆续脱离与美国教会的关系,燕京大学、辅仁大学、金陵大学、协和医大、岭南大学以及清华大学等高校纷纷举办展览会、讲演会、控诉会,揭露美国利用文化教育机关宣传西方资产阶级的价值观与生活方式,培养为其殖民目的服务的奴才的罪行。① 又过了两个星期,燕京大学校报《新燕京》复刊,报眼的"征稿启事"这样写道:"我们学校改为公立是燕大历史上一个最重要的转折点,今后我们学校将必然地成为一个不折不扣的中国人民的大学。"陆志韦校长为报纸题写了新报名,以替换此前中英文对照的报头。② 以此为标志,《新燕京》迅速开展肃清美帝国主义文化侵略影响的运动——从"揭露美帝在燕京的文化侵略罪行",到"认识美帝文化侵略本质",再到"控诉美帝给我们思想上的毒害"。燕京大学还举办了"美帝国主义文化侵略罪行展览会",说明美国办这所学校,是因为"今天的中国学生就是未来中国思想上和生活上的领导者",而中国的将来对美国的将来有"直接的影响"。燕京大学一直重视英语教学,也成了一条"罪状"。另据统计,社会学系 1932—1947 年这 15 年中共有 10 名研究生毕业,没有一个参加革命。展览中还陈列了几十本毕业生论文,内容或为反苏反共,或为颂扬美国,或为阐述各种资产阶级理论,均被

---

① 阎明:《一门学科与一个时代:社会学在中国》,第 239 页。

② 参见《新燕京》1951 年 3 月 8 日复刊第 1 期(当年第 19 期)。一年以后,当燕京大学思想改造的序幕打开,陆志韦成为众矢之的的时候,这份报纸的报头,换成了毛泽东的字体(《新燕京》1952 年 3 月 6 日)。参见张世龙:《燕园絮语》,北京:华龄出版社,2005 年。

作为反面样板。自1928年开始，燕京大学法学院（主要是社会学系）接受由美国垄断资本家洛克菲勒家族所设立的洛克菲勒基金会的资助，从事各种调查工作，并把调查报告寄往美国。总之，美帝国主义教会创办的这所学校，不仅被认为是散布资产阶级思想的中心，而且也被认为是文化侵略的阵地。

在复刊第1期的《新燕京》上，每一位学院院长都做了表态式的发言，其中就包括法学院院长社会学家赵承信。不仅赵承信，在那一段时间，很多社会学家都发表过批判美国的文章。越是趋向进步的教授，对美国批判的调门越高。严景耀检讨了中华人民共和国成立前其在上海租界监狱担任助理典狱长的历史——这段经历曾经被认为是社会学者"参与观察"研究方法的典范——含着眼泪说："我过去一直自以为是进步的教授，最近才发觉自己多少年做了美国文化侵略的俘虏"，"我不仅自己深受美帝的毒害，而且还把这些毒素传播给青年，这是多么沉重的罪恶"。① 更早些时候——抗美援朝和反美运动发生之前，费孝通就对艾奇逊的"白皮书"大加鞭挞。他在文章中极尽斥责的口吻，完全不像他以前温文尔雅的文风，以至于他的传记作者怀疑，这究竟是他本人的文字，还是仅仅署了他的名字而已。严景耀和费孝通使用诸如"帝国主义""半殖民地半封建社会"这样带有新的意识形态色彩的新语汇，然而，也有学者认为，这充其量只是"唱高调"：

> 如果把知识界控诉美国文化侵略的运动放到新中国成立初期知识分子思想改造与变化的全过程中去看，就会发现，这次声势很大、时间很短的运动，直接控诉目标主要是司徒雷登、福开森等这

---

① 严景耀：《我控诉美帝文化侵略的毒辣》，《光明日报》1951年3月20日。

样一些在中国文化教育界活动的美国人，它所真正触动的还只是
一部分中国知识分子与美国（也可扩展到整个西方）的表层关系。
它所起的实际作用，主要是在中美发生战争的情况下，形成了使知
识分子不能继续公开说美国的好话的政治与社会环境。尽管一些
人非常诚恳地检查了自己因长期接受教会学校的教育而产生了崇
美思想，甚至上升到洋奴、买办的高度，但是，要说在思想深处对他
们有什么真正的触及，恐怕是谈不到的。①

倒是另一位不那么"进步"的潘光旦说得很诚恳。潘光旦检查了自己接
触和认识美国的全过程，详细说明了自己不同时期对美国的看法，认为
自己整体上说来对美国没有多少好感，"崇美的心理，我自认为说不
上"，"恐美心理的问题不大，比较容易克服"。只是因为清华代理校长
当年嫌自己残疾反对选派自己去美国，美国女教师为自己打抱不平，使
得留学愿望得以实现，以及1946年"李闻惨案"发生后昆明美国领事馆
马上把自己等接到馆里躲避等几件事情，使"自己会有一些亲美心理"。
而"经历了解放战争的伟大胜利，民主建设的步步成功，参加了一连串
的发人深省的群众运动，特别是抗美援朝与反文化侵略，学习了美国侵
华史，最近更学习了美帝国主义的侵略本质之后"，"这些对美帝国主义
的错误认识，无论多少，是无疑地已经基本上扫清了"。这也是潘光旦
能够写出一系列反美文章的重要思想基础。但潘光旦很坦率地承认，
如果认真地从"亲美、崇美、恐美"三个方面来检查的话，还是能够发现，
自己实际上对美国总是仇视不起来。为什么呢？他转而开始学着从阶
级出身和阶级成分的角度，对自己做解剖，认为"我之所以仇美仇不起

① 于风政：《改造》，郑州：河南人民出版社，2001年，第59—60页。

来，乃至仇许多别的坏东西也仇不起来，是一个十足的阶级立场的问题，是一个小资产阶级知识分子的阶级出身所必然产生的结果"。他因此详述自己的小资产阶级出身，和长期接受资产阶级教育、长期受到中国半封建半殖民地环境影响的情况。说明自己因为做过基督教徒，因此对耶稣"博爱"的言行印象深刻；因为对传统"旧学"的偏好，因此对儒家"以直报怨"的主张深以为然；因为受美国教育多年，因此自由主义思想浓厚。这些都使自己"主张一切兼容并包"，无原则地赞同和平团结。"不但不懂得什么是阶级，并且根本反对站在阶级立场说话，认为阶级是一大宗偏见的理解，和种族、宗教、国家之类属于同一范畴"，以致一贯"以为不动感情、无多爱憎、直道待人，方是美德"。他的结论是，自己之所以仇美仇不起来，根本上就是因为没有站到无产阶级的立场上来，没有和广大人民同呼吸共命运。"因为长期遭受到美帝国主义的侵略榨取，人民是仇美的，我如真体验到人民的仇美，我又何能不仇美呢？"他最后坦言，因为自己的这种思想和历史，"我一时还不能掌握无产阶级的立场，是肯定的"。但经过学习，认识了人民，相信了人民的力量，因此"我多少已经站进人民立场"。"我相信，我如果再努力学习一下，把人民的休戚利害作为我的休戚利害，而把一己的休戚利害搁过一边，仇美的情感是一定会日益滋长起来的。这也是肯定的。"①

　　"仇美仇不起来"，恐怕才是此时大部分中国社会学家的普遍心态。他们与美国（以及它所代表的那种西方文化）之间长达数十年的关系，并非在一夕之间就可以通过喊口号的方式全部割裂。他们与美国的联系太紧密了。费孝通就是一个很典型的例子，尽管直到 1943 年他都没

---

① 潘光旦：《潘光旦文集》第 10 卷，第 494—510 页；另参见杨奎松：《思想改造运动中的潘光旦》。

有去过美国,但他与这个国家的联系实在太密切了——他长期在美国资助和管理的学校(东吴大学、燕京大学、清华大学)读书,以后又获庚子赔款奖学金出国留学。在云南时,他掌握一笔由英国理事会给予的庚子赔款奖学金,而他的云南研究所是由洛克菲勒基金会与中国共同创办和资助的。他从美国旅行(由国务院出钱)归来后,美国驻昆明总领事不无欣慰地向华盛顿报告说,费孝通"给昆明报刊撰写了不少流露亲美感情的文章"。他的有关美国的书《初访美国》是由美国战时新闻局出版的。他经常邀请美国大兵到家做客,他与昆明美国领事馆和战时新闻局的人员似乎都很友好。1946年夏,由于国民党的暗杀活动,他同其他十几名教授藏到美国领事馆数天之久。他的美国朋友们,其中许多是政府官员,给了他很多好处,包括他在美时把他的文章通过政府渠道转到中国,送给他气喘药、书籍以及其他物品,帮助安排他的学生到美国留学。他为他的学术研究会从国务院要了一笔钱。他在英美出版著作都拿外汇,这在他的薪金为通货膨胀所抵销的时候,是家庭的主要经济来源。除了实际生活方面之外,更重要的是社会学这门知识体系从根本上讲就是来自"西方"的,特别是美国的。这并不是说社会学家对美国没有质疑和批评,实际上有时候这种情绪到了非常激烈的程度,费孝通的传记作者就曾经用了很长的篇幅来描述费孝通是如何在第一次访美后三四年之内就对美国发生了认识上的转变,从"热爱向往"到"持续批评"。① 而陈达,在1947年那次给他带来巨大声誉的访美交流活动期间,也多少透露过对美国社会生活某些方面比如"浪

---

① 阿古什:《费孝通传》,董天民译,第94—99页。另外,费孝通自己的文章,也可以体现出他内心的这种转变,参见费孝通:《费孝通文集》第3卷,第113—142、211—362页;《费孝通文集》第4卷,第280—290、445—474页;《费孝通文集》第5卷,第1—221页。

费"和"贫富"对立的批评。① 但是他们的质疑,更多的是基于"情感"而非"理智"。比如战后三四年里,吴景超撰写了大量介绍和评述美苏经济与社会政策的文章,总体上他是倾向于苏联的经济体制的(当然是其缺点也需要美国式的制度来补救),但是这并不意味着吴景超从情感上"认同"作为一个整体的"苏联",包括它的政权、意识形态、人民的精神状态等等。

从这个意义上看,伴随着抗美援朝而发动的这场"反美运动",主要还是通过"营造话语",从表层初步树立"仇视、蔑视、鄙视"美国的"情感氛围"。社会学家在研究情感对社会运动的功能时,曾提出这样一个命题:"在威权社会中,社会运动的发展更有可能受情感的主导;而在民主社会中,社会运动的发展则主要由社会运动组织的策略来主导。"②而集体情感的鼓动的手段之一,是通过"框架整合"(frame alignment)的方式进行的。所谓"框架",是戈夫曼提出的概念,指的是一种能帮助人们认识、理解和标记周围所发生事物的解读范式。不过对于一个具体的社会运动来说,运动组织者所提出的一些意识形态、价值观和社会改造主张并不一定就是他们所想动员的大众或想联合的其他组织所能直接接受的框架(比如社会学家对于社会主义政权的"框架")。因此当一个社会运动所运用的框架尚未很成功地动员参与者时,运动的主导者就需要把他们所持有的意识形态和话语体系进行改造,将其与动员对象的直接利益或情感联系起来,这就是"框架整合"的一部分。在反美的运动中,"反美"话语的构建,正是这样一种经过整合

---

① 陈达:《北美重游》,《益世报·社会研究》1948 年第 43 期。
② 赵鼎新:《社会与政治运动讲义》,第 72 页。

的新"框架",它旨在从建立批判知识分子熟悉的"美国"的话语入手①,为此后更大规模的改造运动建立"情感"框架。紧接着,通过邀请知识分子参观或参加土地改革,新政权从另一个向度上继续完善着改造运动的"框架"。

(二) 潘光旦、吴景超与柯象峰:"土改"即"士改"

让知识分子到农村去参加土改运动,是继"反美"之后更加剧烈的思想改造运动的开始。知识分子参加土改,其功能和用意是多方面的。首先,它是一种"政治待遇",能够参观和参加土改的,都表示在政治上是受到"信任"的,这是向知识分子敞开大门,促进知识分子对中共解决农村土地制度的手段的了解。1951年2月1日,中共中南局给中央的报告中谈道:"北京民主人士土改队领队李俊龙由湘返汉,向民主人士作了参观土改的报告,反映甚好。经验证明,对民主人士参加或是参观土改,我们必须主动让他们下去做工作,使他们了解指导农民运动的难处及我们指导运动的观点和方法,明白告诉他们运动的真相及我们纠正偏向的决心和办法,对他们的家庭又主动地依法予以照顾,这样做可换得他们主动和我们站在一起去反对无理叫嚣。"毛泽东在此报告上批示:"对民主人士应采积极态度,引导他们参加土改等项工作,有极大益处。"1951年3月30日,毛泽东再次指示各地:"请你们计划一下,在今年夏、秋、冬三季的土改工作和镇反工作,从各大城市中等城市分几十批组织各民主党派、民主人士、教授、教员、资本家下乡去参观,或参加工作。只要他们愿意去,就要欢迎他们去。不要怕他们去,不要向他们戒备,因为他们不是反动派,好的坏的,没有坏处。至于城市中的镇反

---

① 这里的美国,既是一种实指,例如在严景耀文中的体现,也是一种符号,例如在费孝通文中的体现。

工作,更要让他们参加。"①

正是在这样的背景下,大批知识分子、青年学生投身到了轰轰烈烈的土改运动中去。其次,土地改革还发挥着教育、改造知识分子的作用,被认为是"向广大的知识分子提供了一条改造自己的道路",土改的同时,也是"士改"。正如1949年12月30日教育部副部长钱俊瑞在第一次全国教育工作会议上的总结报告中所指出的:"中国的知识分子大多与土地有联系,他们在土地革命的斗争中是动摇的,但是他们的立场是可以经过教育而改变的,我们必须事先向他们进行土地改革的教育,争取他们积极参加或支持土地改革的工作。"②也有观察者认为,土改初期,有一定知识水平的工作发动者的缺乏,也是促使新政权做出动员知识分子和学生加入其中的策略性决定的现实原因。③

知识分子参加土地改革,是从北京开始的。1949年夏天京郊农村即将实行土地改革,中央美术学院的师生认为,这是一个难得的学习机会。12月中旬,由院长徐悲鸿发起,该校110余名师生奔赴京郊参加土改,随后北京大学、清华大学、燕京大学以及中央戏剧学院的师生积极响应。到1950年2月中旬,共有800余人参加了京郊的土地改革。他们共分成65个工作队,分布在京郊8个区,利用寒假工作近两个月,协助完成了100多个行政村的土地改革。此后两年,参加土改的知识分子和青年学生,其人数以数十万计。

---

① 转引自李刚:《现代知识群体的话语转型(1949—1959)》,合肥:合肥工业大学出版社,2007年,第21页。
② 钱俊瑞等编:《知识分子的自我改造》,上海:泥土社,1951年,第5页。
③ 泰韦斯:《新政权的建立和巩固》,载麦克法夸尔、费正清编:《剑桥中华人民共和国史》(上卷:革命的中国的兴起,1949—1965年),北京:中国社会科学出版社,1990年,第89—93页。

表6　1949—1951年部分高校土改工作团

开始时间	地点	成员构成	领队	参加者
1949年12月	京郊8区	北京高校700师生	徐悲鸿	冯友兰、雷海宗、吴泽霖、全慰天、董希文、李可染、叶浅予等
1950年5月	安徽和县	南京大学文法学院师生	范存忠	
1951年1月	南京市郊	金陵大学师生	何进	柯象峰等
1951年2月	太湖流域			潘光旦、全慰天
1951年4月	上海市郊	复旦大学文、法学院		
1951年5月	重庆	在京教师、民主人士、干部	陈垣	
1951年9月	西北、中南、西南	北大、清华、燕京、辅仁各大学师生		侯仁之、吴景超、朱光潜、袁方等
1951年9月	安徽	复旦大学文、法学院	周予同	谭其骧、朱伯康、佘开祥等
1951年12月	广东农村	中山、岭南等大学师生		

资料来源:作者自制。

社会学家广泛参与到了这场客观上改变了中国农村经济结构、权力结构和社会结构的运动中,相比其他社会科学门类,参与农村土地改革对社会学这门学科有更重要的意义。

首先,通过参与土地改革而获得的对中国农村基本格局的认识,颠覆了社会学家此前对这个问题的基本认知,从学理上把1949年以前中国社会学研究在这个研究最充分的领域的知识体系纳入到新政权的话语结构中。

农村是1949年以前中国社会学最关注的区域之一,代表当时中国社会学最高水平的研究成果之一,也是出现在这个领域。同时中国的农村问题,也是 1949 年以前引发最多争论的领域之一。除了少数人(如李景汉)外,大多数身在学院的社会学家有意识地没有参与到这些争论中去,他们对中国农村的基本认识,也与中国的马克思主义者大相径庭。比如费孝通,从他描绘的农村生活的图景中,我们看不到阶级斗争、压迫人的地主、强盗、农民暴动、饥馑、瘟疫,农村生活是和谐的。当然,从功能学派的文化观点出发,他也从未把农民幻想得非常美好。费孝通对"中国农村阶级结构"的分析是出色的,尤其体现在对绅士在传统农村结构中的功能以及"绅士都市化"对农村的"社会侵蚀"方面的论述,他号召取消地租、减少苛捐杂税,说土地改革是"解救农民……最迫切的一步",他在战时提出,"如果认真执行"向农民贷款、减租、"耕者有其田"等政策,则局面会稍微稳定,传统的农业政策也会继续起作用。费孝通称租佃土地为"剥削",地主是"寄生虫",并警告地主应放弃过依靠地租的特权生活,否则会激起农民的暴力革命,但他同时又认为,土地改革只能缓和而不能根本解决农村危机。费孝通认为,他在开弦弓村的调查数据说明,即使取消地租,一般农户仅仅依靠农业仍不能生活,大量土地租佃是农村经济凋敝的结果,而不是其原因。从费孝通抗战时期在云南写的文章看,他对土地改革显然是不积极和矛盾的——一方面,他坦率地提出解除农民地租负担的迫切性,并指责农村改良派晏阳初的计划中没有土地改革;但另一方面,他始终认为土地改革不是根本的解决办法。

在对中国农村社会结构的认识上,潘光旦基本上是费孝通的同道,两人还曾合作过传统农村社会流动的研究。[①] 1952 年初春,潘光旦和他年轻的同事全慰天一道,"到太湖流域视察空前绝后的土地改革运动"。在潘光旦看来,这是一次难得的学习机会。在一个半月的考察

---

① 潘光旦、费孝通:《科举与社会流动》,《社会科学》1947 年 10 月刊。

中,两位社会学家撰写了七篇考察报告,分别发表在北京、天津和上海的报纸上。这一年的年底,北京三联书店以《苏南土地改革访问记》为题,将这七篇文章结集出版。

潘光旦承认,这次考察不是一次单纯的学术考察或者社会调研,而是带着明确的政治任务。其中一个任务,就是撰写这本"访问记"。最后呈现在我们面前的这部"访问记",很像一个对土改进行政治宣传的范本:第一篇报道"苏南封建剥削的一般情况",第二篇至第四篇"有重点地分析了苏南封建势力的特点",特别指出"某些特点与帝国主义侵略有极其密切的关系"。以上这四篇构成了相对完整的体系,用马克思主义的主流话语对中国农村的社会机构与主要矛盾,做了全新的解读。如果我们再注意到以下这个事实:仅仅在几年前,全慰天还对中国农村的贫穷问题的根源没有很"清醒"的认识,他还在笼统地表示摆脱贫困的根本方法是发挥"求生"与"求胜"的个人意志①,那么我们确实可以体会到实地参与土改对学者的观念的巨大改变。从第五篇开始,作者涉入土地改革本身的问题。在第五篇里,他们阐释了土改的一个重要原则,"不斗争便不能有改革,斗争而不激烈,改革便不能彻底",第六篇赞颂了土地改革的伟大成效,最后一篇,则"指出了中国个体农业经济发展的光明前途——'发展到社会主义方面去'(斯大林语)"。尽管从这本小册子中,我们还是能隐隐约约感觉到社会学家有时候还在对"价值中立"的科学原则进行最后的坚持②,但这早已经不是主要的了,因

---

① 全慰天:《求生与求胜》,《观察》1946年第18期;《贫穷与贫穷问题》,《观察》1949年第15期。

② 在写作《从"义田"进一步看苏南的封建势力》一文时,潘光旦和全慰天用了差不多一半的篇幅对"义田"的历史及其在传统农村社会的功能与价值(也就是"义")做了介绍,文章公开发表时,这一部分被全部删去。结集时,潘光旦又努力将文章恢复了原貌。参见潘光旦:《潘光旦文集》第7卷,北京:北京大学出版社,2000年,第7、49—70页。

为学者基本的思维范式和话语体系已经被彻底改造了。另一位亲身参加了土改的社会学者的口述,则更清楚地表明了这种改造的实质:

> 五一年我在广西参加土改试点,快结束时,我被抽出来跟随戴世光先生参加一项农村调查,主要是研究农民土改前后家庭收入情况。结果是农民家庭收入不仅没增加反而有所减少。其实农民在土改前收入是多渠道,例如在集市上做做小买卖、出卖点零星劳动等等。而土改后这些收入都没有了。这个结果让我们挨了批,说我们没有立场,以资产阶级的调查方法对待新社会的实际。我们辩驳说,我们是根据统计得出的结论,上面批评我们是站在资产阶级立场,对社会现象采取了自然主义态度。①

对潘光旦来说,土地改革的最大影响,是使他抛弃旧的观点,重新认识传统中国农村的经济格局与政治格局,这反映的是新政权主流意识形态在"内容"上对社会学思维范式的改造。他的同事吴景超,参与土改的积极性和深入程度更高,并且,以吴景超为代表,通过土改,社会学家已经开始自觉直面这样一个对他们来说很严峻的问题:社会学思想乃至社会学这个学科本身,是否需要在形式上接受改造,以适应新形势的要求?

吴景超是积极参与土改的知识分子代表。1951 年 3 月 28 日,《光明日报》刊登了吴景超的文章,描写了他参加土地改革以后的心得,受到毛泽东的大力褒扬。不过这时吴景超的感触,尚未上升到"理论"

---

① 摘自毕可生先生给笔者的信,2008 年 8 月 17 日。毕可生(1927—),山东威海人,1952年清华社会学研究所硕士,指导教师为陈达。曾任甘肃省社会科学院社会学所所长、甘肃省社会学会副会长,《中国大百科全书·社会学卷》分部副主编。

高度：

> 土改的第一步，就是要组织广大的反封建统一战线，与地主阶级作斗争。在此时乡村中的每一个农民的立场不许模糊。在两个阵营里，你是站在哪一边？你是拥护谁、反对谁？这些问题，每一个人都需要作一决定性的答案，连地主的儿子，在中学读书的，也在追求这个答案而致几晚的失眠。在这种斗争的气氛之下，我们每一个人都更明确地学会了阶级观点，与农民打成一片，把农民的问题看成自己的问题，贡献出自己的力量，随同农民同地主进行斗争，并在斗争中得到锻炼，得到与农民在感情上与道义上的一致的感觉。①

此后，吴景超开始从理论上反思自己从前对中国问题的看法与主张。在这里，他流露出面对激烈的社会变革的彷徨。参观土改以后，吴景超把1949年以前自己所写的关于土地问题的文章取出翻看，感到"非常的惭愧与不安"：

> 解放前我对于土地问题看法的基本错误有两点：第一，我采取了超阶级的观点，既要照顾农民，又要照顾地主。第二，我采取了机会主义的观点，以为阶级利益的问题，可以用和平妥协的方法来解决，而不必用激烈的、尖锐的阶级斗争的方法来解决。参加了实际的土地改革工作以后，我深刻地感觉到立场问题是改造世界的先决条件。我们如不先解决这个重要的问题，就是说，如不先决定

---

① 吴景超：《参加土地改革工作的心得》，《光明日报》1951年3月28日。

我们到底站在那一边，我们拥护谁，反对谁，那么一切改造世界的理论与方法，都变成纸上空谈，空中楼阁，只是个人的愿望或者幻想的表示，不能对于世界的进步，推动丝毫。①

在这里，吴景超的"检讨"是有一个大前提的。在一切从阶级分析出发看待问题的大趋势下，他以前对土地问题的观点当然都是错了。更重要的是，吴景超开始反思社会学学科的合法性问题和适应性问题。首先，他结合土改检查自己教学中的问题，并加紧思考教学改革的方向。他承认自己过去上课很少点名，有时在教了一年书以后，连学生的名字与面貌都联系不起来，完全根据自己的主观想法决定讲课内容，并未考虑学生是否需要这些知识，是否能够解决他们思想中的问题。现在他认识到，在讲授一门课程之前，要充分了解学生的思想情况和既有的学识水平，教育学生必须从他们的既有经验及实际水平出发。土改也使他开始思考有关课程内容的改革。清华大学过去也开设有关土地问题的课程，但内容是外国关于土地问题的理论和解决土地问题的经验，中国历史上土地问题的沿革以及近代中国的土地改革运动。这些内容与实际相脱离。现在他认识到，任何社会科学的课程，必须与中国的实际情况相结合，讨论并研究解决实际问题的办法，即学习政策法令；在政策法令推行之后，还应当总结各地的经验与教训。另外，在教学方法上应采用集体主义。教育部曾屡次提到设立教研组，但他过去对这个办法信心不高，土改使他改变了原先的看法。

---

① 吴景超：《从土地改革谈到抗美》，载天津市土地改革参观团编：《我们参观土地改革以后》，北京：五十年代出版社，1951年，第74页。

实际上参加土地改革活动的形式本身就是对知识分子生活方式和价值观念的规训和改造。知识分子参加土改的方式固然有很多种,但像潘光旦和全慰天那样,以私人旅行的形式"参观"土改的,毕竟是少数。从表 6 可以看出,大部分情况下知识分子是通过参加工作团、工作队的方式,集体参与到土地改革中去。1951 年 1—4 月,时为金陵大学教授的社会学家柯象峰参加了金陵大学组织的师生土改工作队,勤于笔耕的柯先生留下了一份非常详尽的日记,这份日记非常详尽地记载了金陵大学土改工作队四个月的工作情况。① 从这份日记里,我们清楚地看到,土改工作队是怎样通过集体化和半军事化的手段,重新调整着知识分子的生活节奏,形塑着他们的生活方式。

根据柯先生的记载,1951 年 1 月 22 日组建的这支土改工作队由金陵大学和金陵女子大学师生共 43 人组成,由一名大队长、两名队副带领,以下分为四个小组,每组推举正副组长各一名。从组建成队的第三日开始,全体队员就必须开始集中住宿,统一佩戴工作证,并且必须严格按照工作队制定的作息时间表活动:

> 6:00 起身,7:00 早膳,8:00—11:30 学习,12:00 午膳,13:00—16:00 学习,17:00 晚膳,19:00—21:00 小组活动,21:30 寝。

在此后四个月的时间里,工作队基本上完全按照这份作息时间表行动。所有队员,不仅同吃同住同学习同讨论,甚至对学唱革命歌曲等活动都进行了非常详尽的时间安排。工作队所听的讲演、所学习的各种材料(主要阅读材料、辅助阅读材料)、讨论时依据的提纲等,全部在事先准

---

① 柯象峰日记,手稿。

备妥当,按照日程逐一进行。1951年2月1日是农历除夕,工作队自这天起放假六天。工作组在放假前,发布了关于休假期间学习生活计划的通告,这个通告全文如下:

根据土改学委会2月1日通知,2日各小组的意见,经过小组长联席会议研究讨论,我们对于休假期间的学习生活计划作如下之布置:

一、要求:为了巩固学习成果,并为即将参加实际工作做好思想准备,拟在休假中适当争取时间继续深入学习。

二、学习内容:

(一)发动群众问题。

主要文件:1.《既稳且快的提早完成土地改革》(《解放日报》的大篇社论)

2.《有领导的放手发动群众展开反封建斗争》(同上)

参考文件:1.《依靠贫雇农巩固农村反封建统一战线》(同上)

2.《华东第二次土改典型实验会议经验》(《南京政报》)

(二)划清敌我,巩固立场问题。

主要文件:1.《坚决拥护土改,不得包庇地主》(《解放日报》社论)

2.《再论坚决惩治不法地主》(同上)

参考文件:1.《廉洁奉公不得贪污果实》(同上)

2.《关于干部在土改工作中的几项纪律》(《南京政报》)

3.《关于惩治不法地主暂行条例》(《政报》)

(三)市郊土改问题。

主要文件:《南京市郊区土地改革实施计划报告》(参看何进同志报告)

参考文件:1.《城市郊区土地改革条例》(《南京政报》)

2.《关于北京市郊区土地改革的总结报告》(《政报》)

三、学习方式:以自学文件为主(精读文件,做心得笔记,提问题),小组互助漫谈为辅,配合文体活动。

四、具体日程:

	上午			下午	晚上
	8:30—10:00	10:00—10:15	10:15—11:45		
二日					
三日					
四日					
五日					
六日					

五、学习地点:上午北大楼 AC6,下午北大楼 AC6 集合。

六、作息时间:7:00 起身。7:40—8:00 早操。8:30—11:00 马列学习。

12:00 中饭。14:00—16:00 文娱活动,听大报告。

17:30 晚餐,18:30 学习,22:00 就寝。

在这里我们看到,即使在休假时,时间的使用也是被预先设计和控制好的。作为队员,必须严格执行,并在休假结束后进行汇报——在柯象峰参加土改工作队的这四个月里,每天的时间被精确分割成单元,并与固定的工作相联系,甚至他们参加土改的这四个月,已经成为一个"预制的整体"被无形中的力量掌控着。

柯象峰是法国里昂大学的毕业生，他早年在欧洲各地生活过多年。他的女儿在 70 多年后向笔者描述当年随父母在法国生活的情景时，还对那时候的"从容"和"安逸"记忆犹新。虽然从他的日记里完全读不出他本人对这种集体生活有什么个人感想，但可以想见，土改工作队的工作生活程式化的和被预制的形式本身，对这些有过多年西方生活经历的学者会有多大的冲击力。

参加土改也在某种程度上潜移默化地影响着学者们的价值观念，这一点非常突出地体现在他们对农民看法的转变上。去苏南之前，全慰天曾在北京郊区丰台参加了一个半月的土改。他原本住在清华园里，窗明几净，舒适方便，过着"一张书桌，一本书，一管笔，一杯清茶，一支香烟"的生活。当他忽然走到农村，看农民如何斗争地主、分财产和田地，一下子不太适应。他以前觉得农民种田行，干粗活不错，但文化不高，不适宜做动脑子、出主意的细致工作。在京郊参加土改时，他看到群众对分田地、住房等复杂细致的事务，做得迅速而公平，使他"见识了农民的智慧"。①

相对而言，生活方式和价值观念的转变是最不易的。陈达的学生袁方当时是清华大学社会学系青年教师，他细腻地描述了某些知识分子参加土改工作时心理上的挣扎。这些人受"中庸之道"的影响，往往怀着"君子不为已甚"的想法，认为应当同情弱者，不打落水狗，为地主感到可怜，觉得斗争太过火。而且，他们也听到有些农民说："地主对我们好，没有地主谁给我们地种？""贫富是前生修得的，不应当看人家有钱眼红。"特别是他们联想到自己的出身，想到家里人也有这么一天，不由得心痛、怀疑起来。因此，他们每次开会总觉得是

---

① 全慰天：《土改中的学习》，《新建设》1951 年第 3 期。

疲劳轰炸,常常看表。他们看问题和处理问题,有着浓厚的"超阶级"的观点。因此,袁方认为"土改"即"士改",是"知识分子工农化的最好的场合"[①]。

(三) "三大运动"的关键词:政权合法性、社会动员与策略性选择

"三大运动"的本质,是在不同领域部署新的国家权力体系,建立新政权的合法性基础。中华人民共和国需要在经济发展(土改)、道德表率(土改、镇反和反美)和国家防御(抗美援朝)等方面表现得既是道德上的表率,又是捍卫民族利益的旗手和经济发展的保证,以维护政权的合法性。

正是由于有这个共同本质的存在,"三大运动"应当被看作一个整体而非独立的事件去理解,三者之间存在必然的逻辑联系:土改和镇反本是新政权为巩固权力基础和重建社会秩序而进行的工作,战争的突然到来和新政府的"被迫应战"又是冷战背景下宣示主权以确保生存空间的策略性应对之举。而一旦陷入其中,为确保战争不致失利,又必须反过来强化前两项运动,以达到"稳固后方"和为战争提供物质和心理支持的目的。实际上,不仅这三大运动,20世纪50年代新政权建立初期在各个领域的一系列变革,都不同程度地存在着内部联系,其中也包括教育制度和知识体系的变革。比如,下文中我将会叙述到,作为一种知识体系,社会学在从新政权尚未完全建立时就开始了接受改造的进程,但是作为一门学科体系遭到制度上的颠覆,则源于1951年开始的院系调整。而院系调整策略的出台,不仅是外来知识制度干涉的结果,

---

① 袁方:《我们的土改工作组》,《新建设》1951年第4期。

更是国内政治经济变迁的内在要求——而这后一点，是早在院系调整之前，就为当时的社会学家注意到的问题。虽然他们的表述，受到具体的政治氛围与时代话语的限制而有着种种局限，但是其中还是隐约可见知识社会学的意味。

包括"三大运动"在内，20世纪50年代初一系列政治、经济、教育文化和思想事件的运作方式，是一种全面的"社会动员"。当我们审视"三大运动"时会产生这样的疑问：表面上看，"镇压反革命"是一场政治事件，而"朝鲜战争"本是军事战争，为什么它们也被视为"运动"呢？如果结合上述本质——巩固政权合法性基础，不难发现，在"武力镇压"和"军事战争"的核心事件之外，有更大社会影响的，是一系列的表现为"群众运动"的社会动员，它们激发了民众情绪，操控着主流话语，并进而形塑着此后的社会形态。从这个意义上说，它们确实是"政治运动"。

从这样的角度理解，社会学者作为"旧知识分子"投身"三大运动"中，也就顺理成章了：作为新政权下的民众，他们是被动员起来的基础元素；作为以占有和传播话语权为职业的知识人，在某些情况下他们又是新政权不得不倚重的"功能性"要素；而作为与新政权立国意识形态不同的思想持有人，他们则是新政权需要加以控制和改造的群体——正是通过促使知识分子投身"三大运动"，新政权逐渐行使它的上述职能。

（四）思想改造中的潘光旦：一个标本

20世纪50年代初期，尽管知识分子人数并不多，但一方面他们具有新政权亟需的专业技术知识和技能，另一方面也在一定程度上掌握着话语权，使他们尽快对新政权产生认同，从而将其纳入新的社会结构和意识形态体系中为现实所"用"，就成为新政权的当务之急。无论中华人民共和国成立之初采取"争取、团结、改造"①也就是"包下来"的策略，还是此后的思想改造运动，都是构建认同的方式。而一般来说，知识分子认同的根源来自三个方面，即内心情感、文化知识和对外在规范的热忱。思想改造运动正是通过在这三个方面的"除旧布新"，在知识分子中重构一套新的认同。对于以社会学教学研究为志业的职业社会学家来说，社会学知识体系是他们赖以建立认同的来源之一。从这个意义上来说，除掉旧的社会学传统也是一种旨在构建新认同的思想改造运动。前文中已述及，20 世纪 50 年代初，在配合抗美援朝而进行的反美运动中，社会学家同所有知识分子一样无法远离政治环境，在随后进行的大规模思想改造运动中，社会学家也不可能置身事外，其中潘光旦就是一个典型代表，而他在思想改造运动中的境遇，可以为我们理解这场运动的运作提供一个富有意味的样本。

　　正如本章开头描述的那样，在中华人民共和国建立之初，潘光旦不仅没有被列为打击的对象，相反一度还颇受倚重。他与共产党的知识分子和官员李达、冯乃超、南汉宸等人都有往还。② 作为民盟北京市支部的成员，潘光旦还曾与盟员们联名发表了"抗美援朝保家卫国宣言"③。作为解放军接管后新成立的清华大学校务委员会委员和教职工联合会筹备委员会常委，潘光旦一度还被视为"进步教授"的代表——接收清华大学的军管人员解除具有国民党员身份的原校务会议

---

① 这个表述出现在钱俊瑞 1949 年的一份报告中，他认为："争取团结和改造知识分子是新区教育工作的关键。毛主席告诉我们：对于旧文化工作者、旧教育工作者和旧医生们的态度，是采取适当的方法教育他们，使他们获得新观点、新方法，为人民服务。……对于一般知识分子，民主政权应采取保护他们的政策，并且应当尽量争取他们为人民共和国服务。"钱俊瑞等编：《知识分子的自我改造》，第 4 页。
② 潘光旦：《潘光旦文集》第 11 卷，第 287—289 页。
③ 参见《民盟北京市支部盟员联名发表抗美援朝保家卫国宣言》，《人民日报》1950 年 11 月 12 日。

成员冯友兰、雷海宗的决定，就是通过费孝通和潘光旦传达给冯雷两位的。一段时间里，潘光旦自己也是以新政权的"同路人"自居的，吴泽霖、王佐良这些曾经因为与"反动政权"有过暧昧关系而被视为政治上"不清白"的教师，都曾找潘光旦来谈心。对他们，潘也尽量循循善诱，劝他们"宜就当时兼任之工作性质与进退经过作一书面说明"，因为"续聘问题所关者小，不清白之嫌疑将妨碍前途一切为国家服务之机会，则所关殊大也"。① 正因为如此，无论是北京市，还是清华大学，在思想改造运动之初，都没有把他列为重点人物。根据档案显示，当时北京大学教授中被内定为反动的主要是朱光潜、冯友兰，被列为中间落后的，有罗常培等人；而在清华大学，雷海宗则是内定的反动分子，金岳霖、吴景超等人被列为中间分子，潘光旦连名字都没有被列入。正因为如此，对思想改造运动，潘起初完全没有重视。在清华大学，最初领导思想改造运动的是"校节约检查委员会"②，当委员会要求由民盟派一名代表参加时，潘光旦"想都没有想，就随便找了位盟员应付了事"。在学习文件的时候，一位教师对很多令人不满的现状提出批评，潘光旦不以为然，说如此一来，以后就没有可批评的了。他甚至私下里还半开玩笑讽刺"批评与自我批评"的办法，称这对多数人没有多大用处，因为"痛哭流涕一场，以后照样犯错误"③。

1952 年 1 月中旬，潘光旦被安排进行了自己的第一次检讨——他也是第一批被安排检讨的教授，在运动的发起人看来，即使到了此时，

---

① 潘光旦：《潘光旦文集》第 11 卷，第 297 页。

② 在 1951 年开始的"反贪污、反浪费、反官僚主义"的"三反运动"中，北京市成立了"高等学校节约检查委员会"在高校系统开展运动的领导组织。此后各校都成立了相应的委员会，在思想改造运动中承担了领导者的角色。参见《北京高等学校师生员工对资产阶级思想展开坚决斗争》，《人民日报》1952 年 3 月 4 日。

③ 转引自杨奎松：《思想改造运动中的潘光旦》。

潘光旦还可以算是"进步教授"的代表,应该尽早"过关"。但是潘光旦的态度显得有些漫不经心,据说他仅仅是检讨了图书馆工作中的一些不足。这不仅让组织者难堪,更让与会者们群情激奋。大家一致认为潘光旦的检讨不能通过,并要求他再做深入自我批判,尤其要检查此前的"政治历史活动"。[①]

潘光旦的这种漫不经心,反映了运动之初他的真实心态,也反映了一个典型的社会学家的思想立场与认识取向。长期以来,对所谓以"思想"问题为借口进行"意识形态宣传",潘光旦几乎有一种本能的反感,这与意识形态本身的类型与特征无关。在抗战中,他就对那种质疑"教师思想问题"的主张加以批驳,认为这实际上表明了"许多服膺三民主义的人希望三民主义走宗教化的一条路,希望中山先生可以成为教主,中山先生的学说成为万古不变的经典,并且希望人人可以成为信徒,人人可以布道"[②]。在潘光旦看来,这种意识形态"宣传"根本称不上是一种"教育",他详细分析了意识形态宣传的发生机制:

> 宣传用的方式显而易见是灌输,而不是启发。他把宣传者所认为重要的见解理论,编成表面上很现成的、很简洁了当的一套说法,希望听众或读者全盘接受下来,不怀疑,不发问,不辩难……
>
> 在宣传方面,所谓狭义的方法事实上只配叫作伎俩。……这种伎俩分作四种。一是隐匿,就是把全部分或一部分的事实压下来,不让接受宣传的人知道。二是改头换面,大的说小,小的说大。三是转移视线,就是,把大众的注意力从一个重要的甲题目上移到

---

① 参见杨奎松:《思想改造运动中的潘光旦》。
② 潘光旦:《潘光旦文集》第5卷,北京:北京大学出版社,2000年,第304页。

比较不重要的……乙题目上。四是凭空虚构。

　　宣传在来历上、动机上、方法上、内容上既有这种种可能的弊端,则在接受的人会受到什么不良影响,是可想而知的。①

到了中华人民共和国成立后,尽管已经"祖国山河一片红",但是潘光旦对于意识形态这种宣传形式的看法,依旧坚持自己的立场。1950年11月7日,他一早去苏联使馆参加十月革命纪念酒会,并第一次见到了毛泽东。当晚回校后,社会学系的年轻教师袁方,邀请潘光旦去参加共产党文法学院支部党员转正仪式,潘光旦详细记录了整个仪式的过程:

　　其法首由申请转正或入党之人历叙其家世与个人生平、政治意识之革新过程、生活各方面之自我检讨;继由在场任何人就所知加以评论,褒贬均所不忌;末由支部负责人宣告申请是否获许。②

在他看来,这种方法与西方和中国传统思想运动与思想资源可以互为印证:

　　此法耶稣会在 Innatius Loyola 之倡导下尝行之;较近行之者则有新教之牛津派(Oxford Group);就某数种之人格类型言,其效甚著,最著者为内心一部分矛盾之解除,惟就另一部分之人格类型言,则未始不为一种无情之打击,使发生更大之自馁感,使其更不

---

① 潘光旦:《潘光旦文集》第 5 卷,第 392—396 页。
② 潘光旦:《潘光旦文集》第 11 卷,第 312 页。

易于人前抬头；要亦利弊互见也。窃谓人格之检点整饬自来不出三四途。基督教假手于身外之神明，其法最下；佛教全凭身内之神明，境界较高，然颇嫌其脱离人群；耶稣会、牛津派则又若还于凭借外群之有形与无形之压力；惟儒者之敬戒与内省方法最若平实妥善，不全凭外力，亦不全由内转。曾子三省：曰不忠，所省为事业也；曰不信，所省为社会关系也；曰不习，所省为学习生活也。三者尽群己关系之方面矣；群己关系必从慎独与不自欺始，此则挽近识者盖寡云。①

今天看起来，潘光旦的这番见解似乎太过书生气。不过仔细深究，他从社会学和社会心理学的角度理解这种意识形态的灌输手段，其视角不仅不"迂阔"，而是很深刻的：

> 宣传原是一个由来甚远的提倡的方法，社会学家也一向把他认为社会制裁的一个方式，不过把他当做一个社会问题看待，把他判断为近代社会病态的一种，却是欧洲第一次大战以后的事。②

潘光旦在第一次检讨中的敷衍了事，也与他对当时在思想改造中已经愈演愈烈的形式主义钩心斗角之风的微词有密切关系。潘光旦感觉到，在民盟内部，主流话语已经在政党内部取得支配地位："迩来唯物、客观条件等名词已是口头禅语，于用以责备个人时，尤属言之振振，殊不知此种责备个人，或团体对个人之压迫，即犯一厢情愿之大忌，一厢

---

① 潘光旦：《潘光旦文集》第 11 卷，第 313 页。
② 潘光旦：《潘光旦文集》第 5 卷，第 393 页。

情愿者,即唯心与主观也。"①在学校里,潘光旦也很不满师生们对待政治学习的"功利主义"态度:"昔人云,不在其位,不谋其政,今日人人必须学习政治,反映意见,此说似成过去;但近又有一新现象,即不在其位,不语其言;如陈将军(指陈毅——作者注)所勖勉之种种,吾辈固亦时常谆切言之,但以无陈将军之位,即不免听者获虣而被视为不合时宜耳。"②对于名目繁多的各种政治报告,潘光旦痛陈其已经成为一种"仪注","人人参加,而人人敷衍客气,满口马列八股"③。此外,潘光旦一方面以为节约检查委员会真的就是检查贪污浪费这些"赃秽狼藉"的经济行为,另一方面又觉得"学校究与政治区域不同,学生究与一般公民不同,如凡百均徇众意而行,其弊必有远甚于筑室道旁三年不成者"④,所有这一切都导致了他在第一次检讨中敷衍塞责的态度。

正如中共中央在一份文件批示的那样,思想改造的重要目的就是从人事上对每个知识分子全面地把握,通过所谓"忠诚老实交清"的运动,"从思想上、政治上和组织上清除学校中的反动遗迹,使全国学校都逐步掌握在党的领导之下,并逐步取得与保持其革命的纯洁性"。任何"历史复杂"的人,都势必会被列为重点审查对象。因此,当潘光旦的"历史问题"被揭发出来之后,节约检查委员会很快就将他升格为"重点清查"对象之一了。⑤

三个星期以后,应潘光旦的主动要求,清华大学节约检查委员会安排他在全校大会上做了第二次检讨。这次检讨的文稿,就是此后公开发表的《为什么仇美仇不起来?》。对于这次检讨,潘光旦显然就准备得

① 潘光旦:《潘光旦文集》第11卷,第325页。
② 潘光旦:《潘光旦文集》第11卷,第325页。
③ 潘光旦:《潘光旦文集》第11卷,第320页。
④ 潘光旦:《潘光旦文集》第11卷,第320页。
⑤ 参见杨奎松:《思想改造运动中的潘光旦》。

比较充分了,同时其"上纲上线"的程度也是前所未有的。

在这次检讨中,潘光旦首先详细叙述了自己出国留学的历史和对美国政治、文化的观点和立场,他认为,这些都是他所以不能"仇美"的原因①,特别是对于社会学,他坦承尽管对美国式社会学研究视角和理路感到不满,逐步学习了马列主义,却始终觉得不能取消这门学科。接着他又从家庭背景的角度出发,认识到"问题的症结":

> 我之所以仇美仇不起来,乃至仇许多别的坏东西也仇不起来,是一个十足的阶级立场的问题,是一个小资产阶级知识分子的阶级出身所必然产生的结果。②

不过根据学校节约检查委员会评价说,潘光旦这次检讨只是"开始接触了他的思想问题,对于过去的各种思想与政治活动作了一些交代",却并没有批准通过他的检讨。因为学校节约检查委员会一时仍无法弄清他究竟还有怎样一些"历史问题",也无法接受他对自己问题的种种解释。

两次检讨都没有通过,潘光旦产生了极大的思想压力。他一方面在私下里认为这是有人打击报复(某种程度上这源于他对当时政治态势下"世道人心"的一贯态度),另一方面也开始"反省"是不是自己的检讨出了问题:"是不是因为我把进步一面说得太多了,所以别人不满意?"③尤其随着思想改造运动的深入,揭发、检举、批判之类名目繁多

---

① 实际上,在中华人民共和国成立初期,潘光旦写了不少文章,批判美国的政治、军事、外交政策(参见潘光旦:《潘光旦文集》第 10 卷,第 376—390、407—414、433—447、448—457 页),但这种批评显然达不到思想改造运动中所要求的程度。
② 潘光旦:《潘光旦文集》第 10 卷,第 502 页。
③ 参见杨奎松:《思想改造运动中的潘光旦》。

的大会小会不一而足。潘光旦的问题更是被上纲上线,甚至有被从"历史问题"变成"政治问题"的危险。

1952年3月,就高等院校里思想改造运动的具体策略,中央发出指示,要特别依靠学生群众,"批判和打击现在学校中仍普遍和严重存在着的各种资产阶级思想"。具体办法应实行"人人过关",即"每个教师必须在群众面前进行检讨,实行'洗澡'和'过关'"。在此基础上,可采取"分层过关"的策略:"(一)先让大多数政治思想上没有严重问题的人很快过;(二)再帮助一批思想作风上有较大毛病,但愿意改正错误力求进步的人过关;(三)少数政治上或思想上有严重问题的人,在群众的揭发、检举和严格的检查下,进行多次反复的检讨,然后过关;(四)直到最后每校总有极少数政治上和经济上有极严重问题的人过不了关的,对于这些人行政上可按其情节给以停职、调职或撤职等各种处分。"①清华大学随后陆续安排众多教师分批检讨"过关",费孝通就是在3月8日的全校大会上公开检讨之后,被很快宣布已得到了群众的认可,顺利过关了。在第三次全校检讨中,潘光旦也照猫画虎,把所有事都往阶级立场问题上拉,全面自我批判。但是,知识分子狷介的个性,以及对进一步深挖历史的"恐惧",使潘光旦始终不很愿意触及历史上那些"说不清楚"的事情,在检讨中总是为自己辩护。因此,经过一系列有组织的准备和动员,3月29日下午,节约检查委员会进一步召开全校师生大会,组织发动学生、教师对潘光旦的第三次检讨进行揭发批判,焦点无疑还是那些让潘光旦永远也解释不清楚的"历史问题"。当晚,民盟清华大学支部也召开全体盟员大会,进一步对潘光旦进行批

---

① 参见《中共中央关于在高等学校中进行"三反"运动的指示》,载陈大白主编:《北京高等教育文献资料选编(1949—1976)》,北京:首都师范大学出版社,1998年,第98页。

判,整个会议一直开到次日凌晨。在这次会议上,费孝通一度为潘光旦的很多问题进行辩解,但是在强大的压力下,不得不三缄其口。在强大的政治高压下,潘光旦也觉得自己真的有"原罪",他这时把自己珍藏的《政学罪言》之类的著作付之一炬,每天读的东西,也大都是《干部必读》之类的学习材料。

此后,由于院系调整等原因,潘光旦的"过关"问题被拖了下来。吴景超、费孝通等同事则一再提出清华社会系已解散,潘光旦已决定调去民族学院,不应让他背个包袱到新工作岗位上去。为了让潘光旦能够写出通得过的检讨稿,学校首先组织他去北京大学参加那里最后一个重点人物周炳琳的全校检讨大会,让他对检查人痛哭流涕、子女表态、师生肯定,最后顺利过关的场面有感性认识和思想触动;然后再通过社会系讲师刘世海从侧面向潘光旦提出应学周炳琳再做检讨,争取一次过关的提议。学校还组织了包括社会系年轻教师和民盟积极分子在内的专门工作组,分头找潘光旦个别谈或小会谈。最后,潘光旦终于写出了一篇三万多字的多数教授都表示基本肯定的检讨书。1952 年 10 月 27 日,清华大学召开了以文法学院师生为主的数百人的大会,听取并通过了潘光旦的检讨。对潘的改造,就此告一段落。而运动中种种具体的"改造方式",从此更成为一种有组织的行为被固定了下来。[1]

(五)　"进步"的意义:思想改造中的严景耀、雷洁琼与费孝通

本章第一节已经叙述过,在 1950 年底到 1951 年初的反美运动中,燕京大学因为其美国教会学校的"底色"而首当其冲。无论从运作模式

---

[1]　参见杨奎松:《思想改造运动中的潘光旦》。

还是改造对象来看，对于燕京大学而言，那次运动都是思想改造的预演。也正因为燕京大学已经过一轮改造，所以大规模的思想改造运动在该校开始的时间要比北京其他学校晚一些。在发动运动之前，当局也已经内定了真正的"目标"——如同潘光旦、周炳琳分别是清华大学、北京大学思想改造运动中树立的典型一样，张东荪是燕京大学在运动中树立的典型之一。关于燕京大学思想改造的具体运作模式，当时亲自发动和组织文、法学院思想改造运动的张世龙有过回忆：

> 具体做法是按系划分，由青年助教开始，逐渐上升到老教授，人人"洗澡"，就是每人讲自己的基本经历和思想历程，并作自我批判，被称为"自我教育"。还有学生参加，帮助分析，其实就是批判。直到大家没有多少意见，算是"通过"了。事实上一切"帮助"批判都已由单位领导事先安排好了。……对于进步教授或民主人士的帮助实以表扬为主，很快就过关。而对"落后"者则"组织火力"大加鞭答，并且总"不满意"，多方刁难不予"通过"。……一般说，当时法学院教授多为民主人士、进步分子，如严景耀、雷洁琼夫妇，赵承信教授，林耀华教授等。文学院新闻系蒋荫恩教授、中文系林庚教授等是进步分子，而中文系主任高名凯以及教育系廖泰初、胡梦玉夫妇属中间。文学院重点是历史系教授聂崇岐、齐思和二教授。
>
> 但是这次运动真正要"整"的对象却是著名学者校长陆志韦教授和著名民主人士哲学系张东荪教授。为了形成"对比"，组织全校师生大会听取某些教授的典型"自我思想检查"。先有著名民主教授雷洁琼（民进中委）、翁独健教授以及1949年由英国回国的侯仁之教授作"检查"。这些发言事先都由工作组帮助，主要是我直接与他们谈话，我们并且与学生干部联系，让他们在大会期间组织

学生干部向大会主持人传递"表扬""满意"的纸条,由主持会者宣读。在一片掌声中结束大会。但对陆校长和张东荪教授却完全是另一景象。事先分别向学生干部报告"批判"他们的要点,其实是组织学生(主要是党、团员)向大会主持人传递"不满意""不通过"的纸条,以及对某些问题的质问,最后"轰"下台来不予"通过",挂了起来。①

当事人的回忆展示了思想改造运动内部更复杂的运作机制。其中最重要的一点是,在燕京大学的思想改造中,不仅树立了"坏"的典型(真正要斗争的对象),也树立了"好"的典型(民主人士、进步分子),对两类典型的动员和改造执行的是完全不同的一套机制,这样,原先被当作一个被改造对象"整体"的知识分子集团被分裂了。这种分裂或许一定程度上是知识分子政治行为的客观反映,但更主要的是运动领导者运作政治运动的技术手段,在社会学家看来,这在分裂政治运动的运作中往往是一个非常关键的因素。

　　此前在燕京大学反美运动中被当作重点批判对象的社会学家们,如严景耀、雷洁琼、赵承信、林耀华等人,此时却被作为"好的典型"树立起来。自抗战以来,在燕京大学,社会学家严景耀、雷洁琼夫妇一直是"进步教授"的典型。当然在不同的历史语境下,"进步"的含义是不同的。比如在抗战中,雷洁琼被认为"进步"的原因是她积极参与组织妇女抗日运动;到了国共内战时期,则又是因为其政治立场,特别是在"下关惨案"和"沈崇事件"中的表现而受到关注。所有这些,也可以看作雷洁琼夫妇在1949年以后受到较高政治礼遇的伏笔。

_____

① 张世龙:《燕园絮语》,第9—11页。

更重要的是，"进步教授"的定位和知识分子对此的认同，意味着他们必须尽快地寻找对新政权的合法性（特别是在文化领域）的合理和有效的解释，因为从一方面说，为新政权谋求合法性的话语基础，就是在为自己在这个新政治格局中的地位寻找正当理由。正因为如此，早在大规模的思想改造运动尚未开始以前，"进步"的社会学家们已经在主动地进行自我反省和自我改造。1950年和1951年，费孝通分别把他有关思想改造和大学改革的文章结集出版，分别题为《我这一年》①和《大学的改造》②。在前一本书里，费孝通试图扮演两个角色：一方面，他承认自己就是"受几十年英美教育"的"个人主义者"，因此无论习惯还是性格都需要接受批判；另一方面，他又试图承担"教员"的角色去推动知识分子和青年学生的自我反思与批判。两种形象之间的张力，有时令费孝通感到压抑和沮丧。当然与潘光旦接受思想改造时那种感觉不一样，费孝通的这种感受，还基本上是一种个体"内在"的冲突。在后一本书里，费孝通则提出了改革旧教育的一系列主张，其中有关"社会学系改革"特别引人关注。因为此后社会学界在进行抢救社会学的讨论时，很大程度上是基于费先生的这个摹画。而前一本书中的那种内在的紧张，在这本书里同样也能隐约感受到：他赞成改革，可是又不愿完全抛弃旧教育制度，他暗示了自己对正在大学开展的某些改革的不满——尤其在他为自己的学校（清华大学）和自己的学科（社会学）寻求继续存在的合法性时，这种不满体现得很明显。

这仅有的、隐约的一些不满，在随之而来的社会运动中，也被荡涤干净了。就像我们在本章开头看到的那样，在反美运动中，费孝通和严

---

① 费孝通：《费孝通文集》第6卷，第95—148页。
② 费孝通：《费孝通文集》第6卷，第1—87页。

景耀都发表了控诉美国文化侵略、批判"崇美意识"的文章。这并不意味着他们已被新政权视为异类,正相反,在运动早期,让这些代表首先进行控诉和自我批判,正是强化其"进步"形象的手段。经过反美运动的波澜以后,"进步者"的形象实际上得到了强调,与此相应的,在接下来的大规模思想改造运动中,他们的角色发生了变化——在 1951 年以前,费孝通尽管也做了自我批判,可是他还没有学会使用一整套马克思主义话语体系,包括基本的范畴和方法。他的叙述,要么是事实的描述,要么是从传统资源中攫取资源。可是,从 1952 年开始,情况变了。这批进步社会学家,开始努力学习、适应并尝试着使用新的话语体系了。严景耀重读了毛泽东在 25 年前发表的著作,并写下了体会,实际上就是总结了毛泽东有关社会阶级对立问题的基本视角。[1] 他随后制定了一个完整的学习毛泽东著作与思想的计划,而这是与他对于"革命知识分子"在思想改造和社会主义建设中"正功能"的期许紧密联系在一起的。[2] 另一位"进步学者"赵承信则通过自我批判的方式,从"学科内史"和"学科外史"的角度,全面检讨了社会学学科与美国的紧密联系,以及作为一种学术范式,在美国全面影响下的内在局限。[3] 这意味着,"进步学者"已经试图全部放弃自己思想的合法性基础。在这样的基础上,雷洁琼、严景耀、赵承信分别对张东荪提出严厉的公开批判,也就是顺理成章的了。

本节无意对"进步教授"的是非功过做道德上的判断,只是想借此说明,思想改造运动的运作模式是复杂的,技术上也是策略性的。这种动员在技术上的核心特征之一,就是将同一个群体进行割裂和分化,并

---

① 严景耀:《读〈中国社会各阶级的分析〉的一些体会》,《新建设》1951 年第 1 期。
② 严景耀:《有系统地学习毛泽东思想来进一步改造思想》,《新建设》1952 年第 2 期。
③ 赵承信:《批判我的"国际学者"思想》,《光明日报》1952 年 3 月 4 日。

对于不同的群体利用不同的模式进行运动。

　　费孝通把接受思想改造看作对他们这些教育者的"再教育"。在布迪厄看来，教育本身就是一种符号暴力，他认为这种符号暴力的传播在实施对象的不同集团间会产生不同的生产力，"在一个给定的社会构成中，由于主灌输方式有助于满足统治阶级，即合法对象的利益，所以主教育工作在它实施对象的不同集团或阶级中产生的不同生产力，总是随着初始教育工作为不同集团或阶级灌输的初始习性与主教育工作灌输的习性之间的距离大小而变化（即随教育或文化移入在不同集团或阶级中成为再教育的程度或成为对原有文化的脱离的程度而变化）"①，他所指的这种不同集团间的不同生产力正是我们在思想改造运动中可以实际看到的。

　　而在泰罗（Sidney Tarrow）那里，这种不同的生产力的产生，还取决于在不同集团间不同政治运动动员结构的差异。泰罗将之区分为"内在动员结构"和"外在动员结构"。他用内在动员结构来指代在一个社会运动动员没有开始前，该社会运动就已经有了一个内部机构、等级和功能分明的组织，该社会运动动员的相当一部分是在组织内部进行的。② 这提醒我们，全面地理解思想改造运动及其对像社会学这样的知识体系的理解，是不能仅仅从一个方面来看的。思想改造运动并不直接关涉"社会学"在新政权下的命运，但是从我们对参加其中的社会学家心路历程的分析可以看出，社会学家内部，从心态到现实处境，都开始出现分裂。与我们在此前论述过的1949年以前不同的社会学学派之间在学理上的分歧不同的是，这种分裂在很大程度上是外来因素

---

① 皮埃尔·布迪厄、帕斯隆：《再生产：一种教育系统理论的要点》，邢克超译，第56页。
② 转引自赵鼎新：《社会与政治运动讲义》，第260页。

造成的,而且有更多非理性的特征。在具体的语境中,这种分裂又往往与原有的派分结合在一起,形成了 20 世纪 50 年代初社会学界身处其中的"混沌"情境。这有助于我们从"外史"的角度理解社会学在随后历史进程中的命运。

第三节　从改造到中止:社会学的命运

(一)　"学程认真减去"①

1949 年 1 月以后,随着军管会的入驻,全国各大学和研究机构进入一个短暂的接受"军事管制"的阶段,对大学的初步改造也随之开始。作为清华大学的代理教务长,费孝通在这个时候表现得很积极。他很明白,在进入新民主主义时期以后,新的建设任务对大学提出了新的要求。在新的任务面前,"原有大学制度的教学内容暴露了它的弱点",因此"当前各大学需要改造"是件"极明白的事实"。② 不过在费孝通看来,大学改造的当务之急,主要不在于课程的具体内容,而是在形式上,比如课程的时限安排、教学体系的构成、教师队伍的结构等等。至于具体的教学内容的改革,费孝通则暗示说,对理工科的改造要求反而比对文法科的要求要急迫得多,因为大学改造的基本原因和目标,都着眼于强调高等教育的"实用性",而新社会各项建设,显然对加强理工科"实用性"的要求更急切些。③

不过,大学里的社会学家们还是隐约感受到了他们的学科所受到

---

① 潘光旦:《潘光旦文集》第 11 卷,北京:北京大学出版社,2000 年,第 328 页。
② 费孝通:《费孝通文集》第 6 卷,第 1 页。
③ 费孝通:《费孝通文集》第 6 卷,第 1—16 页。

的"冷落"。一个明显的例子是，从 1949 年 6 月开始，社会科学各学科领域一系列新的研究组织纷纷开始建立。一方面，这些组织的建立，标志着新政权以新的意识形态对原有学科进行改造的开始；另一方面，这也意味着这些新学术研究机构所依赖的学科的合法性的认可。然而，十余个新组织涉及了经济学、历史学、法学、政治学等等，却并没有与"社会学"相关的组织，只有费孝通、严景耀和雷洁琼以个人身份加入了其中的几个组织。① 这期间，潘光旦曾主动接触过"新法学研究会"的副会长李达，约请其去清华大学社会学系兼课，却遭到婉转地拒绝。②

表 7　1949—1951 年新成立的主要社会科学研究组织

时间	名称	地点
1949 年 6 月 26 日	中国新法学研究会筹备委员会	北平
1949 年 7 月 1 日	中国新史学研究会筹备委员会	北平
1949 年 7 月 8 日	中国新哲学研究会发起人会议	北平
1949 年 9 月 18 日	中国新政治学研究会筹备会	北平
1949 年 9 月	中国新经济学会	上海
1949 年 10 月 10 日	中国文字改革协会	北京
1950 年 1 月 4 日	中国新法学研究院	北京
1950 年 8 月 12 日	中国金融学会	北京
1951 年 7 月 28 日	中国史学会	北京

　　资料来源：王亚夫、章恒忠主编：《中国学术界大事记（1919—1985）》，上海：上海社会科学院出版社，1988 年。

---

① 费孝通加入了"新经济学研究会"（参见《中国新经济学研究会总筹备会在平成立》，《人民日报》1949 年 7 月 11 日），严景耀加入了"新法学研究会发起人会议讨论建设新法律"，《人民日报》1949 年 6 月 30 日），雷洁琼加入了"新政治学研究会"（参见《中国新政治学研究会筹备会在平成立》，《人民日报》1949 年 9 月 20 日）。

② 潘光旦：《潘光旦文集》第 11 卷，第 287 页。

　　与此同时,对大学课程的初步调整也逐步展开。1949 年 6 月,华北人民政府颁布了《华北高等教育委员会组织规程》,规定了华北高等教育委员会的职权。从此,华北地区所有被接管的高等学校,都被移交给这个委员会管理。这实际上标志着大学治理已经开始由军事管制向文官系统转移。华北高教委员会的首要任务之一,就是使"唯物论知识能够真正全面地进入大学"①。在 8 月 10 日委员会召开的第三次常务会议上,"辩证唯物论和历史唯物论(包括社会发展简史)""新民主主义论(包括中国近代革命运动简史)"被确定为各院校的公共必修课,每课每周教学时间为三小时,一学期修完。文法学院另加"政治经济学"作为必修课,每周三小时,一学年修完。② 这是一次为大学政治科目的基本框架"定调子"的会议,在所有的与会者中,只有许德珩有过社会学研究的经历。不过他也不是以社会学学者的身份,而是以华北高等教育委员会的一名领导的身份与会的。

　　一个多星期以后,费孝通和严景耀分别以清华大学代理教务长和燕京大学教务长的身份,与其他十余个教学研究机构的 40 多名负责人代表一道,参加了华北高等教育委员会召开的京津两地大学、专科学校、研究机构和文化机关负责人会议。在会上,华北高等教育委员会副主任钱俊瑞做了《关于专科以上学校公共必修课和文法学院各系课程改革决议》的报告。与会者主要就三门公共必修课的任课教师、具体科目的教学顺序、文法学院必修科目的增减、各校俄语课的开设等问题展开了讨论。讨论结果是第一学期开设"辩证唯物论和历史唯物论",第二学期开设"新民主主义论"。由于能胜任教学的教师不足,所以只能

---

① 大塚丰:《现代中国高等教育的形成》,黄福涛译,北京:北京师范大学出版社,1998年,第 78 页。
② 钱俊瑞等编:《知识分子的自我改造》,第 5 页。

由原来讲授政治、经济、法律、历史、哲学等课程并对马克思列宁主义"有研究和关心"的教授、讲师和助教,成立新哲学、新民主主义和政治经济学三个教研室,高等教育委员会定期召开各教研组座谈会,起草教学提纲,提出参考资料,研究教学重点,相互交流教学经验。华北高等教育委员会还号召将学生组织起来,与教授一起学习,以收到"教学相长"的效果。①

又过了几天,清华大学文法学院院长和各系主任,在潘光旦家里听取了费孝通关于这次会议的报告,学者们商定组成 13 人委员会,对共同必修课程进行商讨——很显然,他们对此还保有自己的看法。很快,文法两系的学生们也获知了他们的共修课程即将面临改革的消息。

9 月,新学期开始了,同北平各高校其他大部分系科一样,清华大学社会学系也开始进入新学期。新入学的学生,虽然比往年少了些,但是在当时全面"偏重理工"的情况下,也算差强人意。表面上看,社会学系的日常工作,同往年一样平稳有序地开展着。9 月 10 日,教授们按照惯例,整理好当年度的"学程",送交学校报批。这天夜里,袁方、全慰天、胡庆钧来到系主任潘光旦的家里,和他商量社会学系今后的长远规划。年轻的学者们显然有备而来,他们带来的两篇讨论社会学系现状与未来的文章,受到潘光旦的高度赞扬,并准备送《光明日报》"大学"副刊发表。两天以后,教授们又聚在一起,讨论系中各教授研究室的分配。13 日,金陵女子文理学院的吴贻芳校长还专门来到社会学系"取经",学习清华"学程改制"的经验。②

在"学程改制"上,先行解放的北京各高校确实走在前面,像清华大

---

① 参见胡建华:《中国现代大学制度的原点:50 年代初期的大学改革》,南京:南京师范大学出版社,2001 年,第 135—139 页。
② 潘光旦:《潘光旦文集》第 11 卷,第 289—293 页。

学和燕京大学都按照新形势的要求,开设了新的课程,费孝通、赵承信、严景耀等,就分别担任过"中国新民主主义经济问题""马克思列宁主义基本问题""社会发展史"等课程的教学。不过这些课程名称既不统一,体系也很凌乱,显然,这些只是各校的进步教授们在尚未全面领会社会学课程改革精神之前的"权宜之计"。他们知道在新形势下,显然需要借助一些新的政治话语与知识体系,来确保社会学这门"旧课程"的合法地位。况且在原有教学体系中引入一些符合新政权意识形态的话语,也并非很困难的事。至于这"话语"背后的实质内容究竟是什么,反倒显得并不那么重要。潘光旦告诉吴贻芳,清华社会系确实在"改",然而改得最彻底的,或许只是课程的名称。潘光旦在那个新学期,开设"西洋社会学说派别批判""中国社会思想(儒家)批判"等课程,虽然名称上加了"批判"的字样,但内容与以往基本没有改变,换汤不换药。这个状况恐怕是当时所有的社会学系都曾遇到过的问题。民族学家李绍明1950年进入成都华西大学社会学系,他当时遇到的就是这种情形:

> 那时给我们上社会学理论课的是蒋旨昂先生。那时候社会学理论已经不叫"社会学理论和方法"了,改叫"唯物社会学",以表示与之前的西方唯心的社会学相区别。……但是,只是名称改了一下,内容仍是西方的社会学理论……换汤不换药。名称变了叫"唯物社会学",但讲的还是西方社会学是怎么来的,比如孔德是怎么样的,还是没有变,因为他没有办法变,怎么能一下子就变过来呢?不可能,学术的东西。而且马克思主义社会学也是西方的,他怎么能说得清楚?说不清楚。所以名称叫"唯物社会学",表示我们不是(资产阶级)了,……它的体系没有变,内容也没有变。……华西

的体系，还是英美的体系。①

不过平静之中也隐藏着不安。社会学系有学生开始对以往培养通才的教学模式不满，准备退课。接着有消息传来，说在南方很多人文社会科学系科已经被裁撤取消了，对社会学课程设置的讨论还在反复进行中时，学生中又有精简课程的强烈呼声，甚至于到了取消除政治大课和俄文以外的全部课程的地步。潘光旦对此既无奈又感慨，在这一年年末的社会学系联欢会上，他写了一副对联，劝同学们稍安勿躁，对精简课程要从长计议。

　　社会学家们开始对学科的未来有些担忧了，这担忧不是没有道理的：1949 年的 10 月 11 日，在华北高等教育委员会颁发的《各大学专科学校文法学院各系课程暂行规定》（简称《暂行规定》）中仅对文法两学院七个系——文学、哲学、历史、教育、经济、政治、法律——的课程做了规定。对社会学系、人类学系、新闻系、家政系等一批已有若干年开办历史的学科仅有"原则性的指示"。这些榜上无名的学科的存续问题引起了人们的关注。② 由于社会学系课程在《暂行规定》中未作明示，引起了不少"猜测"，甚至有人预感到社会学系可能就要被取消了。在他们看来，社会学的学科建制危机主要来自两方面：一方面是"经过十年战争之后，中学程度已被降低，大学实际上是一种补充中学程度不足的工作"。"在中学程度没有提高之前，只有降低大学程度，至少是部分的，让它暂时代替较高的专科学校"，而在经济建设中，"中级干部"最缺乏，所以大学毕业生一出校门，就要立即承担起"技术性的工作"。在社

---

① 李绍明口述：《变革社会中的人生与学术》，伍婷婷等记录整理，第 87—88 页。
② 转引自鲍嵘：《学问与治理：中国大学知识现代性状况报告（1949—1954）》，上海：学林出版社，2008 年，第 95 页。

会和政府要求大学培养"专门人才"的呼声日益高涨的情况下,是否能给学生出了校门就能用的知识与技能,即是否能提供某种"业务训练"成了判定一个学科合法性的几乎是唯一的依据。而社会学明显以"理论性"和"综合性"见长,"业务训练"则较弱,此为其建制上的第一个"隐患"。另一方面,由于马克思主义关于社会发展规律学说的广泛宣传和以公共必修课程的方式实现了建制化,这样,以"社会发展的过程""城市和乡村的关系"为研究对象的社会学是否像以往那样是一个"专门而独立"的学科成了问题,这是这门学科建制上的第二个"隐患"。

（二）　社会学的再定位与改造

针对上述状况,在 1950 年上半年,清华大学的代表吴景超、费孝通、潘光旦,燕京大学的代表林耀华、雷洁琼和翦伯赞,辅仁大学的代表李景汉和魏重庆,举行了一次讨论会,商议社会学系课程应作如何改造,从而在适应国家和社会实际需要的过程中求得存续的策略。会后,费孝通将他们的讨论结果草拟成文,题名为《社会学系怎样改造》,这篇文献代表了社会学家对社会学该以什么样的形式存在于新社会的基本意见。①

从这篇文献可以看出,社会学教授们对过于强调"技术训练"不以为然,认为解放前大学教材常常和实际相脱节,不注重"技术训练",而解放后力求"理论与实际结合",虽然"完全正确",但在纠偏的过程中出现了另一种偏向,那就是"狭隘的技术观点",导致学生要求"在学校学会一行手艺,出门可以有本领吃饭",而大学又显然难给学生出门就有用的"手艺",因而使学生发生不满意的情绪等等。"狭隘的技术观点"之所以不对,理由有二:其一是"理论本身是有价值的",理论并不是空

---

① 参见费孝通:《费孝通文集》第 6 卷,第 38—48 页。

谈，而是前人积累下来的经验，"以往的弊病是把理论弄成了教条，现在的偏向是只求经验忽视理论"。为了克服理论与实际的脱节，要做的是"讲理论时和具体事实相结合"，而不是"不要理论只求学手艺"。其二，大学具有不同于专科学校的任务，大学应当着重综合性的训练，使一个大学生毕业之后，具有较高的理论基础及文化程度，使他们对所担任的业务有能力起到创造及提高作用，"大学毕业生在专门业务训练上可能在初期内赶不上专科毕业生，正等于专科毕业生可能赶不上学徒。但是因为他们具有较高的理论修养及文化基础，在对业务的创造及提高方面，可以发挥出他们的长处，而这种长处，是学徒甚至专科学生所不易有的"。基于以上两个理由，大学应从理论的、综合性的训练中建立自己合法存在的基础，当然社会学系培养人才也不例外。

不过，教授们在讨论中也注意到现实的需要与特定的情况，要求社会学系和大学其他各学系应该加强"专业训练"："如果不顾实际情况，强行一般大学的标准，必然会发生好高骛远的弊病。"那么社会学系能够进行哪些专门业务训练呢？"户籍工作""儿童福利工作""工厂检查工作""少数民族工作"都是需要相当专门性业务训练的，而这种训练恰恰是社会学系课程所能够提供的，这些学科课程"并不是直接维持反动统治的"，相反，"这一类课程对于新民主主义社会的建设还相当有用处"。

社会学还存在与马克思主义的渊源：社会学在资本主义社会中是作为"对立理论"发展起来的，在资本主义的学术圈中它本来就处于"边缘状态"，社会学还有一部分课程本身就"夹带"了马列主义的观点，例如"社会发展史""社会调查研究"等等，对于这样的课程不仅不能废止，而且还应该在淘汰"非马列主义部分"之后使它们得到发展。

为什么社会学没有得到及时的改造？讨论认为：与法律、政治等学科相比，社会学与资产阶级"正面结合"的成分要少得多，课程内容上与马列主义有着相通之处,因此,与法律系的"六法全书"被废止、所授课程的内容要进行根本性改造相比较而言,社会学课程的改造就显得不那么严重与迫切。社会学课程改造的重点是"改变观点""充实内容"。在新形势下社会学具体的课程设置可分为三大类:一是马列主义理论课程,二是文化工具课程,三是专业性课程。马列主义课程包括两层,一层是基础必修课程,如一、二年级开设历史唯物论及辩证唯物论、新民主主义论、政治经济学,三年级学习"马列主义名著选读",四年级学习"政策与法令";另一层是作为社会科学的学生,要扎实地建立马列主义理论基础,需要由社会学系和其他社会科学的学系合作开设的马列主义分论课程,如"社会发展分段史"(每阶段为一门课程)、"社会经济结构"、"政治形态"(国家、阶级、家族)、"意识形态"。文化工具课程则包括本国语文、外国语文、统计知识及技术、社会调查研究方法、中外历

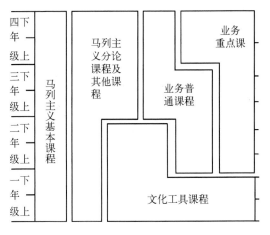

图 5　社会学系课程规划图

资料来源:费孝通:《费孝通文集》第 6 卷,第 46 页。

史等。专业性课程（业务课程）则包括一般性的准备课程和重点性的专业课程。比如，一个准备以"城市工作"为专业的学生，必须先修一般性的课程，如"工业化问题""资本问题""俄国资本主义发展史"，而后再学习专业性的课程，如保险、户籍、合作、救济等。社会学家们为社会学系未来的课程规划，制定了一份详细的方案。

在这一时期，高校中社会学系的教师们做了种种努力，想保住这个系。他们尝试运用马列主义特别是阶级分析的观点，主动从思想上批判资产阶级社会学，但在否定时又肯定其价值。他们承认，马克思和列宁批判孔德的社会物理学和斯宾塞的社会有机论，其实社会学者也并未全盘接受这些理论，只是在批评这些理论时，未能用马列主义的观点认识这些学说的反动性质。尽管马列主义与社会学在分析事物之间的相互关系上有相似之处，但是社会学者将许多因素汇集在一起，只是分析它们的相互关系，而不明白它们各自具有的作用。而马列主义者从中找到了一个主要的推动力——物质基础，这却被一切社会学者所忽视。虽然在马克思以前，社会学者早就提出了冲突或矛盾的观点，可他们偏于研究社会的合作与和谐，而不愿意去了解阶级之间的对立与矛盾。社会学理论的诸多缺陷决定了社会学系的落后性质，所以必须改造。为了积极地参与改造，清华大学社会系师生定期连续地举行学习讨论会，他们研读毛泽东在《农村调查》一书里所提出的调查方法，与本系过去所做的社会调查做比较，反省过去的调查工作存在的不足，如对于农民生活的分析不够深入，对他们所受剥削的痛苦了解不够深刻；而且，调查者只就个人选择的题目进行实地研究，研究的结果最多印成一本报告，倘若材料丰富，分析入微，最多只为个人赢得一个虚名。同时，他们试图开展新的调查活动。1950年暑假，清华大学社会学系获得北京市政府的批准与赞助，动员了十多名教员与学生，在北京城内进行特种手工业的调查与研究。通过以上一系列的活动,使大家取得共识,认为今后的社会学系必须采用马列主义的观点和方法,站在无产阶级的立场上,来分析当前中国的社会问题。如果说哲学系偏重理论的分析,社会学系就偏重实际情况的调查与研究,侧重的是无产阶级哲学的实践。[①]

(三) 院系调整与社会学的消失

1950年6月,第一次全国高等教育会议的主要议题之一,就是高等教育各院系的课程改革问题。社会学系的讨论小组,由费孝通、林耀华、刘渠、雷洁琼、潘光旦、赵承信和李达等人参加,他们讨论的蓝本,就是费孝通此前起草的那份课程改革方案。最终议定的决议案初步反映了"社会主义教学制度"下学科制度结构的基本特征。在这份文献中,在进行了结构性改造的前提下,社会学系得以保留。[②]

新政权原本计划在全国高等教育会议之后,立刻进行大幅度的高教改革,但这一计划却引起了一场激烈而尖锐的争论。在全国高等教育会议召开的前后,一些学者通过各种方式表明他们不同于官方的意见。5月27日晚,民盟文教委员会和《光明日报》社在清华大学组织召开了"高等教育问题座谈会"。会议由张东荪主持,出席的27人都是燕京大学、清华大学、北京大学等高校的教授、系主任、院长等,其中的社会学家有潘光旦、费孝通、雷洁琼、严景耀。在座的大多数学者认为,尽管教育要同政治、经济、文化建设相配合,但不能太狭隘。综合性大学有利于学术的交流合作,能够促进理论与实际的真正结合。为了应付各个部门对人才的急迫需求,可设训练班、专修科,但绝不能完全将大

---

① 参见阎明:《一门学科与一个时代:社会学在中国》,第252页。
② 这份草案社会系部分的全文,见附录四。

学变成专科教育。高教改革不能操之过急,应当逐步进行,不能立刻破旧立新。例如,燕京大学社会学系一直很少开设劳动方面的课程,但本学期新成立一个劳动组,劳动必修科有 30 个学分,可学校完全没有经验和力量开设这些新课。新的事物发展得太快是有风险的。大学改造主要是在原则性的指导下,靠教师们自动自发地去创造经验。领导上必须注重怎样去启发群众的积极性,如果拿出一个方案要大家照办,不但这个方案可能不完备,也可能在实际中行不通。①

就这样,本来准备于 1950 年秋推行的"院系调整",由于大多数高校教师的反对,不得不暂时停止。② 社会学学科也随之暂时得到保留。但这一时期,高校社会学系的学生人数却在下降。例如,1949 年以前燕京大学社会学系的学生一般占全校学生人数的 8%—10%,到 1950年秋这个百分比降到 2.9%。尽管如此,由许多社会学者提出强调社会学的应用性、化整为零的"意见"暂时得到采纳。

然而,这种勉强维持的局面并没能持续多久。到 1952 年下半年,院系调整基本得以按计划完成。改革之后的高校全部为国立,由高教部集中领导,高校的经费来源由国家预算拨出,招生工作和分配工作也由国家统一进行。全国高等学校从 227 所减至 182 所,其中综合性大学从 65 所减至 14 所。许多当时急需的专业从多个大学中抽出来,重

---

① 参见鲍嵘:《学问与治理:中国大学知识现代性状况报告(1949—1954)》,上海:学林出版社,2008 年。

② 唯一按预定计划实施的是中国人民大学的成立。中国人民大学成立于 1950 年秋,这是中国按苏联模式建立的一所新型高等学校。中国人民大学有经济计划、财政、贸易、工厂管理、合作、法律、外交、俄文等专业。全校 3000 多名学生中,参加革命多年的工农干部和先进工人占三分之二以上。每门课程都有课堂实习和生产学习。在教学中强调计划性与组织性,如设教学研究室。大多数教研室有苏联专家指导、培养师资,编写教学大纲与教材讲义,并指导科学研究以及有关教学方法、制度等工作。专业的教学计划基本上是以苏联相应的教学计划为蓝本,结合中国具体情况编制的。参见胡建华:《中国现代大学制度的原点:50 年代初期的大学改革》,第 167 页。

新组成一些专门学院,其中包括工业院校 38 所、师范院校 31 所、农林院校 29 所和医药院校 29 所。得到保留的少数综合性大学是苏联式的文理科大学,即包括人文、社会科学、自然科学的理论性大学,专业之间缺少相互渗透,而不是欧美国家那种包括多学科的综合性大学。在教学方法上学习苏联,课程采用苏联教材。

从总体上看,院系调整对人文社会科学各系的处理分别采用了三种方法:对语文、历史等系科,大体上保留原有设置,帮助教师学习马克思主义,进行思想改造和教学改革;对哲学、财经、政法等所谓阶级性和政策性较强的系科,采取合并集中的办法,消除旧的基础,帮助教师进行思想改造和学习马克思主义,并大力培养新的师资,以求在新的基础上重建这些系科;对社会学系、政治学系等这些所谓"最反动、最无用、最不成体系"的系科,则采取了撤销的办法。在这样的方针下,中国大陆高校的社会学系此后基本被取消了。

社会学系当时的主要内容有三类:民族问题、劳动问题、民政问题。民族问题被纳入新成立的中央民族学院;民政问题的一部分——政法问题被纳入政法学院;劳动问题被纳入中央财经学院内一个两年制的劳动专修科。1954 年,劳动专修科并入中国人民大学,同时改为一年制的劳动经济专修科。1955 年 8 月又被"收缩",变成中央劳动干部学校中一个一年制的干部轮训的劳动经济班。对于原社会学者,各有关院校大致按个人专长,重新分配工作。例如,在北方,吴文藻、潘光旦、吴泽霖及费孝通去中央民族学院;严景耀和雷洁琼到北京政法学院;陈达、吴景超、李景汉、赵承信等先去中央财经学院,后到中国人民大学。1956 年,中央劳动干部学校成立,陈达、袁方转去该校工作。史国衡则完全脱离了教学岗位,在清华担任总务工作。在南方,上海复旦大学社会学系取消后,言心哲转到上海华东师范大学教育系担任翻译工作;孙本文到南京大学地理系任教;柯象峰则转到英语系任教。高校系统之外的社会学研究也逐渐停止,比如时任中国科学院副院长的陶孟和也在此时与社会学作别。中国科学院成立于 1949 年 11 月 1 日,基本上按苏联科学院的体系组成,由郭沫若担任院长。社会学家陶孟和是四位副院长之一,原先由他主持的中央研究院社会研究所,被改组为中科院的社会研究所。社会研究所没有正所长,副所长是经济学家巫宝三,所内共有研究人员 29 人。1950 年初,其他自然科学、文史研究所的工作陆续恢复,唯有社会研究所为了提高政治认识,改造思想,期能利用马列主义观点进行研究社会工作起见,全所人员都致力于政治及理论思想的同时,所里拟定了计划,准备重点研究国际经济、中国现阶段的经济问题以及近 300 年社会经济史。清华大学社会系的史国衡,自1950 年 6 月起成为中科院社会研究所兼职副研究员,他也计划进行"工资制度"的研究。不过,上述所有这些工作计划后来均未能开展。自 1953 年起,社会研究所改名为经济研究所,从此同社会学脱离了关系。

至于社会学系学生的情况,以清华大学社会系为例。1948 年,北平解放后,在共产党的号召下,大专院校学生参军参干,清华大学社会系就有许多学生参加了"四野"南下工作团。1949—1951 年,社会学系每年都招收新生,全系设两个专业,一是劳动工资组,二是民族组。但因社会学被视为资产阶级学科而受到冷遇,社会学系的学生思想不稳定,时有提出转系的申请。社会学系被取消后,对学生的安置办法是:49 级学生提前一年毕业分配工作,仅 1 人留在民族组;50 级留在民族组的学生有 3 人;51 级的学生没有人留下。50 级和 51 级没有留在民族组而又未毕业的学生,转入了别的院校继续学习。1952 年 7 月,中央民族事务委员会组成"中央西南民族工作视察组",从各单位抽调人员参加,包括清华大学吴泽霖、李有义、胡庆钧三位老师和四名民族专业的学生。他们去西康藏族自治区和西康凉山彝族自治区进行社会调查。工作结束后,四名学生进入中央民族事务委员会工作。

　　参照我们在第二章结尾处出示的那张有关学术资源与学科制度结构的表格,我们看到,从社会学发展学术资源向度上看,院系调整通过对学术支助(要素 A)的全面掌控和此前作为一个整体的研究团队(要素 B)系统性的瓦解,剥夺了社会学学科两个最重要的基础性学术资源,进而也是对学科制度的根本改造。

　　从学科制度构成的角度来看,判断也基本一致:对于在学科建构中占据核心和主导地位的知识行动者(要素 b-1)而言,经过了中华人民共和国成立初期的历次思想改造运动,社会学家在一定程度上开始接受和使用主流意识形态的话语,院系调整导致的所谓"社会学学科的消亡",其意义主要在于彻底限制了"研究计划与课程设置"(要素 b-2)和必要的学术资金支持(要素 b-4)[①],并部分削弱了学术流通与评级(要素 b-3),也就是说使得社会学学科失去了制度性的实体依托。至此,社会学作为一门学科,从中国的高等教育和科研机构中消失了。

---

① 以陈达为例,尽管 1957 年他因为人口问题专家身份而日益受到重视,但进行实际工作开展的物质条件阻碍却依旧严重:"根据陈达直接领导的科学研究室几个月来的活动情况看,在编制、干部、经费、设备等方面均受很大限制,困难重重,连购置一架计算机的问题,劳动部和本校(指陈达所在的劳动干部学校——引者注)也无力解决,实不足适应客观的需要。"罗青:《关于人口问题研究工作进行情况的报告》,载费孝通等:《人口问题研究搞些什么?》,北京:中国社会学研究会,1980 年,第 88 页。

第六章 社会学在苏联的命运及其
对中国的影响

——知识制度变迁的外来因素

> 我们中间,对苏联说好说坏的人都是很多,甚至于可以说
> 凡是多少受过教育略具世界知识的人,对苏联都有一个极笼
> 统的或好或坏的判断。但对它真正悉力观察用力研究的人又
> 有得几个呢?①
>
> ——潘光旦

1950 年 6 月 1 日,第一次全国高等教育会议开幕式在北京举行,这
次会议邀请了来自全国的数百位高等教育界专家共同商议讨论高等教
育的方针、任务等问题。费孝通是受邀的代表之一。几天以后,他以一
贯的富有感情的文笔,记录了对这次会议的观感:

> 从来没有过这样一个场合,聚集了这样多来自全国各地的高
> 等教育的工作者:从哈尔滨到广州,从兰州到上海,纵横万里的大
> 陆,每一个高等教育中心都有了代表;他们为了同一的目的,讨论
> 了共同的问题。这一件事实具体地表现了新中国的统一。②

① 潘光旦:《潘光旦文集》第 10 卷,第 35 页。
② 费孝通:《费孝通文集》第 6 卷,第 213—214 页。

他继而写道:"有一种力量凝合着每一个人的心,离散多年的兄弟们团聚了。"对于费孝通来说,这句话恐怕不仅仅是比喻,因为他的大哥费振东、二哥费青,都应邀参加了这次大会,离散多年的兄弟真的团聚了。在这次大会上,旧课程的改革与新课程草案的制定被列为主要任务之一。会上推举了参与各学院各系课程草案制定工作的代表。费家的三位兄弟,分别成为政治系(费振东)、法律系(费青)和社会系(费孝通)的代表。

社会系组的12位成员分别为费孝通、林耀华、刘渠、李达、雷洁琼、高朗、马鹤天、潘光旦、赵承信、王雪松、高而柏、李国璋,至少有差不多一半的人此前与费孝通熟稔,而他本人排名第一位,成为事实上的召集人。接下来有关社会系课程改革的讨论,基本是以费孝通在三个月以前所设想的架构《社会学系怎样改造》为蓝本的。费孝通雄心勃勃,他认为自己设立的这个课程分配原则,"并不一定限于社会学系",而"可以作为将来社会科学院的张本"。[①]

然而,就在大会结束的前一天,《光明日报》发表了对应邀与会的苏联教育专家阿尔辛节夫的专访。在阿尔辛节夫的发言中,有这样一段话专门针对社会系的建制而发:

> 为什么要设这一"系"或不设那一"系",这从什么角度来考察呢? 只能从"系"的任务,即以培养哪一种人才为设"系"的出发点。有些"系"的任务很明确,一看就知道它是负有培养哪种人才的任务。但也有些"系"尚欠明确。……教育学系、社会学系、政治学系的任务就不太明确。……什么叫作社会学? 在科学的领域内根本

---

① 费孝通:《费孝通文集》第6卷,第49页。

就没有这一种科学。它如果是以社会为研究对象的一种科学,那应该是历史唯物论的任务。社会学这一个名词是不能成立的。在我们的大学里不应该有两种思想并存,我们在资产阶级的所谓社会学或者是历史唯物论之间,只能取其一。现在社会学系中的劳动组,它是一种很好的工作,但应是属于经济学系的范围之内,可以合并过去。①

很明显,阿尔辛节夫的言论不仅剥夺了"社会系"建制的合法性,甚至也宣布"社会学"为非法,等于从根本上否定了费孝通和他的同人们改革社会系课程的种种努力。考虑到这次高等教育会议的主要议程之一,就是听取阿尔辛节夫对苏联高等教育改革情况与建设经验的介绍,可以想见他对于社会学和社会系的意见在费孝通心中引起的震动。几天以后,费孝通在《新观察》上撰文,在开头的简短"抒情"后,费孝通笔锋一转,婉转地道出了自己的忧虑:在费孝通看来,尽管旧教育有种种严重的缺陷,但将它看成一堆腐烂的垃圾也是不对的。社会的发展有连续性,没有昨天就没有今天,没有今天就没有明天。文化教育事业不像政权那样可以一下子改造过来,而是要细致地、逐步有计划地加以改造。经济建设中缺乏干部,为培养大量中等技术干部,需要兴办许多中等技术学校。但因师资和设备上的困难,现在的大学最适宜于做这件事,因此可由大学兼办短期专修科和训练班。然而,高教界一般都反对把大学降低为技术专修科,大家主张在各大学各学院添设必要的系和设立切合实际需要的专修科或训练班。大学像是老母鸡,带出一批小母鸡,小母鸡生出大量的鸡蛋来,在过渡时期不妨由老母鸡直接生蛋,

---

① 参见阎明:《一门学科与一个时代:社会学在中国》,第253页。

虽则不太经济,但是可以应急。在这里,费孝通没说出来的意思是,从长远的观点看,无论如何绝不能把"老母鸡"杀掉。①

费孝通对阿尔辛节夫的不满是显然的:在整篇文章中,没有一处提及苏联的影响。事实上,费孝通的观点在当时也得到了大多数人的认同,阿尔辛节夫关于课程改革的具体建议没有被接纳,而这次会议后出台的《高等学校课程草案》则是一个折中的产物,社会系也得以保留。

然而,费孝通恐怕没有想到,正如在上一章中已经叙述过的,仅仅两年以后,随着高等院校院系调整的进行,社会学系最终还是被取消了,这标志着苏联有关社会学及社会系的根本观点在中国取得了统治地位。或者说,作为一门学科体系的社会学在中国的中止,一个直接原因就来自对苏联的模式的仿效。在 20 世纪 50 年代初期,"学习苏联的努力在整个高等教育领域最明显"。不仅社会系的建制取消这一事实本身,而且围绕此的种种知识制度改造运动,无不打上深深的苏联模式的烙印。本章就试图对社会学在苏联的命运做一梳理,并探讨其背后的思想原因与制度原因,并分析"苏联模式"作为一种外来因素在包括取消社会学在内的中华人民共和国成立初期历次知识制度改造运动中所扮演的角色。

第一节　社会学在苏联的盛衰

(一) 从兴盛到消亡:20 世纪 40 年代以前社会学在苏联的命运

同中国一样,俄国接受社会学思想的年代在它的共产主义政权建立之前。据说在孔德还在世的 19 世纪 40 年代后期,俄国知识界中就

---

① 费孝通:《费孝通文集》第 6 卷,第 213—221 页。

有人开始接触这位社会学先哲的思想。在随后的四分之一个世纪里，包括社会学在内的西欧的诸种"社会思想"开始源源不断地穿越欧洲大陆，进入俄国人的理论视野中。熟谙俄语与俄国文化的思想家伯林这样写道："在沉迷于席勒、费希特、黑格尔等等德国唯心主义者之后，接踵而来的是对法国社会预言家圣西门、傅立叶及其众多弟子和阐释者的同样倾倒。……随后出现的是许多其他形式的受卢梭或孔德实证主义、达尔文主义、新中世纪精神、无政府主义等等影响的生命哲学。"[①]被视作"俄国第一位社会学史研究者"的卡列耶夫（Н. И. Кареев）认为，"实证主义和社会学"差不多是在 19 世纪 60 年代末进入俄国思想领域的，此后的苏联社会学界也通常把这个时期看作俄国社会学的开端。[②]

当俄国的学者刚刚开始接触到"社会学"这种基本上是在西欧萌芽和发展起来的思想体系时，他们持有一种尴尬的自我认同：既不属于"东方"，也不属于"西方"。同这种心理状态的复杂程度一样，其根源也是多方面的：从地理上看，俄国横亘在欧亚大陆的中间，它疆域的一端属于"欧洲"的版图，另一端却延伸至亚洲的最东部；从历史上看，俄国"从未长期融入过欧洲，也不经常与欧洲各国打交道"；从文化上看，这个深受"拜占庭和东正教笼罩的社会"具有西欧其他国家所没有的宗教传统和思想资源；从经济上看，俄国的经济发展水平则长期落后于它的西欧"同伴"们。这种独特而复杂的历史文化背景除了给俄国人的自我认同带来困扰外，也在很大程度上塑造着他们看似矛盾的文化意识与

---

① 以赛亚·伯林：《苏联的心灵：共产主义时代的俄国文化》，潘永强、刘北成译，南京：译林出版社，2010 年，第 126 页。

② 参见贾春增：《当代苏联社会学（1917—1989）》，北京：时事出版社，1992 年，第 2 页。

社会思想。伯林总结道,一方面,西欧人对处在大陆另一端的俄国人充满鄙视,"把他们看作一帮被残暴的独裁者统治,只擅长镇压其他更自由也更开化民族的蒙昧人"①,这种鄙视令俄国人"内心产生了一种永远难以抗拒的恐惧症",或者说"文化自卑感";而在另一方面,自卑激发了"许多受过教育的俄国人痛切地希望找到一种与他们自身相称的角色"的愿望。1861年废除农奴制度以后,随着物质实力的不断增强,这种愿望变得愈发迫切。在18世纪后半叶,那些"热切的、理想主义的、一丝不苟的,有时过于追求逻辑严谨的"俄国思想者们对"几乎所有试图对各种宏观问题进行全面解释的哲学体系"都充满热情。②而社会现实层面上,在1861年农奴制度废除之前,俄国市民阶层在庞大的农民阶级和显赫的贵族这两个阶级面前显得微不足道,不引人注意。废除农奴制度之后,随着工业的发展,市区人口的增加,市民成分变得越来越复杂。资本主义生产方式和制度制造了许多前所未有的新职业,诸如交易所和投机活动;日益增多的法律实践和对律师职业的大量需求;工厂的兴建和铁路线的开辟,一方面增加了工程技术人员,另一方面扩大了产业工人的队伍;工业的发展,铁路的修建,使大量的农村人口涌入城市,造成了人口流动、失业和犯罪等一系列社会现象或问题。俄国社会结构的逐步改变和社会矛盾的深化,在客观上要求出现

① 从费希特(J. G. Fichte)的《告日耳曼民族书》开始,构成俄国人主体的斯拉夫民族就被排斥在人类理性王国的核心之外。稍晚些,黑格尔(G. W. F. Hegel)在有关世界精神及其代表民族的论述中,又把斯拉夫人看作"没有历史"的民族,并宣称他们在人类精神发展历程中毫无建树。此后,法国人戈宾诺(Joseph Arthur de Gobineau)在他那本被奉为种族主义"圣经"的四卷本《论人类种族的不平等》中,把斯拉夫人界定为低级和野蛮的种族。参见郝铁川:《国家拐点:一个人和一个国家的命运》,北京:人民出版社,2009年,第116—118页。
② 以赛亚·伯林:《苏联的心灵:共产主义时代的俄国文化》,潘永强、刘北成译。

一种知识体系和一门学科能够从理论和实践上对此进行研究并予以解释。[①]

　　社会学思想体系正是在这样的背景下进入俄国思想界的，在苏维埃政权建立之前，至少从数量上看，俄国社会学研究已经可以用"繁荣"来形容[②]，并且出现了像索罗金（Pitirim A. Sorokin）这样具有世界影响力的社会学家。在1917年苏维埃政权成立后的两三年里，俄国人面临着剧烈的社会动荡，社会学因而一度成为"显学"，一个突出的例证是，这个时期短短几年内有关社会学理论与社会问题分析的出版物，数倍于此前数十年的总和。[③] 索罗金欣喜地写道：

　　　　我在大学里的社会学课程成了最大的一个讲堂，整个学院（指的是索罗金当时任教的圣彼得堡心理神经学学院——作者注）的大多数人也悄悄地来听课。这倒不是因为我教学的天才，而是因为社会学成了一个极其重要的学科。不仅大学生，而且大学里的工作人员和社会公众都来听我的课。[④]

---

① 贾春增：《当代苏联社会学》，第3页。
② 1897年，由卡列耶夫撰写的俄国第一部社会学教科书《社会学研究导论》出版，在该书索引所列举的880部（篇）社会学著作中，有260部（篇）出自俄国作者的手笔。大约在1906—1907年间，圣彼得堡心理神经学学院建立了全俄第一个社会学教研室，随后莫斯科、基辅、奥德萨和其他城市的某些国立大学及私立学校出现了讲授社会学的简明教程。到1916年，俄国社会学联合会成立。同时，一些俄国学者开始出国参加国际社会学会议。对苏维埃政权建立之前俄国社会学发展的情况，参见贾春增：《当代苏联社会学》，第4—55页；恰金、克卢申：《俄国十月革命后的哲学—社会学》，《哲学译丛》1987年第2期；Ann Elizabeth Weinberg, *The Development of Sociology in the Soviet Union*, London: Routledge and Kegan Paul, 1974, pp. 1-11。
③ B. A. 波波夫：《苏联社会学的坎坷历程——访苏联科学院通讯院士Г. 奥西波夫》，李世骏译，《国外社会科学》1989年第3期。
④ 转引自贾春增：《当代苏联社会学》，第58页。

不过看似"欣欣向荣"的表象之下是暗流涌动,短暂的"热潮"之下早已潜伏着社会学的危机——索罗金本人的经历就可以说明这一点:十月革命之后,这位孟什维克分子因政治立场问题两度入狱,此后蒙列宁的批示得到特赦;接着又在 1919 年在彼得格勒大学创办了苏俄第一个社会学系,并且获得博士学位;然而他的博士论文《社会学体系》第一卷刚一出版就遭到严厉批判,批评者们不仅指责论文中的思想直接与马克思主义唯物史观相对立,也批评他那种以互动为分析重点的研究方法。作为回应,索罗金在该书第二卷的"后记"里表达了自己的不满:"作者在写作这本书时遵循的一条最高原则是:研究实在的事实,说他认为的真理,不管别人喜欢还是不喜欢这种真理,不管它是'令人高兴的真理',还是'令人不快的真理',也不管这种真理是'促人振奋',还是'使人沮丧'。"不过这次索罗金却没有像上次那样幸运。20 世纪 20 年代初,在"红色教授运动"①中,"白色的"索罗金因为自己的学术立场再次遭到批判,与此同时,以往在大学里开设的"旧社会学课程"逐步为社会形态发展史、历史唯物主义等课程所取代②,而为这些课程取得合法性地位的手段之一,正是对索罗金等"资产阶级社会学家"的批判③。到1922 年底,"在中央所属各大学,普通社会学教研室已被解散",而在那

---

① "红色教授运动"指的是在当时的苏维埃政权下普遍开展的禁止"资产阶级学者"授课,代以由政治上站在无产阶级一边的知识分子,或者由校外聘请马克思主义者授课的运动。这场运动在开始时带有一定的自发性质,随着社会运动的深入,逐步变成有组织、有领导的行动。

② 大多数国立高校和高级党校从 1921 年起建立了社会形态发展教研室,并同时开始讲授历史唯物主义课程。当然在这个过程中,"旧社会学"也没有放弃谋求生存空间的努力,突出的体现是 1920 年社会学研究院的创设。参见恰金、克卢申:《俄国十月革命后的哲学—社会学》;В. А. 波波夫:《苏联社会学的坎坷历程——访苏联科学院通讯院士 Г. 奥西波夫》,李世骏译。

③ 除了索罗金之外,当时受到主要批判的社会学家还有上文提及的卡列耶夫,以及塔赫塔耶夫(К. М. Тахтарев)、赫沃斯托夫(В. М. Харчев)等人。

些"没有按照教育人民委员部所核准的大纲从事教学活动的一些学校"，这些课程还得以苟延残喘了两三年。也是在这一年，对非党知识分子的处理，由批判升级为逮捕，索罗金在劫难逃，他于这一年的9月被驱逐出境。三年以后，索罗金把自二月革命爆发直至他被放逐这五年间的日记加以整理，以"告别俄国"为题在伦敦出版，书中描写了那几年里他的惴惴不安：

> 在当时的情况下，讲授社会学是一个很糟糕的职业，但我却以此为荣。我无法预料我以后工作的困难，但我知道，它将使我不知哪一天被捕。①

索罗金的境遇可以看作俄国共产主义政权建立前后"资产阶级"社会学者与社会学经历的缩影。如果说，随着20世纪20年代中期各类学校的社会学教学单位建制基本被解散，大部分社会学课程被取消的事实标志着社会学作为一门科学在苏俄被人为中止，那么作为一门知识体系，社会学在此后尽管不断遭受严厉的批判，但还是顽强生存了大约15年，直到20世纪30年代末完全被剥夺了"公民权"②，驱逐出苏联社会主义思想的殿堂。

在20世纪20年代中前期，对社会学批判是"与当时整个思想文化领域的反对唯心主义史观和宗教神秘主义的斗争交织在一起的"，批判

---

① 转引自贾春增：《当代苏联社会学》，第56页。
② 这个概念最早可能出现在赫鲁晓夫当政时期。当时的苏共中央书记伊利切夫（Л. Ф. Ильичев）在一次苏联科学院主席团的会议上，宣布社会学研究获得了"公民权"——他借此表示社会学在政治上重新获得合法性。参见В. А. 波波夫：《苏联社会学的坎坷历程——访苏联科学院通讯院士Г. 奥西波夫》，李世骏译。

的重点在那些非马克思主义社会学者的基本哲学思想与历史观,特别是以下三种思想流派:1."思辨的唯心主义宗教历史哲学"。批判者认为,作为俄国社会学理论神学传统的来源,这种思想推动了社会学向神秘主义和非理性主义的演变,它鼓吹的"宗教的文艺复兴时代",不过是君主主义世界观的翻版。① 2. 对于实证主义社会学的批判,则着重于那种"把社会学同自然科学结合起来,将社会学作为经验主义科学来对待"的基本理论立场,认为这种"试图凌驾于唯物主义和唯心主义之上的做法是徒劳的"。对于这种有着更广泛社会基础的思想流派,批判者们还着力分析这些"思想敌人"的社会立场,揭示隐藏在抽象原则背后的政治、经济利益出发点。3. 对新康德主义社会学流派的批判,则主要集中在其社会历史问题研究的方法论取向上。② 1923 年,圣彼得堡科学院院士,社会学家和历史学家科瓦列夫斯基(М. М. Ковалевский)出版了《历史唯物主义教程》第一卷。这部书彻底清算了自孔德、斯宾塞、塔尔德以来直至索罗金的社会学思想传统,甚至对作者本人早年服膺的古典进化论和实证主义社会学思想,也进行了严厉批判。"资产阶级社会学"不仅完全失去了与"历史唯物主义"对话的资格,并且自孔德以下的全部学术传统从整体上被定义为一种错误的和应受到批判的话语体系。

与此同时,在另一方面,十月革命以后,马克思列宁主义的哲学社

---

① 社会学神学流派是比较早退出苏联思想斗争舞台的,在 1923—1924 年间,其代表人物基本上被驱逐出境。此后这批流亡学者在海外成为反对苏维埃政权及其意识形态的舆论领袖。

② 这个流派在 20 世纪 20 年代处于不断分化的过程中,比如诺夫戈罗德采夫(П. И. Новгороддев)走向了天命论和世界末日说,演变成了思辨的宗教历史哲学;赫沃斯托夫和瓦西里耶夫(Э. К. Ваильев)则逐渐倾向于实证主义立场;而在共产党学者的影响下,彼得鲁舍夫斯基(Д. М. Пегрушевский)的世界观尽管也经历了种种曲折,却是沿着唯物主义的方向向前发展的。参见恰金、克卢申:《俄国十月革命后的哲学—社会学》。

会学理论——历史唯物主义，不仅被确立为无产阶级、共产党和苏维埃国家的思想基础，也作为批判者的思想武器受到重视，对历史唯物主义的研究在不断地深入和具体化，"将它的方法和原则运用于现代社会关系的研究，成为十月革命后头十年中一项头等重要的任务"。到了 20世纪 20 年代末，在大学里，历史唯物主义课程完全取代了早于其设立的社会形态发展史课程，在"形式"上取得了苏维埃国家政权下"科学的社会学"正统代表的地位。①

从 20 世纪 20 年代中后期开始，对资产阶级社会学的清算和批判进入一个新的阶段。表面上看，对资产阶级社会学的批判减少了。不过实际上，这种变化意味着批判开始由"形式"向"内容"层面的转变，或者说，此时批判者们关注的不仅仅是从形式上取消资产阶级社会学课程，驱逐其学者，而是要从根本上否定其作为一种知识体系存在的合法性基础——批判者们为此采取的手段，是明确与"资产阶级社会学"针锋相对的"马克思主义社会学"内涵，确立后者在社会科学研究领域的统治地位，所谓"以立为破"。

为了完成这个任务，马克思主义者必须回答两个问题：第一，在资产阶级社会学以外，是否存在一门"马克思主义社会学"？第二，如果存在，那么这门学科的主要内容是什么？

到 20 世纪 30 年代早期，有关第一个问题的共识基本达成，那就是"有资产阶级社会学，也有马克思主义社会学，不能因为资产阶级学者

---

① 尽管"历史唯物主义"普遍出现在了此时的各高等院校的必修课程目录上，但是直到20 世纪 30 年代早期，对于"历史唯物主义""马克思主义社会学""资产阶级社会学"三者的内涵及其相互关系，在苏联理论界仍然众说纷纭，莫衷一是。历史唯物主义从根本上确立起意识形态的统摄地位，是在 1938 年斯大林发表《论辩证唯物主义与历史唯物主义》之后。

率先使用了社会学这个名称,马克思主义者就把它丢掉不用,从而否定马克思主义社会学这门学科的存在"①。

有关第二个问题的讨论则复杂得多,尽管布哈林(Н. И. Бухарин)有关马克思主义社会学就是历史唯物主义的论调一度为理论界多数学人所赞同,但问题显然并不这么简单。至少在社会学家拉祖莫夫斯基(И. П. Разуяовский)那里,历史唯物主义只等同于"狭义的"马克思主义社会学,而"如果马克思主义社会学不单包括一般的原则,而且包括对特殊社会规律,对生产关系、家庭、法和社会生活其他领域的研究和分析,从社会有机体整体出发"②,那么这时社会学就是广义的马克思主义社会学,其内涵和外延就比历史唯物主义的内容要广泛得多。而开始于1928年的"庸俗社会学批判运动"则从一个侧面证明,即使到了此时,"意识与存在之间的关系"这样的社会学基本问题也还处于激烈讨论中,而那种简单、机械的"存在决定意识"的唯物主义观点,实际上并没有占据上风。③

20世纪30年代中期以后,社会学的真正危机到来了。政治气氛

---

① 贾春增:《当代苏联社会学》,第68页。
② 贾春增:《当代苏联社会学》,第67页。
③ 所谓的"庸俗社会学批判运动",实际上是在文艺理论界展开的一场讨论。在这场争论中,文艺理论家、首任教育人民委员卢那察尔斯基(А. В. Луначарский)对那种把马克思主义观点,特别是马克思关于阶级制约性的观点简单化、庸俗化、绝对化的解释进行了严肃批评,他首次使用了马克思列宁主义的"科学社会学"一词,认为真正的马克思主义社会学应当是视社会生活为各部分相互依存的有机统一的整体的。尽管其中起着决定作用的是物质的、带有规律性的经济关系,经济关系对意识及其产品(尤其诸如文学、艺术这样的产品)的决定作用是辩证的和具体的。这场争论实际上多多少少保留了以往"资产阶级社会学"有关"存在"与"意识"关系的基本界定,并以此对马克思主义社会学理论基础做了限定。最近有中国学者对这场批判运动进行了详尽的史料梳理和述评,参见马龙闪:《关于苏联的庸俗社会学批判——对批判发起人和发生时间的考释》,《山东社会科学》2009年第7期;《苏联为什么进行庸俗社会学的批判》,《山东社会科学》2010年第5期。伯林也正是在对这场旷日持久的争论有所了解后,才认为卢那察尔斯基是带有"批判性"的苏维埃官员,参见以赛亚·伯林:《苏联的心灵:共产主义时代的俄国文化》,潘永强、刘北成译。

和学术空气越来越不利于社会学的发展，社会的经验研究几乎绝迹。1938 年，斯大林的《论辩证唯物主义和历史唯物主义》作为《联共（布）党史简明教程》部分章节的内容发表，成为一场否定社会学批判运动的信号。在随后的运动中，社会学作为"资产阶级伪科学"和"反科学"成了首当其冲的靶子，马克思主义社会学也被作为批判的对象。① 从此，"社会学"这个术语从苏联社会科学文献中消失了，这一知识领域的基础研究和应用研究事实上也基本停止了。

（二） 社会学消亡的内在逻辑：思想体系的"斯大林结构"

社会学在苏联的消亡，实际上涉及三个范畴间的两次"取代过程"：首先是"马克思主义社会学"取代"资产阶级社会学"②，继而是"历史唯物主义"取代"马克思主义社会学"。如果我们从"社会学"的内涵来解读，第一次的取代，实际是作为一门学科的社会学的中止；第二次的取代，则是作为一种知识体系的社会学的消亡。

在我看来，第二次"取代"对社会学的打击，可能更大些。因为在前一阶段，尽管资产阶级社会学作为一个整体遭到严厉的批判，而且社会学学科实际上也基本不复存在，但是至少"社会学"的名目还是被保留

---

① 某种程度上讲，20 世纪 30 年代的这场批判运动，也是此前种种争论的政治化延伸。譬如原先被卢那察尔斯基严格限定在学术讨论范围之内的"庸俗社会学批判"，从1932 年起在内容和形式上开始向着完全相反的方向发展：在内容上，原先被否定的机械唯物主义观点被肯定；在形式上，学术批判演变为政治斗争，而忽略了理论是非本身的厘清和划分。参见马龙闪：《苏联的庸俗社会学批判及其现代意义》，《探索与争鸣》2009 年第 10 期。

② 1929 年，奥兰斯基（В. С. Орантский）的《马克思主义社会学的基本问题》一书出版，作者着重批驳了认为历史唯物主义是一般科学方法论的观点之后，进一步阐发了历史唯物主义就是马克思主义社会学的"等同论"思想。至此，关于历史唯物主义和马克思主义社会学的关系问题已成定论，没有人再公开提出怀疑和继续争论，于是最终形成和确立了历史唯物主义型的即"等同论"的苏联马克思主义社会学。参见王康主编：《社会学史》，北京：人民出版社，1992 年，第 92—93 页。

了下来。尽管被套上了"马克思主义"的外衣,但实际上当时的苏联理论界,除了口号式地表示"马克思主义社会学就是历史唯物主义"之外,对这种"新"的社会学与它的资产阶级"前辈"间的差异,实际上并没有太多共识。或者可以说,正是由于这种认知的不确定,使得在这个时期加诸"社会学"之前的"马克思主义"某种程度上为资产阶级社会学的某些基本逻辑与观点提供了赖以生存的合法化的外衣。

然而,及至"历史唯物主义"取代了"马克思主义社会学",形势发生了根本的变化。"社会学"这个范畴本身,无论是"资产阶级的"抑或"无产阶级的",都被宣告为非法(或者如前文中述及的伊利切夫所说的那样,被剥夺了"公民权")。这意味着,无论以何种形式,社会学都不可能在苏联获得生存的土壤。正如我们在前文中已经说过的,从根本上发布这个"非法"宣告的,是斯大林,特别是他的《论辩证唯物主义和历史唯物主义》长文。在苏联,以奥西波夫(Г. В. Осипов)[1]为代表的社会学家,将其称为知识体系的"斯大林结构",并把它作为社会学在苏联消亡的主要原因。

在奥西波夫他们看来,历史唯物主义取代社会学,其原因并不能简单地从经验层面去考察,也就是说"问题不在于区分历史唯物主义和社会学的研究对象",而在于"斯大林结构"把一个原本完整的学科进行了人为地割裂:从思想发展的一般脉络看,19 世纪末 20 世纪初,"社会学"这种知识体系经历着逐渐从其他的学科门类中分化出来成为一门

---

① 奥西波夫是苏联社会学家、苏联科学院通讯院士。他 1955 年在苏联科学院哲学研究所完成研究生学业,1964 年获哲学博士学位。1959 年任苏联科学院哲学研究所高级研究员。1968 年苏联科学院具体社会研究所组建后调任该所副所长。1965 年当选为苏联社会学协会主席,1973 年起为该协会副主席。后任苏联科学院社会学研究所方法论和历史研究室主任。他还曾经是《社会学研究》杂志和《社会科学》杂志编委。在第 11 届世界社会学大会(1986 年)上被选为国际社会学协会执行委员会委员。参见威·伯恩斯多夫、霍·克诺斯普主编:《国际社会学家辞典》(下),王容芬、孙英珠等译校,北京:中国人民大学出版社,1990 年,第 926—928 页。

独立学科的过程，而哲学就是社会学所由生产的母体之一。在斯大林之前，马克思开创的唯物史观作为一种理解社会历史进程的范式，并没有从根本上与社会学发生对立，而是从自身的角度为社会学的理论和结构建设奠定了基础。但是在"斯大林结构"中，全部科学的社会知识领域被"还给"它母体之一的哲学知识。不仅对于社会学，而且对于哲学本身，这都是一种根本的改造。在知识体系的"斯大林结构"之下，这种改造被分成三步来完成：

首先，是割裂社会学理论及在理论指导下的经验研究（及其方法和工具），并使之相互对立。其次，构成社会学理论的四个基本要素——基本范畴、建立在范畴之上的基本命题、由命题构成的专门理论以及由若干专门理论综合而成的一般理论——被划归到哲学领域，自此它们只能在抽象理论水平上被加以讨论。最后，历史唯物主义被从哲学体系中分化出来，"并与其本来固有的对社会与社会过程进行社会学认识的工具复归一体"[1]。也就是说，历史唯物主义作为宏观原则，开始直接"指挥"具体社会的研究方法与工具。[2] 这就是斯大林所鼓吹的："显而易见，把哲学唯物主义原理推广去研究社会生活和社会历史，该有多么巨大的意义；把这些原理应用到社会历史上去，……该有多么巨大的意义。"[3]

---

[1] В. А. 波波夫：《苏联社会学的坎坷历程——访苏联科学院通讯院士 Г. 奥西波夫》，李世骏译。

[2] 这里显示出奥西波夫"三层次"理论的痕迹。1976 年出版的由奥西波夫主编的《社会学手册》一书，完整地论述了"三层次"理论，根据这个理论，马克思主义社会学是由一般社会学理论（社会形态理论）、专门社会学理论（例如阶级、民族等理论）和具体社会学研究三部分组成。他认为，马克思主义社会学是一门关于经济形态活动和发展的一般规律和特殊规律以及这些规律在个人、社会集团、阶级、民族活动中的作用机制和表现形式的科学。参见 Г. 奥西波夫：《苏联社会学研究的理论和实践》，孙越生、张进京、马国泉译，北京：中国人民大学出版社，1982 年，第 159—182 页。

[3] 斯大林：《辩证唯物主义和历史唯物主义》，北京：人民出版社，1980 年，第 146 页。

针对斯大林的"憧憬"，奥西波夫批评道：

> 假如哲学家一反常态地着手在物理学领域进行实验，研究热核合成问题，就会令人大惑不解。假如哲学家把物质运动的社会形式整合为自己的研究对象，着手进行社会微观和宏观世界、社会与社会心理适应性、劳动动机等方面的具体调查研究，也会出现同样荒唐的局面。这类研究只能由掌握着有关的研究工具、数学器材等的专业社会学工作者进行。不应当把社会学理论归入哲学领域，从而自觉不自觉地把社会理论与社会学研究对立起来。①

在奥西波夫看来，由上述三种割裂和组合构成的"斯大林结构"知识体系造就了两种不科学的知识样式：

> 肢解学科的统一机体既产生了抽象的经院哲学，又产生了爬行经验主义，甚至和非马克思主义社会学相比，也倒退了一步。还没有任何一本非马克思主义社会学的教科书不分析社会、阶级、民族、个人等范畴，这话我完全负责。②

奥西波夫认为，"斯大林结构"是唯意志论和主观主义在知识领域的反映，它的精神基础则是"不受制约的权力、阿谀奉承与奴颜婢膝"。不过如果我们把视角置于俄国的历史文化传统与 19 世纪末 20 世纪初具体

---

① 转引自 B. A. 波波夫：《苏联社会学的坎坷历程——访苏联科学院通讯院士 Г. 奥西波夫》，李世骏译。

② 转引自 B. A. 波波夫：《苏联社会学的坎坷历程——访苏联科学院通讯院士 Г. 奥西波夫》，李世骏译。

的历史情境中看，或许可以从更深层的角度认识其背后的根源。

对于俄国人而言，无论社会学抑或马克思主义，都非本土文化产物而主要是自西欧引进的舶来品。然而这些学说在俄国的发展，要比它们的西方原型发展得更充分：在西欧，这些学说"通常在冷嘲热讽中凋敝或没落"；而在俄国，正如某些学者指出的那样，在它的思想传统中始终存在这样一种信念，"认为所有问题都是相互关联的，而且存在着某种在原则上能够解决这所有问题的理论体系"，某种程度上，"发现这种体系，是一切道德、社会生活和教育的根本出发点和落脚点"。① 这种信念驱使俄国的知识行动者试图在任何一种外来的知识资源中寻找可以总体上解决各种道德、宗教与文化困惑的办法。换句话说，在社会学的西欧发源地及其先驱者那里，尽管这门学科也被作为从宏观上解释社会变迁和理解社会系统的方案，但是这种解读始终是同对社会事实的实证的经验研究不相分离的。可是到了俄国，这些学说的理论部分被当作了某种"神正论"，或者"世俗的神学"与用以支撑它们的经验研究相剥离，而沙皇的专制制度又对与之相连的任何可能的经验研究产生阻碍，这更加强化了来自西欧的诸种社会学理论作为"唯一真理"在俄国的盛行。②

从这个角度上看，当19世纪末马克思主义传入俄国的时候，它找到了"几乎最理想的生长土壤"，反过来说，马克思主义所宣称的以下主张：能够根据一套具有"科学"证据的历史模型来揭示人类的正确目标；道德和政治价值能够被"客观地"决定——不是根据不同的个人、阶级

---

① 以赛亚·伯林：《苏联的心灵：共产主义时代的俄国文化》，潘永强、刘北成译，第125页。
② 伯林说："唯一真理论，即认为只有唯一的真理，人们必须为之献身，只有唯一的方法可以实现它，只有唯一的专家团体有资格来发现和解释它。"以赛亚·伯林：《苏联的心灵：共产主义时代的俄国文化》，潘永强、刘北成译，第127页。

和文化的各种主观的、相对的态度来决定,而是根据建立在事物客观行为基础上的各项原则来决定,并且这些价值是绝对的,并可以在理性的范围内独立去拯救和解放全人类;而这样的人类目标取决于新的科学的世界图景,唯一的问题是如何实现这些目标,而这则是一个技术问题,一个发现和使用那些通往普遍"确然"有效的目标的正确途径的问题。这些与19世纪末俄国的"年轻造反者"的期待不谋而合。

在这样的情势下,一方面,在十月革命爆发、苏维埃政权建立以后,尽管马克思主义表面上看还是基于历史事实的分析,但实际上它已经成为一门形而上学,布尔什维克的马克思主义拒绝接受一切与其主张不相符的事实,而试图通过强制和说服来确保人们对一整套教条的遵从。另一方面,此前已经被割裂的社会学(当然也包括其他社会科学,乃至自然科学),其理论部分因为多少与马克思主义意识形态相抵触而遭到否定,而原先被抛弃的作为经验研究一部分的研究方法与工具,则被重新"捡起来",为具体的事务性工作服务。在斯大林执政时期,尽管"社会学"的名称被取消了,但它的某些具体手段、方法和工具,分散在各相关的部门中发挥技术性的功能。到了此后的"赫鲁晓夫解冻时期",这些散落各处的具体方法,被重新整合到一起,以"社会学研究"的名义获得了合法地位。看起来,这时"社会学"在苏联得以恢复,但实际上,此时的"社会学"完全被降到应用水平(典型的例证是苏联科学院下属"具体社会研究所"的成立),其与基本理论框架割裂的局面依旧没有改变。

从根本上说,"斯大林结构"对社会学的彻底改造,是苏维埃政权按照其意识形态对与之冲突的知识体系进行强制干涉的结果。但我在这里试图强调的是:第一,作为一种知识体系的"斯大林结构"的形成,也是根植于俄国社会思想传统的土壤之中的。第二,作为主要是以"接受者"和"输入国"形象面对社会学知识体系的社会,俄国也面临着一个使外来的社会学本土化的问题。而从一开始就隐约可现的理论与经验的"割裂",正是俄国社会学本土化的特点之一,这种特点的产生,同样深深根植于俄国社会思想的传统土壤中。对于同样是以"接受者"的姿态面对社会学的中国而言,这两点本身就具有启发意义。更重要的是,这两点也为深刻理解"知识如何受制于社会现实并与其互动"的知识社会学经典命题,提供了有深意的范例。

(三) "斯大林结构"：从思想向制度的扩展

社会学的消亡,仅仅是苏维埃政权建立以后知识领域一系列根本性变革的一部分。从这个层面上看,思想体系的"斯大林结构"只构成社会学消亡的内在原因。或者说,只对作为一种知识系统的社会学在苏联的消亡有比较强的解释力。而作为一种学科制度的社会学被取消,其过程和原因则就不能仅仅只从思想本身去描述和解读了。在默顿那里,知识的形成、发展、演变乃至衰亡,都受制于一整套外在于知识本身的制度。在宏观上,默顿将这种制度称为"规范结构";在微观上,默顿则主要关注学科发展过程中的"奖励系统"与"评价过程"的作用。[①]

---

① 这是《科学社会学：理论与经验研究》下册中主要论述的两个主题。在这里,默顿主要关注的是基本知识制度与知识产品间的动态互动,很明显,上述两个因素,在默顿那里被视为产生和影响互动的机制,或者说,是一种"过程性的要素"。尽管默顿没有专门叙述构成知识制度的"结构性要素"(我们此前已经对此有过介绍,包括职业化的研究者、研究机构与学术交流网络,规范的学科培养计划,学术出版物,资金资助来源等,参见方文：《学科制度和社会认同》,第14—17页),但并不表示后者就不重要。在该书各篇论文中,默顿对后者还是有所涉及,譬如,有关科学"承认"的双重含义,就涉及学术资助的来源、学术交流网络等因素(参见罗伯特·默顿：《科学社会学：理论与经验研究》,鲁旭东、林聚任译,第578—604页),而对"科学界评价的制度化模式"的分析正是对上述结构性因素的运作机制的整体解读(罗伯特·默顿：《科学社会学：理论与经验研究》,鲁旭东、林聚任译,第633—680页)。

按照这样的理路反观苏联的历史情境,可以发现,奥西波夫所谓的"斯大林结构"就不仅仅是对思想体系结构性特征的描述,而是可以概括为从内在的思想到外在的制度的一整套模式,仿效奥西波夫的说法,我称之为"知识制度的斯大林结构"。这个结构本身是相当复杂的,我也不试图在本书中全面地解释它的构架,而只是想就这个结构中的两个要素做些简单说明,因为在我看来,这两个要素与社会学的存亡有直接的联系,这两个要素,一个是对知识行动者的重新界定与改造,另一个是对教育制度(特别是高等教育制度)的改造。在上一章中我们已经看到,在 20 年后完全不同的时空情境中,当中国人向"苏维埃老大哥"取经时,在思想改造运动和院系调整运动的背后,正是这两种要素发挥着主导的推动作用。

1. "知识制度的斯大林结构"要素之一:对知识分子的改造

对知识分子的改造,首先是斯大林在苏维埃政权所面对具体历史情境前所做的策略性选择。随着列宁的去世,斯大林意识到根本不可能提前发生所谓的世界革命,而完全彻底地实现马克思、列宁对资本主义世界的预言更是遥遥无期。在这样的情况下,尽可能维护布尔什维克领导的权威,尽可能在一个充满敌意的世界中保持和发展苏联的政治、经济和军事力量就成为确保党和政权生存下来的首要目标。为此,斯大林必须消灭一切他认为可能危及这两个核心目标的因素。正是在这样的背景下,20 世纪 30 年代在意识形态领域进行的"大批判""大清洗"拉开了苏联知识分子改造的序幕,这种改造的主要特征,就是通过官方真理的强制性而把那些本质上需要自治的活动置于权力的命令之下,从而创造出整体性的幻象。

一旦这场改造运动启动之后,它就愈发远离当初的策略性目标,其手段的性质也日益从话语暴力转向对身体的暴力。在离开苏联后，索罗金回忆道：

> 本来在其他国家和在和平时期，这些话（指为社会学的合法性辩护——引者注）可能是多余的，但在俄国，对于"不随波逐流的"社会学总是从动摇现存制度的角度进行评价，而基本的"科学"论据是：监狱、流放和苦役。在这样的国家里，说这些话就是适宜和必要的了。①

经过这场对知识分子的改造，苏联的社会文化领域发生了前所未有的转变，斯大林的思想话语成为一切思想文化领域的绝对的霸权话语和唯一的、最高的裁判者。这个过程就是作为一种思想体系的"斯大林结构"向知识制度扩展的过程。在这个结构的控制下，成千上万的知识精英丧失了独立思考的勇气和能力，严重阻碍了苏联人文艺术、社会科学乃至自然科学的丰富和发展。

2. "知识制度的斯大林结构"要素之二：教育制度的改造

"斯大林结构"向知识制度扩展的第二种表现，就是对学科制度，特别是高等教育制度的改造。这种改造，与对知识分子的改造存在内在的必然联系。斯大林结构对知识分子的改造，由两个步骤组成："改造旧知识分子"和"造就新知识分子"。通过"批判"和"清洗"完成的是第一个步骤，而"造就新知识分子"则是教育制度改造的目标。② 20 世纪

---

① 贾春增：《当代苏联社会学》，第 63 页。
② 梯泰林科等：《苏联知识分子的思想改造和思想教育》，慧文译，上海：平明出版社，1952 年。

40 年代苏联的高等教育部长卡夫坦诺夫（C. Кафтанов）明确表达了其中的逻辑：

　　　　斯大林根据社会主义体制形成前的历史经验指出，任何一个统治阶级没有本阶级的知识分子是不能成事的。身负着实现具有全世界历史意义的社会改造任务的工人阶级没有自己的知识分子就尤其不行。为了创造新型的知识分子，布尔什维克党组织了劳动青年向科学的大进军。……数十万劳动者出身的青年人毕业于高等专门学校和工业学校。他们，正如斯大林所生动说明的"以新的血液注入到知识分子里面，在新的苏维埃的方式下使知识分子具有了生气"。知识分子的面貌截然不同了。……苏联的大学使命在于为所有各经济、文化部门培植科学干部、教师干部。[①]

苏联于 1928 年开始实行第一个国民经济五年计划，以加快社会主义经济体制建设。同年 7 月 4—12 日召开的联共中央委员会全体会议讨论通过了"关于培养新的专家"的决议。该决议指出"各种经济机关为了直接影响高等学校、中专的教学，制定了具体的方针"。"这个决定实行之后，开始采取措施将高等学校移交有关经济部门管理。"不仅如此，1930 年 7 月 23 日，苏联中央执行委员会又进行了"高等学校、中专和劳动预备学校的改革"。其中明确提出部门办学的方式[②]：

---

① 卡夫坦诺夫：《苏联的高等教育》，高士彦译，北京：政务院文化教育委员印行，1951 年，第 5—6、21 页。
② 大塚丰：《现代中国高等教育的形成》，黄福涛译，第 128—129 页。

（1）许多系、学科组成的高等学校和中专可按照不同专业设置独立的院校和中专。必要场合，将不同高等学校中的同类专业进行合并。

（2）工业、技术院校改由相应专业企业联合体、苏维埃联邦、各联邦共和国人民委员会、各有关机构管辖。

（3）农业院校改由苏联农业人民委员会、（农业）企业联合会和各联邦共和国农业人民委员会管辖。

（4）经济专家按照统一的规定由专门学院和中等专门学校培养。

这个方针基本上代表了日后被中国基本借鉴的高等教育改革的模式的形态。

客观来说，"斯大林结构"在社会各个领域的扩展"在于它从一个侧面体现了一个19世纪60年代以来，在现代化与外来竞争的压力下社会高度分化、高度的无序而导致急需整合的社会的逻辑要求，因而斯大林的意识形态语言具有与当时推行的体制之间的高度相互依存性"[1]。可以说，几乎所有后发的现代化国家在面临前所未有的空间压力（外部与内部紧张）和时间压力（现代与传统的冲突）时首选的，似乎也是最快见效的方式都是这种高度的集权制。这就必然要求思想文化等意识形态为之提供合法性的论证，要求意识形态领域保持高度的一致性。谁反对，谁提出不同意见的，谁就是现代化历史进程的罪人。在苏联，这种逻辑和要求被强化到了极致。

---

[1] 倪稼民：《从建构到失语：文化传统背景下的俄罗斯革命知识分子与斯大林模式》，南昌：江西人民出版社，2007年，第199页。

第二节 中国社会学家与苏联

（一） "榜样"与怀疑：中国社会学家的苏联印象

社会学家对苏联并不陌生——这主要倒并不能归结为意识形态的宣传。早在二战之前，一部分中国学者就开始对这个世界上第一个社会主义政权充满好奇：首先引起他们兴趣的，自然是 20 世纪 20—30 年代苏联在经济建设和社会发展方面取得的惊人成就，陈达就是充满了好奇心的学者中的一个。正因为如此，1935 年秋天当陈达获得了为期一年的学术年假得以去欧洲游历时，他选择的第一站就是苏联。①

尽管在行前做了"功课"，他阅读了最近两三年里出版的介绍苏联社会发展情况的大量资料，可是一旦亲临这个神秘的邻邦，陈达还是为苏联社会变迁的迅速与剧烈感到吃惊。他决定在苏联逗留更长的时间，以便对这个崭新的社会，特别是其中劳工与农民的生活进行深入调查。陈达在苏联盘桓了七周，此间，在驻俄使馆——其中的一位官员是陈达以前的学生——的帮助下，他得以与苏联外交部国际文化委员会远东部取得联系，并在后者的安排下进行了深入细致的调查。勤于笔耕的陈达，以日记的形式留下了非常详尽的调查记录。尽管超过三分之二的篇幅此后在战乱中遗失了，但剩下的部分依然提供了非常丰富的信息。

大部分时间里，陈达住在首都莫斯科，这使他有充裕的时间增加对这个"世界革命的心脏"的感性认识，尽管如此，他每天的日程还是排得很满，他马不停蹄地参观百货商店、托儿所、儿童院、美术馆、戏院、博物

---

① 陈达：《浪迹十年》，第 118 页。

馆、酒馆、法院、医院、政府机构、市政展览馆、宗教场所，甚至娼妓感化院。每到一处，都做详细的记录。这种记录的详细，有时候令人咋舌。比如有一次，他在餐厅吃饭，居然记录下半小时之内有 31 只苍蝇飞过自己的餐桌！① 从 10 月中旬开始，他则集中在斯大林汽车制造厂、汽车零件制造厂、劳动营、工会理事会以及莫斯科郊区农场进行调查。从拟定的调查提纲看，他的兴趣主要在了解苏联劳工制度与工会制度的基本构架。还有一点值得注意的是，至少从记录上看，在逗留苏联期间，陈达没有接触过任何他的同行，他参观过一间人类学博物馆，然而那基本上是一间体质人类学的展览馆——这也从一个侧面反映了社会学学科在当时苏联的真实状况。

在日记里，陈达维持着他技术专家的一贯角色形象——他的记载基本上是客观和中立的，很少发表个人评论，也小心翼翼地回避着任何跟政治与意识形态相牵连的话题。总的来说，尽管不乏对生活细节的抱怨，但陈达还是对这个崭新的社会处处显示出的新气象感到兴奋。在参观完一所新型的儿童学校后，陈达留下了这样的感言："这代表儿童教育的新潮流，儿童们可以用最适当最有用的方法，来利用他们的闲暇，以便养成新世界的国民。"②他还与驻俄大使颜惠庆认真地探讨过中国是否可以仿效苏联进行革命与社会建设的问题。

显然，在陈达的心目中，此时的苏联是应当仿效的榜样。除了各个具体操作层面的制度与政策外，苏联"坚决反对帝国主义"，支持"弱小民族、殖民地、半殖民地"独立的态度，也给痛感于民族危机日深的中国学者以很大鼓舞。

---

① 陈达：《浪迹十年》，第 119 页。
② 陈达：《浪迹十年》，第 121 页。

与陈达有同感的,还有在他之前就有过苏联之行的陶孟和和严景耀。陶孟和是 1924 年自英国回国时途经苏联的,在 1927 年的一篇文章里,他表达了对苏联外交政策的赞赏:

> 苏俄的政策可以说向来是赞助我们独立的运动的。它所标榜的政策,它的当局所发表的言论,都是为我们的运动张目。凡是中国的爱国人士,⋯⋯从国家的立足点看,也应该欢迎它的这样的态度。[1]

1930 年,时为中央研究院社会科学研究所研究助理的严景耀,经该院总干事杨杏佛的推荐,代表中国参加在捷克斯洛伐克举行的国际监狱会议,顺道访问了苏联。四年以后,在从美国归国途中,严景耀又接受苏联外国语学校聘任为英文教员,同时在中国问题研究所从事研究工作。对苏联的正义的外交立场,严景耀也多有赞同,此后还翻译了《列宁选集》等苏联革命经典文献。

长期以来,苏联所宣称的对帝国主义的立场,是中国人对苏联好感的主要来源。但是随着二战的结束,美苏两大阵营对垒下的冷战格局初现。受各自政治立场影响,学者们对苏联的观感发生了分化。

严景耀此前已经接受了马列主义影响,参加过纽约反帝大同盟,甚至自学过俄文,在他看来,经历了战争的洗礼后,苏联已经建立了"全民的民主政治",这是一种形式与内容统一的民主形态。正因为有了"真正的民主,彻底的民主,就能有伟大无比的力量",来忍受与胜过战争与战后建设这样"艰苦卓绝的试炼",言下之意,苏联的民主之路就是中国

---

① 陶孟和:《中国与英俄》,《现代评论》1927 年第 125 期。

应当追随的。① 可是另外一些社会学家,却在两极格局端倪初现的情况下,对苏联在世界格局中即将扮演的角色及其对中国的影响感到忧虑。在 1946 年初的一篇时论中,费孝通写道:

> (战后格局)主要的骨子要美苏间默契:在太平洋方面,苏俄对美国让步,在欧洲方面是美国对苏俄让步。……可是这世界上并不只有美苏两国,其他国家对于这个方案是否能支持还是有问题的。……它们将怎样表演,现在还不可预测。②

一年半以后,随着两极对垒的格局日益明显,费孝通的疑虑加深了:

> 莫斯科会议表面的结果,可以说是"两个世界"的表面化。尽管斯大林和史达生说,美苏还是可以合作的,但是……美苏两强的合作在事实上是渺茫了。……这种比较明朗化的局势,在美苏双方倒并不在乎,……烦闷和惶惑的是处在两大之间的国家。③

到了这一年的年底,费孝通已经非常清楚地用"美苏争霸"来形容当时世界格局的主要态势了。他关注苏联的外交政策,但很少提到其国内情况,因为对这方面他了解得不多。他赞扬苏联的"经济民主",因为它意味着在苏联人民中平等分配财富和收入,由国家制定经济计划,而不是像美国那样由资本家制定。从他对苏联国内情况的片断报道看,他

---

① 严景耀:《严景耀论文集》,第 298—304 页。
② 费孝通:《费孝通文集》第 3 卷,第 382—383 页。
③ 费孝通:《费孝通文集》第 4 卷,第 475 页。

不推崇苏联的政治制度。认为共产主义已经成为苏联人的"宗教",而政治民主作为经济民主的牺牲品也已经失去其价值。一个落后的国家要想尽快地现代化,需要强有力的领袖和镇压不同政见者。他说这不是像英美学者所说的暴政,因为它不剥削;但它也不是人民意见一致基础上的民主。苏联继承了过去封建专制的传统,很难期望它实现"政治的最高阶段"即民主。这与严景耀的判断大相径庭。

也有社会学家试图通过对苏联更深入的理解,为中国社会未来发展道路提供参考,比如吴景超。从20世纪30年代到40年代末,吴景超逐渐将注意力投向宏观经济体制、政治制度与社会政策,试图从根本上探讨解决中国问题的办法。在他看来,中国必须迅速工业化,实现工业革命、交通革命及社会革命。为达到此目标,在经济制度方面既不宜采取放任主义,也不能采取苏联式的计划经济,而应该结合两者,采取一种"有计划的干涉主义",一方面对经济建设拟有一定的计划,而另一方面在实施计划时只用干涉主义的方式而不用全面管制的方式。为了进一步研究和理解苏联的经济制度,吴景超自学俄文,关注苏联工业化的过程,并将之同美国做比较,在20世纪40年代末发表了一系列文章。[1]

---

[1]　20世纪40年代,吴景超对苏联的认识主要还是通过阅读西方学者的著作。例如他曾介绍剑桥大学经济学讲师道伯(Maurice Dobb)所著的《苏联战时与和平时期的计划与劳工》及《苏联经济与战争》两本书。这两部书的内容涉及苏联战时与和平时期的经济、经济计划的机制、五年计划编制的方法、工农业生产、财政、工人工作的报酬等。当时苏联实行五年计划成绩显著,但同时也引发了外界许多疑问,许多人觉得其过程是个谜。因为西方国家统计数字是公开的,政府发表统计报告的数字来源均有详细说明,除政府之外,尚有民间学术团体、私人机构等独立搜集材料,与政府公布的数字相互印证。而苏联官方则不公布数字的来源和计算方法。另外,在资本主义国家,生产是由市场需求,进而由价格决定,而在苏联是由计划委员会决定。当然,苏联的方式有利于资本积累,从而加快工业化速度。但是有一个问题尚未解决,即生产的最终目的是为大众谋福利,大众要有机会表达他们的需求。在生活水平低的国家,人们需要的仅仅是衣食住行的基本满足,这比较好办。之后怎么办? 计划经济能否满足将来人民生活水准提高后更多的要求? 这是当时西方学术界深表怀疑的一个关键点。

在吴景超本人的构想中，这些文章将构成一本系统而充分地论述、比较美苏两国经济制度的专著，吴景超甚至连书名都已经取好——《苏联经济与美国经济》——然而最终它也未能面世。不过通过先行发表的几章，已经可以大概了解吴景超的基本主张。在他看来，经济制度不过是一种工具，用这个工具来达到某种目标，其中包含着价值判断和选择取舍的问题。这就意味着一个国家若把提高人民生活水平放在第一位，便要实行市场经济；若为了在短时间内提高国防能力，就必然要推行计划经济。在第二次世界大战时期，德国、英国、美国等均以提高国防能力为由，推行计划经济。他接着论述计划经济的起源，着重分析苏联是如何实行计划经济的，并分析其利弊。苏联实行计划经济已经很多年，要了解苏联推行计划经济的动机，就要看一看苏联的历史。斯大林曾说，旧俄罗斯的历史，就是一连串挨打的历史。因此，苏联推行计划经济，主要的目的是为了增强国防力量，将来实现更远大的目标——推动世界革命。因为其世界革命的使命才刚刚开始，不知何时能完成，所以苏联的计划经济还要继续推行下去。相比之下，英美等国在二战之后便废除经济计划，因为在和平时代，国家的目标就是提高人民的生活水平。从表面上看，苏联这种新的生产制度是行得通的，而且还可取得相当的成绩，但仔细考察就会发现其问题。如斯大林在《列宁主义问题》中列举了五年计划的基本任务，但并没有提到提高人民的生活水平。而且，苏联在编制五年计划的过程中，五年计划中的主要生产任务由中央政治局决定之后，国家计划委员会把初步计划送给下级机关讨论。参加讨论的人都以生产者的资格参加，并未考虑或征求消费者的意见。所以整个计划的编制完全忽视了"消费者的主权"（consumers' sovereignty）。吴景超明确地表示，任何一种经济制度，如果忽视了消费者的主权,不以消费者的偏好决定生产要素的安排和各种产品的生产数量,而想提高人民生活水平到最高,那是做不到的。苏联在开始实行计划经济时是一个生活水平低下的国家,大多数人民在穷困中过日子。在这样的国家中,人民的初步要求是免于饥寒,是基本生物需要的满足。这种基本需要因为有生物的基础,比较客观,较易计算,然而这只是提高生活水平的起点。基本的生活需要满足后,人类的文化需要是无穷尽的,且主观成分极强。将来有一天,苏联发展到第二个阶段,很令人怀疑计划经济能否胜此重任。① 吴景超进一步将对苏美经济制度的思考,结合早年的有关阶级问题的研究,写成了《从四种观点论美苏两国的经济平等》,提出"经济平等"的概念,并以之审视苏联的经济组织,对苏联财产使用权过高的集中程度和由此导致的经济权力不平等的现象提出批评。② 比较美苏两国的社会经济制度,最终的目的是设计中国的现代化道路。1948 年 3 月,吴景超与钱昌照、邵力子等同人成立了"中国社会经济研究会"并创办《新路》周刊的种种举动,就代表了他尝试融合两种社会经济制度,谋求一条"新路"的最后一次努力。然而正如我们在第四章中论述过的那样,《新路》这个主张走"第三条道路"的刊物,难以见容于主流政治。即便在社会学界内部,对吴景超的基本主张也有很多不同意见,费孝通就批评说,吴景超"所理想的就是现代美国的都市生活。他的希望是怎样使中国也变成像现在的美国一般"。而在费孝通看来"任何国家所能采取的社会制度必然受该国文化和社会处境所影响,所以我们认为我们的课题并不是'英美式呢,还是苏联式呢?',而是以增加人民生活水平为目的。熟察我们自己的历史

---

① 吴景超:《计划经济与价格机构》。
② 吴景超:《从四种观点论美苏两国的经济平等》。

背景及社会情况，设计一个能利用机器生产的中国式的社会方式"①。学者们试图在中国建立一套理性的政治经济体制，在当时也很难实现。

（二） 学科的"一边倒"与学者的疏离

直到 1949 年中华人民共和国建立以前，除了少数像吴景超这样的例外，大部分社会学家对苏联的看法和了解程度，基本与费孝通此时的基本立场与观点差不多。②

在费孝通那里，苏联是一个"抽象化的符号"，这个符号主要代表的是一种在未来国际格局中将发挥举足轻重作用的政治军事力量。尽管多少对苏联那种独特的政治制度、意识形态和社会形态有所了解，但费孝通对此并没有很大的兴趣，他更关注的是这个政治军事力量的演变对中国会有哪些影响，换句话说，他是出于对中国社会当下的态势和可预见的未来情形的关注而去关注苏联的。类似的观点，或许代表了社会学界大部分人在战后两三年内对苏联的基本看法。③ 这部分源于这

① 费孝通：《费孝通文集》第 5 卷，第 427—435 页。

② 参见赵承信：《中国目前政治经济问题的社会文化背景》，《基督教丛刊》1948 年第 21 期；孙本文：《许伟业著〈英国到社会主义之路〉》，《社会建设》1948 年复刊第 6 期；陶孟和：《转变中的中国》，《现代文摘》1947 年第 11 期等。

③ 实际上，早在 20 世纪 20 年代，陶孟和对苏联的解读，就基本上是从这样的角度出发的，他认为："可是我们要知道苏俄的利益与我们的却不完全一致。苏俄自认他的使命是世界革命，推翻世界上经济的帝国侵略制度，建设全世界的无产阶级的专政，这样繁重的责任，我们说一句没有出息的话，是不配担任的。我们并不是想推倒哪一个帝国，我们只希望取消任何国家在中国所享受的不合公道的特殊权利。……中国人不肯加入苏俄所提倡的大运动或者是中国人的自私、不彻底、不肯做好汉，但是中国人觉得他自己的问题比一切任何问题都更重要，他不肯讲自己加入现在国际上两大势力——布尔什维主义与帝国主义——的竞争。我们要竭力将中国问题脱离国际的纠纷还来不及，哪有更将他牵入国际漩涡的道理。我敢说现在很少的中国人民愿意信奉第三国际的计划，或服从第三国际的命令的。但是我敢说，假使列强仍然要继续的压迫我们，列强的举动依然是直接的或间接的摧残中国开明的民意，我们这些没有出息的中国人终也不得不出这个'宁为玉碎，不为瓦全'的策，加入世界革命的漩涡。苏俄主义在中国势力的盛衰可以说与列强的压迫的增减做正比例。"陶孟和：《中国与苏俄》。

些社会学家的主要来自北美和西欧的知识背景与研究兴趣——这与在苏联占主导地位的思想与知识体系相差太远（特别是当我们考虑到社会学学科在苏联已经被取消，这种话语上的差异就更加明显了）；另外部分原因则来自苏联的自我隔离带来的神秘感，也就是潘光旦所谓的"距离太远"。

不过，正是这个觉得苏联在心理上距离中国"太远"的潘光旦，对苏联，特别是其社会结构与意识形态本质的认识要深刻得多：

> 苏联讲的是集体主义，德国讲的也是集体主义。苏联讲共产主义，德国讲国家社会主义，名称尽管不同，集体的精神则完全一致。……彼此所尊崇的对象与所归罪的对象虽微有不同，而其是丹非素……的精神则又完全一样。微有不同的又一点是苏联的民众是无产的，而德国则是中产的，但事实上苏联近年来正越走越上金力政治（bureaucratic）的途径，而德国因恢复军备关系，对民众搜刮得十分厉害，所谓无产与中产之分，也是有名无实的。……斯宾塞尔早就说过，共产主义与社会主义是弟兄辈，当代的社会学家又添上一句说，假定战争把国力弄得十分凋敝之后，这种做弟兄的机会就更大。何以故？集体精神的需要更急迫故。①

基于这样的认识，潘光旦得出结论：

> 第一，我们认为苏德可以妥协，而苏或德与英美根本上无法妥协，因为双方的思想与此种思想所由产生的生理因缘太不一样。

---

① 潘光旦：《潘光旦文集》第 5 卷，第 299 页。

第二,国际的阵线,连同日本在内,终于会减到两个,即个人主义者
与集体主义者,除非真有一个国家,能就二种主义中找出一个新的
折中来。①

在这一点上,潘光旦确实很有远见,他看到了战后世界格局的基本形
态。但是,作为一个"个人主义者",潘光旦恐怕没有想到,随着中华人
民共和国的建立,"苏联老大哥"已经不仅仅是一个符号,而是如此迅速
并实实在在地来到自己身边。尽管西方学者对于中国究竟要在多大程
度上直接照搬苏联的形式和风格,并由于两国制度的相似而导致相似
的目标和境况这一点上存在质疑,但是总的来说,全国上下在"一边倒"
地仿效苏联,某些情况下甚至"全盘照抄",学术界和教育界当然也无法
不身在其中。

　　1949年11月,潘光旦熟悉的《观察》杂志复刊②,他发现这本一向
不倾向任何一种政治势力的杂志,在话语上已经完全转向:对苏联的颂
扬和对中苏关系的高度评价,占据了大部分的篇幅。《观察》的转变只
是一个开端,在接下来的几年里,苏联模式被应用到了整个国家的高等
教育体制中。教育界从苏联接受了大量有关学校组织结构、教学方法,
甚至有关具体的课程内容的信息。苏联的教科书和其他资料通常一齐
传入中国,又被中国的同行所采用。此外,这两个社会都强调教育与体
力劳动相结合的马克思主义的原则。苏联的科技成就被当作世界最新
的科学与技术成就,类似"学苏联的经验,我们绝不会上当,完全可以放

---

① 潘光旦:《潘光旦文集》第5卷,第300页。
② 列在《观察》杂志封面上的基本撰稿人中,就包括社会学家费孝通、潘光旦、吴泽霖和
　戴世光,其他曾经为《观察》撰稿的社会学家还有陶孟和、吴景超、袁方、全慰天等人。

心学""提倡各高校多多参考苏联的教科书和各种教材"的话语充斥在
各类教育媒体中。① 专业学校及其教学大纲也在向苏联模式转化。斯
大林的话被奉为准绳：

> 现在我们不能只限于培养什么都会讲一点儿的一般共产主义
> 干部、一般布尔什维克干部。一知半解和自以为是，现在对于我们
> 是枷锁了。我们现在需要五金业、纺织业、燃料业、化学业、农业、
> 运输业、商业、会计以及其他等等的布尔什维克专家。没有这个，
> 就用不着谈什么我们会赶上和超过先进的资本主义国家。掌握科
> 学，锻炼出一切知识部门的布尔什维克专家，学习、学习，最顽强地
> 学习——这便是现在的任务。②

"苏联在 1925 年所重视的初级职业教育、中等技术教育、培养切实的专
门人才的高等教育"被认为无疑"正是今天我们所需要的教育"。苏联
模式表明，在社会主义国家，什么样的学科、学系是应该维护的，什么样
是应该消灭的。中国在 20 世纪 50 年代院系调整中对社会学的处理，
正是遵循了这种模式的设定。

同样遵照苏联的模式，所以在中国，民族学这个学科被保存了下
来，民族院校成为许多"社会学拥护者的天堂"，其中就包括此前从燕京
大学和清华大学社会学系"分流"出来的费孝通、潘光旦、林耀华、胡庆

---

① 新教育社编：《肃清帝国主义的文化侵略势力》，上海：人民教育出版社华东分社，
1951 年。
② 转引自鲍嵘：《学问与治理：中国大学知识现代性状况报告(1949—1954)》，第 136 页。

钧以及从海外归来的吴文藻。[①] 不过,民族学也并没有得到独立建制的机会。曾经担任过中国民族学学会和民族学史学会副会长的学者李绍明,1950 年考入华西大学社会学系,1953 年却毕业于四川大学历史系的民族学组,转变的背景正是 1952 年院系调整后社会学的取消和民族学的幸存。晚年的李绍明的口述历史,详细记载了在这个过程中苏联因素发挥的作用:

> 1952 年,华西大学社会学系撤销,我们被并到了四川大学历史系民族学组。……研究对象没有变,但研究方法(在 1952 年前后)有很大的变化了。我们前两年不知道苏维埃学派是什么东西,在这个时候这是一个很大的改变。……我们华西这个组留下也是有原因的。因为中国这么多少数民族,不能没有民族学,不然要出问题。而且苏联有民族学,但没有社会学,所以中国要把社会学系撤除掉,把大学人类学也撤除掉,理由也和苏联一样。……那时民族学是作为历史学下面的二级学科,这是按苏联的体制,在苏联它就是历史学科的一部分,苏维埃学派要用民族学的资料来解释历史上的现象,来丰富历史学的知识,……它和历史学很近。所以那时原始社会史的研究成为一个主要内容,林耀华先生不就写了《原始社会史》嘛,我们搞民族学的好多都搞了原始社会史。
>
> 中国那时就是从政治到学术一边倒,认为西方的学派都是资产阶级的学派,所以要独学苏维埃学派。所以那时胡鉴民先生给我们讲的课"原始社会史与民族学通论",这个课完全是苏维埃学

---

① 顾定国:《中国人类学逸史:从马林诺斯基到莫斯科到毛泽东》,胡鸿保、周燕译,第 127—129 页。

派特有的课,就是把民族学跟原始社会史挂钩。胡鉴民先生给我们讲这个就是完全按照苏维埃学派的理论框架来的。……所以我们那时的一门主课就是"原始社会史",再加上"民族通论"。这个课是从苏联的课移植过来的,用苏联的大纲,我们学的体系就是苏维埃学派的体系。

在新中国成立以后,像吴文藻、费孝通、林耀华、宋蜀华这些老师,他们到了中央民族学院研究部搞研究时,一方面研究部就请了苏联的民族学家切博克萨诺夫、捷尔列茨基来讲学和带学生,他们这些老师和学生也受到这样的影响和改造。以后中央民院只有历史系,没有民族学系,民族学系是以后从历史系中切了一块出来,以前就是历史系。……全国都是这样,搞人类学、民族学都遇到和我一样的这种经历转变,我是学生层次的转变,费孝通、林耀华、吴泽霖、李有义等是老师层次的转变。当时全国都把人类学取消了,把民族学并到历史系。①

然而李绍明坦承,即使在当时,学生们对这种完全按照一种模式来改造一门学科的做法也是充满疑虑的:

但是在我们学了苏维埃学派以后——这不是我个人的感触,是我们这两个年级的人的共同感触——还是认为我们研究的学问中,苏维埃学派不是当时所说的唯一正确的学派,以前那些西方学派的理论和方法,还是可以成立的。只是因为当时不允许存在,将它们作为了批判的对象,这个我们是不认同的。这也不是我们好

---

① 李绍明口述:《变革社会中的人生与学术》,伍婷婷等记录整理,第116—127页。

高明，是因为毕竟学了两年了，感到这个学问还是在学术上有累积
和传承的，不能分从英国来的、从美国来的就是资产阶级的，从苏
联来的就是无产阶级的，不能这么简单地看问题。我们当时就有
这种看法。我们的看法不是主流，主流已经定了，我们没有办法否
定，我们只得遵从这样的主流，不遵从主流你就过不了关。①

李绍明那时候是个接触西方社会学仅仅两年的大三学生，此时他还没
有在西方国家直接接受教育的机会，即便如此，他就已经觉得"西方社
会学并不能一棍子打死"。可以想见，对于他的那些接受西方社会学训
练多年，又长期从事这门学科因而对学科有高度认同的老师们来说，其
内心的抵触。当社会学家发现这种苏联模式已经危及他们借以安身立
命的学科，他们开始紧张了。而当他们从苏联人那里得知，整个社会科
学在苏联的高等院校教学体系当中，已经被化约为四门完全等同于思
想教育的课程时②，这种紧张感更加强烈了。为了避免更大的猜想和
麻烦，大多数人像费孝通一样，小心翼翼地避免更多地涉及苏联及它对
于社会学的政策。即使在极度的政治高压下，社会学家们还是很婉转
地表达对在苏联模式笼罩下中国社会学命运的担忧。潘光旦在1952
年思想改造检讨书中这样写道：

---

① 李绍明口述：《变革社会中的人生与学术》，伍婷婷等记录整理，第114—115页。
② 在1951年翻译出版的苏联高等教育部长卡夫坦诺夫的文集中，有一篇专门谈苏联高
校的社会科学教育，作者介绍说："苏联高等学校社会科学的教学直到1938年为止是
分为研究联共(布)党史、列宁主义、政治经济学、辩证唯物主义和历史唯物主义。"他
并且强调1938年斯大林的经典著作《联共(布)党史简明教程》的问世，"使所有社会
科学的教学制度得以彻底地改变了"。参见卡夫坦诺夫：《苏联的高等教育》，高士彦
译，第103页。

我对于社会学,尤其对于美国的社会学,根本没有太多的理解,总觉得它浅薄而不屑于多下功夫。记得解放前不久,我还写过一篇《社会学的点、线、面、体》,指出它的不着边际,乃至完全扑空。解放以来搞课改,搞院系调整,社会学系的招牌摇摇欲坠,至少我是在心理上有准备的。半路出家的我,根本对它没有太多的感情上的联系。若说,我对于马克思列宁主义已经有了充分的了解,因而能根本否定它,那也不是事实。①

他的旧友毛起鵁,则直言"只要引用斯大林对人口论和地理环境论的评语,就可以把社会学全部推翻,未免将问题看得太简单了"②。

总体来说,在20世纪50年代,对于中国社会学家来说,苏联依旧只是一个符号。此前他们在心理上对苏联的疏离感,并没有因为"一边倒"的政治形势而有所改善。苏联对待社会学的态度更加深了他们的厌恶与疑虑。不过,社会学家们的态度也是策略性的。在本书下一章中,我们将看到,1956—1957年,中国社会学家们利用了苏联恢复社会学的有利契机,为恢复社会学学科在中国的建制做了第一次"鸣放"。

---

① 潘光旦:《潘光旦文集》第10卷,第501页。
② 毛起鵁:《从批评资本主义社会学说到建立社会主义社会学》,《学术月刊》1957年第7期。

第七章　尾声:1956—1957, 中国社会学的短暂复兴

> 人民大学的李景汉教授,几年来改来改去就没有一个确
> 定的专业。……目前社会生活各方面的种种问题,没有人来
> 系统地进行科学的调查研究,这样,在学术领域中就形成了空
> 白,并为国家的工作带来了很大的损失。所以大家现在开始
> 注意到这些问题是十分及时的。[①]
>
> ——陈达

1957 年 4 月和 5 月,在北京西城区和东郊的两座四合院里,《文汇报》驻京记者刘光华做了两次访谈,随后,两篇长篇访谈记分别刊登在 4 月 16 日和 5 月 17 日的《文汇报》上。接受访问的是两位社会学家:劳动部北京劳动干部学院副校长陈达和中国人民大学教授李景汉。在记者看来,两位都已经年过花甲的学者的生活状态很相似:书桌上堆满了社会学参考书籍和资料;除了手头正在进行的工作,心中还在规划着很多社会学研究课题;甚至,两间四合院里,都有工人在粉刷新屋子。很明显,两位老社会学家,又在开始雄心勃勃地规划社会学研究计划。而此时,距离作为一门学科的社会学在中国大陆高等教育和研究机构消失,已经有五年了。但从报道的情况看,社会学似乎有"重生"的

---

① 刘光华:《社会学与人口问题研究——与陈达教授一席谈》,《文汇报》1957 年 4 月 16 日。

可能：在陈达的建议下，中国科学院在考虑成立社会问题调查研究所，中央财经学院也在筹划建立一个社会学系，并率先开设"应用社会学"课程。[①]

事实好像也确实朝着学者们预想的方向发展：1957 年 6 月 3 日，李景汉在中国人民大学参加了一个座谈会，这个座谈会是学校为响应党中央在 4 月份关于开展整风运动的指示而召开的。与和他一起参加大会的同事——社会学家吴景超大谈高校民主问题不同，李景汉谈的依旧是如何恢复开展社会学研究的工作。9 日，李景汉应邀来到陈达家中参加一次讨论会，主题是关于社会学的恢复发展问题。其他与会者，也都是当年清华大学和燕京大学的旧友：费孝通、雷洁琼、吴景超、吴文藻、袁方。在每位与会者都发言后，主持人陈达做了总结，并提出今后一个阶段的工作任务：第一，提出关于社会调查研究方法方案的建议；第二，筹备成立社会学系的计划；第三，团结与联系原来从事社会学研究的工作者，筹备社会学会。与会的社会学家们，把这次会议称作"社会学工作筹备委员会第一次会议"。

不过，很快，情势就发生了变化。在此后一年时间里，除雷洁琼以外，参加这个筹备会的其他所有成员，都受到了错误批判，不仅不可能再展开学术研究，直到 20 多年后的 1979 年，社会学才得以重新恢复。在社会学学科建制被取消以后，中国社会学和社会学家们，究竟经历了怎样的坎坷历程？通过解读这些历史，我们是不是可以得到对当下中国社会学发展的启示？这些就是本章试图考察的主题。

---

① 刘光华：《李景汉教授访问记》，《文汇报》1957 年 5 月 17 日。

第一节 1952—1955:难以割舍的学术研究

"社会学被取消之后,社会学家们哪里去了呢?"吴景超说"他们大多改业了",费孝通则做了大概的分类:

> 我所知道的可以分为三类:第一类是很得其所哉的,在新岗位上搞得蛮起劲,要他们回老行是做不到的。我就属于这一类。第二类是那些有了新的岗位工作的,也能胜任,但是心里还不忘旧好,有机会再继续搞老行是乐意的。第三类是一直没有安定的。……第三类的人并不是个别的。①

吴景超和费孝通的话都很含蓄,但是言下之意已经很明显了,尽管失去了学科建制,各自的心态与境遇也并不相同,但是社会学家们对社会学研究依然难以割舍。为此,他们都小心翼翼地、试探性地提出恢复社会学研究、教学机构的建议,费孝通还特别提到了陶孟和:

> 在科学院里,能成立个社会学研究所那是最好了。如果觉得社会学这个名称不体面,不妨称社会调查所。说起来,社会调查所是有过历史。现在北京文津街科学院办公室的建筑原来有一半就属于过去的社会调查所的。那个社会调查所的所长陶孟和先生,现在就是科学院的副院长,其中不无瓜葛可缘。②

---

① 费孝通:《费孝通文集》第 7 卷,第 22 页。
② 费孝通:《费孝通文集》第 7 卷,第 22—23 页。

在欲言又止地写下"不无瓜葛可缘"的时候，费孝通或许想到的是自己与陶孟和以及社会调查所的"瓜葛"。对于陶孟和的研究旨趣和方法，费孝通并不一定赞同，但是此时把这位社会学界的先驱提出来，是深有用意的。一方面，陶孟和本身就是中科院领导，如果真的可能在科学院内恢复社会学研究机构，由他出面在人事上会相对容易安排；另一方面，在昔日的社会学家中，陶孟和因为其声望与地位在新政权中获得比较高的政治礼遇[1]，在费孝通看来，陶孟和的政治地位多多少少会降低恢复社会学所面临的阻力。然而费孝通不知道的是，陶孟和本人或许是从前的社会学界中最早与社会学彻底告别的学者之一。

1952 年底，中国科学院社会研究所由南京迁往北京。与此同时，作为中科院副院长的陶孟和卸去了他兼任的所长职务。翌年，一方面由于社会学的建制在高校已经取消，另一方面由于国家有专设经济研究所的需要，社会研究所更名为经济研究所。从长期以来社会研究所的研究人员的学科背景构成来看，这次变动或许称得上实至名归，但是对于社会调查所和社会研究所却"完成了它的历史使命"，更重要的是陶孟和开创的那一种社会学研究的传统[2]，过去凭借社会研究所这个机构惨淡维持了下来，此时宣告终结。他昔日的同事说，"陶先生把他一手创建的……最初是以研究人们生活问题开始的社会所，最后奉献

---

[1] 1949 年 7 月，周恩来和李维汉专门就陶孟和的问题给南京市委发电报，指示他们敦促陶孟和北上参加全国社会科学工作者代表会议的筹备工作。此后，陶孟和又成为唯一一个受邀在第一届新政协全体会议上发言的社会学者和唯一一个在此前后接受主流媒体专访的社会学家。参见《前途无限的科学研究——陶孟和访问记》，《进步日报》1949 年 9 月 25 日。

[2] 陶孟和曾经拟定一份"社会调查所的事业计划"。该计划共七条，内容涵盖了社会学的基础研究、学术实践、实际应用、国际交流、人才培养等方面，实际上是他对中国社会学的长远发展主张的集中体现。参见王子建：《陶孟和怎样主持社会科学研究工作》。

于人民",这种"奉献"中或许也有志业上的无奈。①

此后,尽管陶孟和名义上是中国科学院副院长,但实际分工主管的,只有编辑出版和图书馆工作。然而无论科学院主办的《中国科学》《科学通报》《科学记录》刊物,抑或科学出版社的出版工作,完全是以自然科学为重点,社会科学家陶孟和根本无从置喙。② 而作为中国科学院图书馆创始人,陶孟和曾经提出"依靠科学家办图书馆"的主张,但又受到科学院的学科背景限制而无法完全实施具体方案。更重要的是,陶孟和不仅被排斥在科学院的权力圈之外,更要忍受实际掌权者带给自己的苦恼和羞辱。曾在陶孟和主管的中科院编译局短期任职的历史学家赵俪生回忆道:

> 我是院长副院长学习小组组长,曾亲眼看见(郭沫若)拍着桌子训斥吴有训和陶孟和。吴有火气,不服,跳起脚来同他吵;陶则安安稳稳地承受这种凌辱,其状甚惨。③

据说陶孟和因此对郭沫若多有怨言,还曾为此受到周恩来的劝告和批评。

多数社会学家们,就像费孝通说的那样,无论在什么岗位上,总是念念不忘社会学这个"旧好",并且在可能的范围内进行着实际上的社会学研究。

作为1949年之前享有声望的社会学界的代表,陈达担任劳动部某司副司长、劳动干部学校副校长的职务,并被选为北京市人大代表和全

---

① 巫宝三:《纪念我国著名社会学家和社会经济研究事业的开拓者陶孟和先生》。
② 白国应等:《陶孟和与图书馆》,《图书情报工作》1996年第6期。
③ 转引自岳南:《从蔡元培到胡适:中研院那些人和事》,北京:中华书局,2010年,第136页。

国政协委员。但他对行政工作兴趣不大，一直还是手不释卷，可是报纸杂志上却很少见到他的名字，书店里也已经见不到他所写的书了。1950年，陈达曾经制定了一份详细的"全国人口选样调查计划"，这份计划既强调人口调查对即将到来的大规模社会建设的重要意义，又考虑到专业人才匮乏、经验不足与财政拮据的现实，因此提出以"科学的选样调查"作为过渡时期基本的人口调查办法[1]，然而到了1953年全国人口普查时，整个普查过程完全按苏联模式，由苏联专家指导，负责实际操作的国家统计局印发了大量有关苏联1939年人口调查的小册子、表格、填写说明等材料的中译本[2]，陈达完全被排斥在外。只有个别工作人员私下里就一些调查方法请教过陈达。陈达显然对这次普查在技术运用上的不足有所不满[3]，甚至对普查最基本的结果——全国人口总数都表示怀疑。1957年，他受邀参加国际统计学会和国际人口学会在斯德哥尔摩举办的年会时，就是以"1953年新中国的人口普查与国家建设及人口研究的关系"为题提交的论文，其中不乏对这次人口

[1]　陈达：《全国人口选样调查的计划》，《观察》1950年第5期。
[2]　克拉戴维奇：《中国1953年全国人口调查》，中华人民共和国国家统计局专家工作室译，北京：统计出版社，1956年。
[3]　此后有学者对这次普查的技术程序与操作方法进行过系统批评，认为，完全照搬苏联模式的普查的程序造成在许多具体问题上忽略了中国的国情特点和需要。例如，以前社会学者将人口普查时间定在阳历或农历新年，是充分考虑到广大农民的生产、生活周期。而这次普查标准时间定为1953年6月30日24时，这是为了配合选举人民代表，但此时却正是农忙季节。而且，某些地区的调查因七八月份发生水灾而延期，结果造成实地调查工作持续了将近一年，直到1954年才结束。由于调查时间过长，以致人们容易遗忘标准时点下的人口数据，因而产生错误。再有，以前陈达等社会学者进行人口普查时，采取逐户访现有人口的方式。可这次普查只调查常住人口而非现有人口，并采取到站登记和逐户访查两种方式，然后经过县、省、全国三级汇总制，这样的方法更容易出错，而且校正不了错误。普查动员了250万人，这些工作人员缺乏经验，要在短时间内训练他们胜任调查统计工作，是很难做到的。另外，这次调查项目太小，仅包括调查对象的性别、年龄、民族，而不包括其职业、文化程度等，因此不利于学术研究。以上种种问题，都降低了普查的科学性与准确性。参见阎明：《一门学科与一个时代：社会学在中国》，第271—272页。

普查具体方法的反思。①

　　南方社会学界的主要代表孙本文，在院系调整后被安排在南京大学地理系任教，讲授统计学。尽管很早通过公开自我批判的方式表示过与"资产阶级社会学"的决裂，但孙本文在感情上根本无法割舍对社会学的钟爱。他的儿子回忆说：

　　　　父亲那时候在地理系教统计学，他对统计并不是很在行，而且那时候的统计学，都是学苏联，所以他还要自学俄语。这对他来说基础是"一穷二白"。白天很忙，但是他每天回到家里，就趴在桌子上写。写什么我们当时不知道，后来给他整理遗物时，才发现有厚厚的很多册手稿，有的大体上完成了，有的只开了个头，都是讲"资产阶级社会学"的。还有两三份目录，是对他解放前著作的整理。②

孙本文为自己编写了"保存旧著选集的卷次和内容"，他解释了之所以要保存旧著的原因：

　　　　在旧时代写出这些作品，是由当时社会历史条件所决定的。"社会存在决定社会意识"，学术思想的发展符合一定的客观规律，不随人们意志为转移的。……建国以来，为了批判地吸收外国文化遗产，并为学术界批判近代、现代资产阶级学术思想提供参考资料，全国各有关出版社翻译和出版了不少外国的哲学社会科学重要著作。……我国学术界在解放前出版的著作，如果认为有些参

---

① 陈达：《1953年新中国的人口普查与国家建设及人口研究的关系》，载费孝通等：《人口问题研究搞些什么？》，第28—40页。
② 孙世光访问记录。时间：2008年5月20日。

考价值的话，当然也可以把它保存下来，供学术界批判学术思想之用。我保存这些旧著的目的在此。……至于本人在解放后对这些旧著的自我批判，另见《新著选集》第一卷《对现代资产阶级社会学批判论文集》。①

很显然，在孙本文看来，1949年以前出版的旧著，还是"有价值"的。在历经劫难保存下来的资料中，还有他1949年以前若干论文的手稿和抽印本。

作为费孝通所谓"没有安定"下来的社会学家的代表，1952年以后一段时间里，李景汉的境遇很糟，1957年《人民日报》记者在专访中描述了李景汉"痛苦的回忆"：

北京解放时，李景汉先生在辅仁大学社会学系当主任。思想改造运动过后不久，随着院系调整，社会学系被取消了，原来搞社会学的这些教授学者们，一股脑儿收集在中央财经学院的劳动专修科。后来中央财经学院取消，他们一部分人就随着劳动专修科拨给人民大学。在中央财经学院时期，最初，李景汉先生被分配在一位教机械学的兼职教员手下勉强当一名助手。课程是机械学，李先生专长的却是社会调查，既然是助手，学生就得找你辅导，没法子，只好借来机械学的书，用看图识字的方法去学习。经过一段时间的强记，居然也能背诵出许多名堂，什么多刀多刃啦，高速切削啦，牛头刨床啦……都能背得出来，而且，因为只背这一门，所以比学生的成绩还好。经过一学期，这一套新玩艺儿刚背熟，但到了

———————————
① 孙本文手稿。

下学期，他又被分配为纺织教员的助手，他又从头了解棉花如何变成线，粗线又如何变成细线、变成布，梭是如何飞动，等等。因为助手有辅导责任，所以他还得主动找学生去辅导，学生高兴躺在寝室里听辅导，助手也得去登门拜访。教员是专业部门的工程师，到学期终了复习功课时，他是来不了的，这样，学生又一齐来找助手，而助手又不敢不想办法，只好费尽心血替他们找窍门。李先生苦笑了一下说："经过一番努力，我居然也能编出一套复习大纲之类的东西哩！"过了一年，调到人民大学来了，又把他分配给一位教"劳动保险"的教员当助手，帮助搞点讲义，可能有教课的希望。他想，这倒和他从前研究的东西有些相近了，努力学习新理论吧。但是待他刚能编出一点讲义的时候，领导上说，劳动保险工作从劳动部移转到全国总工会去了，学校里不开这门课，又完了。又把他分配从事准备"劳动力调配"这门课的教材工作，但等到开学时，领导上又认为这门课程只讲二三个星期就够了，不值得开专课，又不要了。后来，又分配他搞"劳动保护"，可是这门课程又谈何容易，不同的工种就有不同的劳动保护，门类多，要求的学问要广。最后又听说他从前搞过工人调查，于是又要他去调查女工的保护。搞了八个月，很有兴趣。但是，把调查报告送给领导之后，连下文都没有了。①

在惨淡的现实面前，李景汉心情不免沉寂，身体也衰弱下来，他不愿做人民的累赘，不愿领导上为他的工作分配为难。他觉得自己做了一辈子学问，今天看人脸色吃闲饭，真所谓到了"山穷水尽疑无路"的地步

① 袁佑铭：《从"山穷水尽"到"柳暗花明"——访问李景汉先生》，《人民日报》1957年5月16日。

了。到后来,他的体力脑力都支持不住了,被迫休养,养病的时候,年过花甲,觉得前途毫无希望的社会学家,一度把精神完全寄托在文艺小说上,并且悲观地打算早点退休罢了。在那一段时期,李景汉也很少写应景的政治类文章。因为在他看来,必须先学好四门政治课,即辩证唯物主义与历史唯物主义、政治经济学、中共党史、联共党史,具备对马列主义的起码知识之后,才有资格谈问题。他自认为在这方面实在差得很远,当然以少讲话、不写东西为是。

在社会学者当中,最下功夫学习马列主义,积极努力地调整自己的专业观点的,莫过于吴景超。他于1952年加入了以中上层知识分子为主体的民盟。他努力学习俄文,深入钻研马列著作,专心研究计划经济,特别是苏联的建设经验,发表了不少论著。在这一时期,苏联和中国的建设速度惊人。中国在短短的几年之内,经济生产已恢复到全面抗战前最高水平,吴景超对此印象深刻。他修正自己以前的理论学说,并大量引用马克思、列宁、斯大林的观点,说明社会主义社会因实行公有制和计划经济,个人与全体之间在利益上基本没有矛盾,所以苏联、中国等社会主义国家比资本主义国家劳动生产率高。在劳动力的利用方面,社会主义社会尊重劳动,保障人民有劳动权;而资本主义国家的失业问题严重,工人罢工现象普遍,不工作而食利者较多。因此,从根本上说,工业发展的速度取决于社会经济制度。即便在指出政府工作中的问题时,吴景超也往往以马列理论及苏联经验为依据。除了从书本上学习马列原理和苏联经验之外,吴景超非常积极自觉地通过各种机会,接触实际生活,并从中改造自己。他于1950年参加湖南锡矿山的劳动保护调查;1951—1952年在西安及南宁两地考察并参加土地改革运动;1955年在山西考察工厂生产及农村的合作化运动。他说自己在每一次的实际工作中,都解决了若干思想上的问题,在感情上由逐渐与劳动群众接近到有打成一片之感。他认为教育工作者必须经常有接触实际的机会,所研究的问题是从生活中提出来的,而研究的结果又能推动建设事业;与实际生活密切接触,才可以逐渐提高科学水准,并能逐渐改进教材的内容。

很显然,学科建制取消很难彻底清除社会学家们对社会学的基本认同,1952年以后那几年,他们在以不同的方式延续着社会学研究的某些传统,并且等待着寻找合适的机会以寻求学科合法性的重建。

第二节　1956—1957:社会学的"短暂复兴"

新的机遇,在1955年的年末初露端倪。

在内部,党和政府预见到随着农业集体化的即将完成和工业化的逐步开始推进,越来越需要向更多的技术专家求助。在1955年12月《光明日报》一篇文章中,作者写道:"新的环境和新的形式要求知识分子,特别是有学术地位和专门技术的高级知识分子为社会主义建设做出更多的贡献。"到一个月以后,也就是1956年1月,在中共中央召开的关于知识分子的会议上,周恩来明确地表示:

> 我们现在所进行的各项建设,正在愈来愈多地需要知识分子的参加。……(而)当前的根本问题,就是我们的知识分子的力量,无论在数量方面,业务水平方面,政治觉悟方面,都不足以适应社会主义建设急速发展的需要;而我们目前对于知识分子的使用和待遇中的某些不合理现象,……更在相当程度上妨碍了知识分子现有力量的充分发挥。我们必须加强领导,克服缺点,采取一系列有效的措施,最充分地动员和发挥现有的知识分子的力量,……以

适应国家对于知识分子的不断增长的需要。①

敏感的人已经意识到,面对着一个消极被动的知识界而又迫切需要他们的服务,中共中央针对知识分子问题,给予知识分子以一定程度的学术活动自由以争取他们的合作。正如我们本章开头看到的那样,在随后的几个月里,知识分子发现他们的生活和工作条件有了显著改善,他们受到了特殊照顾,科研经费也增加了。

李景汉就是在这样的背景下,迎来学术生命的曙光微露的。1955年12月29日,在民盟中央关于高级知识分子问题的第一次汇报会上,罗隆基便以李景汉的材料举例,表示当时全国高校像李景汉这样"有业无务",即有教职但未开课的教师有几千人之多。费孝通拿李景汉的境遇作为典型,把他的情况向上反映并广为宣传。此后,李景汉的问题受到广泛关注,他的专业也开始引起人们的注意。

早在1926年,李景汉曾在北京郊区的黑山息、挂甲屯等村庄进行社会调查,此后写成《北平郊外之乡村家庭》一书。② 1956年秋,人民日报向他约稿,请他再一次调查京郊乡村的变化。这一次一共调查了三个多月,由于学校的帮助,他的工作进行得很顺利。《人民日报》连续三天刊载了他的调查报告。在这个报告中,李景汉除了对所调查村庄今昔发生的"可喜变化"做了极生动的描述外,还从不同阶级成分及不同家庭经济情况的农户中选择访问了30多家,特别是对其中较有代表性的人家,进行了细致的考察。显然,农民的生产、生活程度都有了改善,特别是原来的贫雇农提高的幅度更大。土改之后,家庭中劳动力的多

① 周恩来:《周恩来选集》,第160—161页。
② 李景汉:《北平郊外之乡村家庭》,上海:商务印书馆,1929年。

寡,成了家庭生活的主要决定因素。李景汉也婉转和含蓄地表达着自己的"忧虑":在实行合作化后,一般农民虽然过着大致温饱的生活,但他们养猪养鸡缺乏饲料,搞副业和自留地不自由,缺零用钱,小商品紧缺,个人所能支配的时间少,并且羡慕城里的工人待遇高。此外,还存在出生率上升,妇女参加生产劳动后健康状况下降,如何减轻天灾造成的损失,老人在家庭中的地位和供养,怎样实行民主办社和勤俭办社等问题,这些都需要尽早引起有关方面的注意。① 李景汉的调查报告在社会上引起了很大的兴趣和关注。《人民中国》杂志向他约稿,英文版的《中国妇女》杂志也要求他写"中国妇女的今昔",出版社请他写书,各种会议的通知亦纷至沓来,应接不暇,地方电台和苏联专家也请他去做"今昔"讲演,甚至有外宾专程访问他。沉寂多年的李景汉,突然成为各方面注意的人物。于是他开始打破沉默,发表自己对各种社会问题的看法。在谈到社会调查的价值时,李景汉举例说明前不久政协会议中所讨论的晚婚问题。由于在会议和报刊上对晚婚问题做了不恰当的宣扬,甚至有人公开提出,应推迟《婚姻法》中关于结婚年龄的规定。其结果,反倒是使得乡间的许多青年男女人心惶惶,抢着结婚。这就是没有好好经过调查研究就贸然发动宣传的结果。而中国的社会学者曾踏实地做过不少调查研究,他们所积累的丰富经验值得借鉴。他说:"今后,新中国的社会调查工作应该把重点放在人和人之间的相互关系之调整的系统研究,可以补足政府调查统计的不少空白。"②在谈到各种调查方法时,李景汉再一次提出,中国现有的调查统计是完全模仿苏联的报表制度,像望远镜似的,只能看到社会现象的全貌,但不能深入细致地

---

① 李景汉:《北京郊区乡村家庭生活的今昔》,《人民日报》1957年2月1—3日。
② 刘光华:《李景汉教授访问记》。

了解人与人之间的复杂关系。而且在进行统计中,报表往往泛滥成灾,流于形式,乡间干部对此感到头痛。社会学的调查研究方法却是显微镜式的、X光透视式的,能进行仔细而深入的质的方面的专题研究。两者相结合,可以既见树木又见森林。他毫不客气地批评道:"目前我国的许多历史唯物主义研究者只是研究一些抽象的原则,干巴巴的缺少根据丰富事例的活生生说服力。倘若关于社会学的调查研究争鸣起来,就能结合我国的实际情况,用具体的材料来充实、丰富我们所讲授的历史唯物主义课程的内容,把对马克思列宁主义的研究往前推进一步,并可能开始建立起新中国的唯物社会学。"①

　　本不打算"回老行"的费孝通本人,在政治待遇提高的同时,得到一个意外的学术机遇。1956年初夏,访问中国的澳大利亚人类学家格迪斯(W. R. Geddes)花了四天时间在江村(开弦弓村)调查,尽管时间仓促,但是凭借《江村经济》的详细介绍和丰富的实地工作经验,格迪斯很快地对该地进行了普查,取得了各种数据,根据调查结果写成了专题报告,以《共产党中国的农民生活》(*Peasant Life in Communist China*)为题发表。不知是不是受格迪斯的影响,第二年的秋天,英国劳特里奇出版社(Routledge & Kegan Paul Press)给费孝通来信,称他的旧作《江村经济》一书已售罄,出版社不拟再版,但希望他写一部有关在中国新政权下农民生活变化的著作。这无疑打动了费孝通的心,在征得胡绳的同意后,他回信表示赞同出版社的构想。不久以后,在中科院经济研究所所长狄超白的协助下,费孝通和姐姐费达生回到江苏吴江,开始了"重访江村"之旅。

---

① 李景汉:《开展对家庭、妇女等现实社会问题的调查研究》,北京:中国科学院哲学社会科学学部,1957年,第45—46页。

　　这次重访江村之后完成的调查报告，与初访江村的 1936 年相比，显示开弦弓村 20 年的变化。费孝通的结论还是很客观的，他发现过去的贫雇农翻了身，而过去的中农却相反，收入大多没有提高，有些甚至还有所下降。他冷静地提醒人们客观地看待这样的困难，而不是掩饰。费孝通以他一贯的思路，关注乡村工业的发展。他认为，开弦弓村一直人多地少，过去副业较发达，种田只图个口粮，其他全靠副业。农业合作化以后，尽管粮食总产值和每亩产量都有所提高，但因为副业都停止或减少了，如运输、养羊、养兔等经营活动被认为具有资本主义性质，都停止了，所以农民的总收入反而有所减少。费孝通在调查报告中透露，他 1949 年以前写文章提倡"乡土工业"，即在农村原料产地建立小型工厂，这一观点在中华人民共和国成立初期的思想改造运动中曾被当作资产阶级思想狠狠地挨过批判。然而，他仍然认为，乡土工业适合中国国情，所以"恳切地要求领导上能注意这个问题"。①

　　对于社会学家而言，来自外部的机遇同样出现在 1956 年。这一年 10 月 19 日，苏联《真理报》报道了关于国际社会学会第三次会议的情况。这次会议有 57 个国家的约 500 位代表参加，其中也包括苏联及东欧国家的代表，这意味着在苏联和东欧国家，社会学逐渐开始复苏。社会学在苏联和社会主义阵营"解冻"的另一个信号，是 1957 年孔德逝世 100 周年之际，他的名字出现在了由当时的社会主义阵营推动的"世界文化名人纪念"系列活动公布的世界文化名人名单中。此后不久，吴景超、潘光旦、严景耀及雷洁琼，同来华访问的波兰科学院的奥尔格尔得·魏得志会谈，后者也提到参加国际社会学会会议的情形。社会学在苏联复苏，在中国引起了不小的反响，促使中国的社会学家思考：既然社会学在

---

① 参见费孝通：《费孝通文集》第 7 卷，第 49—75 页。

苏联和东欧已经开始解禁,那么它在中国的命运是否有可能重现生机呢?而费孝通从学科本土化和自主性的角度进行了更深地考虑,他说自己:"倒并不是因为苏联派代表出席了国际社会学会,《新时代》杂志上又提出了中国没有代表出席的话,才觉得我们应该考虑一下在各大学里取消社会学系是否做得对、现在应当不应当恢复的问题。我是不很赞成这种态度的。"①

在 1957 年第一期的《新建设》杂志上,吴景超撰文以"社会学在新中国还有地位吗?"发问,尽管谨慎,却是很明确地为恢复社会学呐喊。吴景超提出资产阶级社会学的理论部分,固然是同马克思主义相对抗的,但旧社会学所研究的人口理论及统计、社会调查、婚姻家庭、犯罪问题等,还有存在的需要。他建议在高等院校中开设有关课程,以历史唯物论的知识为基础,研究这些题目。

这篇只有短短的几百字的文章像投入宁静池塘的一颗石子,激荡起越来越大的涟漪。在接下来的半年里,在北京的社会学家们开始密集地集会和发表言论,中心议题就是通过阐发社会学研究的"实用性"为社会学学科建制的恢复寻求合法性基础。

1 月 9 日,陈达早年在清华大学社会学系指导的硕士,时任劳动干部学校副教授的袁方到陈达家中,商谈后者即将提交给国际人口学会和统计学会年会的长文《1953 年新中国的人口普查与国家建设及人口研究的关系》。一个星期以后,陈达以北京市人大代表的身份,在该市二届人大一次会议上,提案设立社会调查研究机构。两天后的 1 月 18 日,中宣部科学处召开社会学座谈会,参加座谈的有陈达、吴文藻、吴景超、李景汉等社会学家。座谈内容主要是关于社会学的各流派及社会

---

① 费孝通:《费孝通文集》第 7 卷,第 19 页。

学在资本主义国家近来发展的情况。1月19日和20日，袁方又分别与全慰天和吴景超商讨人口问题。

2月1日是农历正月初二，昔日清华大学社会学系的毕业生胡庆钧、袁方、全慰天、张荤群、史国衡约集用一整天的时间，先后去费孝通、潘光旦、吴文藻、陈达家中，给老师们拜年，社会学者们在谈话中，都觉得"社会学又要搞起来了"。两个星期以后，由中央劳动干部学校牵头，以陈达的名义在他的寓所，邀请中国人民大学、南开大学、中央民族学院、北京政法学院等高校的社会学家和中科院、公安部、卫生部、国家统计局的代表共40余人，举行了有关人口问题的座谈会。在京各大报社均派了记者参加。这是学科建制被取消以后社会学者的第一次盛会——除了林耀华和吴泽霖，此时在京所有1949年以前的社会学教授，如吴景超、李景汉、赵承信、费孝通、吴文藻、潘光旦、雷洁琼、严景耀、戴世光、陈达都出席了这次会议，陶孟和做了书面发言。会议的实际组织者罗青在两个月以后给中宣部和劳动部的报告中说，这次会议鼓舞了老一辈教授的研究情绪，他特别以李景汉为例，说李景汉特别兴奋地表示："想不到我所学的这门东西，现在又对人民有用处了。……以前我是门可罗雀，现在却门庭若市了。"①

这次座谈会以后不久，毛泽东又在最高国务会议上提及人口问题，引起了全国范围内重新关注人口问题的热潮。对于社会学家们来说，这是难得的机会——用费孝通的话来说，这是"恢复社会学的一个切入口"。他们开始试探性地提出恢复社会学研究工作的建议。3月7日，陈达、陶孟和、吴景超等联名向全国政协委员会提出，成立以研究人口问题为中心的调查研究机构，并在高等学校开设人口课程或设置人口

---

① 罗青：《关于人口问题研究工作进行情况的报告》，第85页。

专业。在接下来的一个月里，社会学家们集会的频率更高，发言的次数更多，撰写的文章主题也更明确。3月10日，袁方在全国总工会参加座谈会，两天后又与《教学与研究》杂志接洽老师陈达著作发表事宜；同一天，费孝通在中央宣传工作会议上发言，指出社会科学有前途，既要一行一业重新安排被取消的学科，也要大胆使用"旧社会"学者；3月17—19日，胡庆钧、张之毅、全慰天、袁方、张向礼与费孝通等人连续几日约谈"如何搞社会学的工作"；3月20日，严景耀、雷洁琼夫妇宴请到访的中山大学副校长陈序经，清华大学、燕京大学社会学系的旧人陈达、李景汉、吴文藻、吴景超、潘光旦、吴泽霖、费孝通等悉数到场，费孝通趁此机会约请到场的社会学家商议在一个时间内再次召开大规模的座谈会，商议社会学恢复之事，并商定由胡庆钧起草"关于社会学几点意见"的初稿。几天后，袁方、胡庆钧、张之毅、全慰天、刘世海等再次在史国衡家开会，讨论上述初稿起草的问题。4月5日，费孝通又在《争鸣》月刊召集的关于科学体制问题座谈会上，对恢复"旧社会科学"建制的问题再次提出建议。在此期间，陈达第一次接受了新华社和《光明日报》的专访，而费孝通则以社会学家的境遇为开场白，发表了日后引起轩然大波的文章《知识分子的早春天气》。[1] 所有的行动开始明确指向一个目标：恢复社会学研究和教学机构。

　　到了4月10日，学者们此前所有的努力有了初步的结果，由《新建设》杂志主办的"社会学问题座谈会"召开，费孝通受杂志社的委托担任召集人。与会者几乎就是二月份在陈达家座谈会的原班人马[2]，不过学者们"恢复社会学建制"的愿望更加明确，心情也显得急迫了许多。

---

[1]　费孝通：《费孝通文集》第7卷，第24—34页。
[2]　包括陈达、吴景超、李景汉、雷洁琼、严景耀、潘光旦、吴文藻、林耀华、袁方、张之毅、胡庆钧、全慰天、王康、王庆成、张绪生、沈家驹等20余人。

这次会议上部分学者的发言，被《新建设》杂志加以整理，以《关于社会学研究的对象和内容》为题，在当年的第 7 期上发表。表面上看，这次会议依旧是同人性质的，但是与会者们通过费孝通了解到，幕后的推手，其实是中宣部。因此，尽管"讨论中实际上是有分歧的，一种是要建立马克思主义的社会学，一种是要恢复资产阶级的社会学"，但是在这次会议上"造成了一种空气，就是领导上已经同意要恢复社会学，要讨论的是怎样搞法"。在这次会议上，陈达草拟了一份名单①，其中包括在京未参加座谈会的和外地的社会学者，其中包括南京大学的孙本文。陈达的意图，是希望联络他们，形成更大规模的恢复社会学的呼声。这一点在孙本文的儿子那里，得到了证实：

> 1957 年，我父亲接到陈达的信，具体说什么我不清楚，但是好像跟社会学系恢复有关。我父亲看了信就去找柯象峰先生商量要不要去北京，要去的话就是柯先生做南京这边的代表去，我父亲不去。但是后来，柯先生也没有成行。②

费孝通则把这个意图，明确地表达了出来：

> 建立社会学会将起"团结和联系原来社会学界同人"的作用，……帮助旧社会学的人员归队和安排。我对这个问题最为积极。1956 年底到南京视察时就见了柯象峰和朱约庵。今年去南京前就向民族学院透露了可以找几个社会学的人到民族学院来，

---

① 完整的名单见《揭露和批判章罗联盟的军师——费孝通》第 2 辑，第 62 页。
② 孙世光访问记录。时间：2008 年 5 月 20 日。

并且具体提出了柯和朱。到南京后主动地找柯和朱谈了话。又向南京大学李副校长谈了。他同意柯可以调动。……我打算集中五至六个这样的人到民族学院，……将来有建立社会学系可能时，他们可以调去工作。

这以后，陈达在两个月以内发表了五篇有关社会问题研究与社会调查的长文①，《人民日报》刊登了他有关恢复社会学的言论，《文汇报》则对他进行了专访，在其他各种公开场合，陈达明确表达了恢复社会学建制的愿望。很显然，他觉得社会学的"恢复"为期不远了。

　　社会学者们的热情被极大调动起来了，尤其在进入 1957 年 4 月下旬以后。23 日，中国科学院哲学社会科学部举行座谈会，决定筹建"社会问题研究工作委员会"，但是在第二天的公开报道中，这个组织被称作"社会学工作委员会"。在委员会的七名成员中（费孝通、陈达、吴景超、吴文藻、雷洁琼、袁方），只有袁方一人有中共预备党员的政治身份。而当时身在外地的费孝通居然对此事一无所知，他是在半个月以后才在报端看到这则消息的，还是吴文藻告诉他，名单是他离京这段日子里由中宣部科学处确定的。尽管费孝通觉得奇怪，但他还是促成了这个"报纸上的委员会"真正落到实处，这就是我们在本章开头所叙述的，6 月 9 日在陈达家召开的"社会学工作筹备委员会第一次会议"，会议通过成立社会学工作委员会，推举陈达担任主任委员。该委员会的任务是团结与联系原社会学界同人，筹备成立中国社会学会、社会学研究机

---

① 陈达：《上海工人的工资与实在收入》，《教学与研究》1957 年第 4 期；《节育、晚婚与新中国人口问题》，《新建设》1957 年第 5 期；《上海工人的生活费》，《教学与研究》1957 年第 5 期；《如何进行专题调查与研究》，《教学与研究》1957 年第 6 期；《上海的劳资争议与罢工》，《教学与研究》1957 第 6 期。

构、社会学系,并讨论开展社会调查研究工作的计划。①

从最终形成的决议看,这次会议标志着社会学在 1956—1957 年的短暂复兴及学者们为此付出的努力到达了顶峰。对于"恢复社会学建制"这个核心问题,社会学家们已经有了纲领性的文件。但是在很短的时间里,形势急转直下,1957 年 6 月 8 日,也就是社会学家们兴致勃勃聚集在陈达家中,商讨复兴计划的前一天,《人民日报》发表社论《这是为什么?》,发出了变换政治风向的信号。紧接着,一场铺天盖地的"反右运动"开始了——社会学家们恢复学科的所有愿望和努力不仅完全落空,而且反过来成为他们被批判的理由。尽管这些对社会学学科的批判客观上存在一些值得反思的成分,尽管社会学学科及社会学者的研究成果存在着各种各样的缺陷,也绝不应成为社会学最终被彻底取缔的理由。试图人为地取消一门学科或观点,或者试图一夜之间完全消除社会问题,必定会产生更深刻的矛盾与危机,这是以时代的代价换来的历史教训。

第三节　知识行动者的困境

本章的很大篇幅是对学科建制取消以后社会学家学术活动的叙述,特别关心他们实际上仍然在进行的社会学研究以及为恢复社会学学科合法性所做的种种努力。在以往的学术史书写中,对这个主题尽管多多少少会有所涉及,但显然仅仅是把它作为一般的历史事实加以处理,而很少进行更深层次的反思。某种程度上,这与以往对早期中国社会学发展史传统的分期视角有关。因为在以往的学术史书写中,早期中国社会学的终结,基本上是以 1952 年学科建制的取消为标志。这种观点自有其逻辑性与合理性,因为以院系调整为直接手段,使社会学

————————————

① 参见本书附录五。

学科制度失去了研究、教学机构的现实载体支撑，也失去了学术资金支助——其背后显示的是国家政权对学科建制的合法性的不认同，在一个高度集中的、在社会生活各个方面都具有高度计划性的国家，这样的不认同完全意味着学科的中止。

这样的判断大体不错，但是它忽略了一个重要的部分：学术活动与学术制度中的核心要素——知识行动者。在第二章中，笔者曾经对"学术资源"和"学科制度"的构成要素做过分析。从这两个向度上看，1952年的院系调整确实是对社会学研究学术资源的剥夺，进而也是对学科制度的根本改造。但也应该看到，在这个过程中，对社会学学术资源的剥夺，主要还是体现在对"研究支助"掌控上，而对其衍生性要素"研究工具"的影响并不很大。院系调整瓦解了"研究团队"的系统性[1]，但是

---

[1] 对于这种"系统性"的瓦解，袁方有过一个比较详尽的论述：（1952年以前）中国社会学研究的基本格局，尤其是在社会学家的梯队结构上已经形成了三代共存的学术景观。当时第一代的社会学家（基本上是19世纪末出生的那一代人）陈达、潘光旦、吴文藻、吴泽霖、孙本文、李景汉等人已进入学术生命的黄金时期，由于他们的努力，社会学在中国已经建立并逐步开始成熟起来。第二代的社会学家（1910年前后出生）费孝通、瞿同祖、林耀华、李树青等一批人，正迎来自己学术生命的丰收期。在他们之后，第三代的社会学家（1920年前后出生）袁方、田汝康、张之毅、史国衡、胡庆钧、全慰天等人刚在学术上崭露头角，尚未在学术上做出更大贡献。对这三代社会学家来说，1952年，在年龄上第一代约50岁，第二代约40岁，第三代约30岁，正是一个学术蓬勃发展的最佳年龄构成阶段。对第三代社会学家来说，这一年取消社会学专业，对于他们的打击差不多可以说是致命的。因为1952年时，前两代社会学家已经在学术上成熟，并做出了奠定自己学术地位的实绩，而第三代社会学家则在刚刚起步之时就遇到自己所学专业被取消的命运，……所以无论从个人事业的发展，还是从学科自身的命运看，1952年对第三代社会学家的影响可能要超过前两代社会学家。第三代社会学家中的多数人，他们的学术生涯是在中断社会学专业近30年之后的1979年才开始进入高峰期的，这时前两代社会学家中的许多人已经离开了人世，中国社会学界由第三代人挑起了重担。……但由于社会学被迫中止了近30年，这个学术发展中的空白阶段是难以弥补的，这也就是人们常常感到，第三代社会学家虽然也做出了很多学术贡献，但他们当中却没有再出现前两代学者中的潘光旦、费孝通那样的学者，如果不是1952年取消了社会学和废止了学术独立、学术自由这些学术发展的基本前提，以第三代社会学家早年的学术训练，他们当中多数人的学术成就会高于今天。参见袁方主编：《社会学百年》，第195—196页。

没有完全割裂"研究团队"与"研究范式"之间的内在联系。

从学科制度构成的角度来看，判断也基本一致：院系调整导致的所谓"社会学学科的消亡"，其意义主要在于彻底限制了要素 b-2 和要素 b-4，并部分削弱了要素 b-3，也就是说社会学学科失去了制度性的实体依托。对于在学科建构中占据核心和主导地位的知识行动者而言，尽管经过了中华人民共和国成立初期的历次思想改造运动，社会学家们在一定程度上开始接受和使用主流意识形态的话语，但这种"接受"也仅仅停留在话语层面上。一方面，对思想进行"政治运动式"的改造，无法彻底割裂知识行动者与学科知识体系间的内在联系，也不可能完全消解他们对社会学思想体系（研究范式）的认同；另一方面，仅仅对"思想"进行改造，也只能"削弱"，而无法彻底"断绝"知识行动者（要素 b-1）间带有同人性质的学术流通（要素 b-3）。所有这些因素为1952—1956 年间社会学家实际上的社会学研究工作和 1957 年上半年为社会学重新寻求合法性的努力，提供了活动的空间。更明确地说，这种活动空间的获致，基本上凭借在 1952 年及此前的历次运动中没有被完全摧毁的两种联系：（1）研究团队与研究范式之间的联系；（2）知识行动者与学术流通和评价体系之间的联系。

但是历史的逻辑现实，也正是在社会学家们依托这两种联系为社会学合法性恢复寻求空间时，他们遇到了根本性的困境。

首先是研究团队与研究范式间联系的割裂。我们在前几章论述早期中国社会学各种范式对立的时候曾提及，与不同的研究团队相联结的是其学科内的不同范式认同，尽管各种范式之间存在尖锐对立，但是总体上讲它们是在一个宏观上统一的理论框架中并存的。1952 年学科的合法性被基本否定，意味着这个统一的理论框架不复存在了，社会学家只有割裂原本统一的知识体系，在其中寻找其"实用"的成分，作为恢复学科合法性的依据，费孝通在 1957 年 6 月 9 日"社会学工作委员会筹备会议"上讨论有关社会学恢复问题时所发表的意见，就明确地代表了这种逻辑：

> 我就主张不妨先不讨论社会学和历史唯物主义有没有区别的问题，我甚至说要不要社会学这个名称都不关重要；只要从实际的社会调查入手，就可以积累许多资料，有了资料再做计较。这是用方法来代替理论。

在此后公开发表的文章中，这种逻辑被费孝通概括为"社会学的对象和内容决定于它的任务"①。对于费孝通来说，这种把社会学完全降低到"实用技术"的层面上的观点或许只是无奈的策略性选择，我们也可以从中看出社会学家们的苦心孤诣，这也是为什么在 1957 年的社会学复兴活动中，陈达和李景汉这两个比较强调社会学"实用功能"和社会调查技术方法的学者，被当作代表人物发挥主导作用，也就是为什么费孝通要煞费苦心地公开推崇这两位与自己学术观点不尽相同的学者的原因。客观上讲，经此改造，原本的社会学范式内在的逻辑性被完全割裂，社会学不成其"学"而仅仅成为"技术手段"。半个世纪以后，当年的亲历者反思道：

> (20 世纪)50 年代以后是把学术应用的一面很机械地套用起来了，学术就要解释政治方面制定的方针政策，你的研究成果是说

---

① 费孝通：《费孝通文集》第 7 卷，第 45 页。

明这个问题的正确性,不能有点异议。①

其次是知识行动者与学术流通及评价体系之间联系的割裂。如果说前一种割裂主要体现为社会学内在体系的瓦解,那么这后一种割裂就是对作为知识行动者的社会学家社会网络关系的摧毁。1949 年以前,知识行动者凭借其彼此在教育背景、学科、职业乃至生活方式和价值取向上的"内在认同"以及学校、社团和媒体等外在社会建制,构成了一种自主的社会关系网络。而在克兰(D. Crane)看来,这种由在不同研究机构中具有同样社会标识范畴的研究者,依托学会或社团之类的组织,建构起的独特学术交流网络,小至区域性,大至全球性,成为"无形学院"(invisible college)。而社会学学科建制中的学术流通与评价体系的构成,也正是这种"无形学院"的表现形态之一。

表面上看,20 世纪 50 年代后期社会学家们恢复社会学合法性的种种努力,所依托的就是这种同人性质的社会关系网络——主要形式是同人集会、非正式的学术组织、公开发表言论等。但是这种看似由"知识行动者"自发进行的活动背后,实际上是权力的渗透与掌控。在1957 年恢复社会学的诸种努力中,有三次集会是具有标志性的,即 2月 15 日在陈达家举行的人口问题座谈会,4 月 10 日由《新建设》杂志社主办的社会学问题座谈会和 6 月 9 日在陈达家召开的"社会学工作筹备委员会第一次会议"。前两次会议的背景,已经在当事人的表述中体现得很清楚了:

> 人口研究和劳动力的研究,是两项互相联系,并对新中国的社

---

① 李绍明口述:《变革社会中的人生与学术》,伍婷婷等记录整理,第 107 页。

会主义事业和人民幸福的前途，有着重大关系的科学研究工作。为了帮助陈达教授开展这项工作，曾于 2 月 15 日在他的住所，……举行了一次座谈会。……召开这种会议，应请中宣部或劳动部出面主持，但由于未再批复亦无人来，只好临时由我（罗青）主持。

《新建设》杂志听到这个消息，打电话给我（费孝通），说中宣部他们对于社会科学方面多做些工作。因此可以由他们邀请吃饭，并座谈社会学问题。座谈记录由他们发表。我同意了。……这个座谈会是 4 月 10 日召开的。

至于第三次会议，我们在前文中已经述及，尽管形式上它是完全同人性质的——自发组织，没有行政领导参与，也没有在公开媒体报道——但这种"同人性质"完全是"形式"上的，因为连参加者的名单，都是由政府部门事先确定好的。

以上两者，可以说是这个时期作为能动的知识行动者的社会学家们本身遭遇的主要困境。这种困境，从根本上把社会学学科制度与学术思想在当时中国赖以生存的最后一根稻草也拔去了。

1960 年 4 月，陶孟和抱衰病之躯赴上海参加中国科学院第三次学部会议，抵上海后第三日，突发急性心肌梗死，经抢救医治无效，于 4 月 17 日中午逝世，享年 73 岁。4 月 28 日，在北京中山公园中山纪念堂举行了公祭，灵堂中摆有党和国家领导人刘少奇、周恩来等送的花圈。他的儿子陶渝生遵照父亲的遗愿，将其全部图书赠给中国科学院图书馆，留下的 18000 余元捐赠给了中关村小学和科学院幼儿园作为办学费用，一切家具赠送中国科学院行政管理局，后发送到灾区救济灾民。

潘光旦在 1957 年以后，从事少数民族史料的搜集整理工作。1959年开始，他从二十五史等典籍中将有关少数民族的史料圈点和抄录出来,完成卡片 4000 多张,并参与翻译了达尔文的《物种起源》和韦尔斯的《世界史纲》。"文革"开始后,身患重病得不到医治,于 1967 年死在费孝通的怀中。

吴景超被错误批判后,降级降薪,失去研究和教学资格。"文革"中遭到批斗抄家。他殚精竭虑、耗尽毕生心血制作的卡片也全部被毁。1968 年,他因罹患肝癌去世。

陈达在此后的多年里,依旧坚持自己的学术观点,但也只能在私下与旧好交流,1975 年他因心脏病突发去世。

赵承信因参与恢复社会学被错误批判,组织上令他检讨,但他自认无过,拒绝检讨,被从严处理。其夫人、孩子全部下放农村,本人也被取消教授资格。1967 年去世。

得益于他特殊的家庭背景,严景耀的生活处境稍好些,但是也完全脱离了学术研究。1976 年,"文革"结束前,他抱憾离开人世。

有幸活到"文革"结束,亲眼见到社会学复兴的,是吴文藻、李景汉和费孝通。自"反右"开始,吴文藻历经批判,被下放工厂劳动,直到 1971 年尼克松访华前夕,才被调回北京参加学术翻译工作。他在"文革"以后,还曾回到中央民族学院授课和撰写论文。1985 年去世后,家人将其生前存款三万元捐献给学校作为社会民族学专业研究生的奖学金。

作为老一辈社会学家,孙本文在"文革"结束后以 88 岁的高龄谢世,去世前他得到消息,社会学研究要首先在北京恢复了,而李景汉有幸看到社会学的恢复。而他的早年的同事费孝通,则在这个恢复过程中,发挥了至关重要的作用。

第八章　余论:学科制度变迁
与社会学的困境
——从五份社会学学科文献出发

> 我们学科的繁荣取决于一个共享的精神气质,它是专业社会学、政策社会学、公共社会学与批判社会学互惠共存的基础。然而,如果过于重视自身领域的听众,每一种类型的社会学都可能采取病态的形式,从而威胁到整个学科的活力。……在现实世界中,学科是权力的场域,其中相互依存变成相互对抗。结果造成了,……工具性知识压倒了反思性知识而居于支配地位。①
>
> ——麦克·布洛维

本书前七章的主要篇幅都在叙述 20 世纪四五十年代中国社会学家的生命轨迹,不仅关注他们各自的学术思想的发展和学术著作的书写,也关注他们的日常生活,甚至合理地揣测他们的内心世界,尽可能地去展示不同的学者之间的沟通与冲突,以及在不同的历史语境下他们与外在于他们的“社会”的互动过程。在这段时期,社会学家们面临着各种各样的“困境”。

当然,“描述”本身不是文本的最终目的,或者说某种程度上,“描

---

① 麦克·布洛维:《公共社会学》,沈原等译,北京:社会科学文献出版社,2007 年,第 18—33 页。

述"只是为我的反思及其结果的"展示"提供一种手段。正如本章的标题所指出的,通过描述社会学家遇到的困境,我其实试图说明的是社会学这个"学科"遇到的困境。

为了更清楚明白地表达我的思考结果,我再次用图表的形式体现构成一门"学科"的诸种要素及其结构:

表 8　学科制度的构成要素

类别	要素	
	制度精神(a)	制度结构(b)
学科制度	a-1 人文理念 a-2 普遍原则 a-3 操作细则	b-1 研究者(知识行动者) b-2 研究计划与课程设置 b-3 学术流通与评价系统 b-4 学术资金支持

通过这张表我们可以很清楚地看到,"学科制度结构"是可以观察和测量到的要素,它们也构成了"学科制度精神"的载体。在学科制度结构的建构过程中,研究者、学生、出版物和研究基金之间构成密切关联的知识生产和再生产的动态网络,同时它也是学术符号资本的生产和再生产的动态网络。[①]

从知识社会学的角度考察一门学科的变迁,就有必要从这些要素(b-1—b-4)全面出发。比如,当我们关注"要素 b-1"时,就应当不仅关注研究者的学术思想的发展和学术著作的书写,也关注他们的日常生活,甚至合理地揣测他们的内心世界,同时,我尽可能地去展示不同的学者之间的沟通与冲突,以及在不同的历史语境下他们与外在于他们的"社会"的互动过程。

---

① 方文:《学科制度和社会认同》,第 16 页。另外参见罗伯特·默顿:《科学社会学:理论与经验研究》,鲁旭东、林聚任译,第 362—376 页。

　　而所谓一门学科遇到了"困境"，其实就是构成这门学科的诸种要素在发展过程中所面临的困难和阻碍。以要素 b-3 为例，它可以进一步细化为两个部分：学术组织和权威出版物。前者主要包括各种学会及它们举办的活动（比如各种专题研讨会、学术年会），后者则主要包括"学术期刊、学术会议论文集、专著、教科书及其衍生物"[①]，这些都是可以直接观察到的，也是可以测量的。比如，如果一门学科的学会建制、核心期刊的出版、教科书的编写等遇到了问题，那么我们就可以说，这门学科在某些方面遇到了"困境"。进而，我们可以通过量化的方式展现这些问题，从而说明"困境"对学科的影响程度。

　　在本章中，当我试图比较系统地归纳和反思早期中国社会学遇到的"困境"时，我选择关注另外一个要素"研究计划与课程设置"（要素 b-2）。之所以做这样的选择，主要是考虑到在学科发展过程中，规范的研究计划与课程设置，"一方面履行特定学科的社区服务功能，另一方面则为学科的发展训练和养育源源不竭的后备人才和新鲜血液"[②]，更重要的是，不同时期的研究计划与课程设置的改变，体现的是不同时期学科制度精神（要素 a）的变迁及其与其他社会要素互动的结果。要素 b-2 一般又是以比较规范化的形态表现出来，比较便于研究者解读。

　　非常幸运的是，在文献搜集的过程中，我找到了体现中国社会学史上不同时期要素 b-2 的规范性文件，它们是本章的基本分析材料与研究对象，因而也是构成本章书写的基础。

　　按照时间顺序，这六份文献分别是：

[①]　方文：《学科制度和社会认同》，第 15 页。
[②]　方文：《学科制度和社会认同》，第 14 页。

（一）《私立燕京大学社会学系学则及课程一览》(1929—1930 年度)。①

（二）《国立清华大学文学院社会学系学程一览》(1937 年)。②

（三）《国民政府教育部修订社会学系必修及选修科目要点》(1944 年)。③

（四）《高等学校文法两学院各系课程草案(社会系部分)》(1950 年)。④

（五）《中国科学院社会研究所 1951 年度工作总结》(1952 年)。⑤

（六）《社会学工作筹备委员会第一次会议决议》(1957 年)。⑥

其中，文献(一)和(二)体现的是 20 世纪二三十年代"社会学"作为一门学科制度刚刚在中国大学中"落地生根"的时期⑦，其比较规范化的课程与研究计划设置的情况，也是"自由主义教学制度"⑧体系下学科制度结构特征的反映。而这两份文献又分别反映了"教会大学"和"国立大学"两种不同性质的高等学校中社会学制度构建的不同亚型。

文献(三)是 1944 年教育部召开第二次大学课程会议，对文、理、法、师范四个学院科程设置进行修订后，体现在社会学系的结果，它在

---

① 资料来源：《私立燕京大学应用社会科学院课程一览》，北京：燕京大学印行，1929 年，第 28—40 页。南京大学图书馆藏。

② 资料来源：清华大学校史研究室编：《清华大学史料选编》第 2 卷，第 348—360 页。

③ 资料来源：孙本文：《当代中国社会学》，第 226—228 页。

④ 资料来源：中央人民政府教育部编印：《高等学校课程草案》。南京大学档案馆藏"金陵大学档案，教学附件第 13802 号"。

⑤ 资料来源：手稿。

⑥ 资料来源：中共中央民族学院委员会编：《揭露和批判章罗联盟的军师——费孝通》第 2 辑，1958 年，第 74—76 页。

⑦ 参见 Wong Siulun, *Sociology and Socialism in Contemporary China*, p.43。

⑧ "自由主义的教学制度"指的是 20 世纪二三十年代，出现在中国的以"学术自由"为基本诉求，以学系教授会为主要规划者与决策者，以学生根据个人兴趣自主选择专业分化方向为特点的课程运营模式。参见鲍嵘：《学问与治理：中国大学知识现代性状况报告(1949—1954)》，第 55 页。

某种程度上体现了一个新建立的民族国家政府逐级深化对学术权力掌控的努力。①

　　文献（四）是中华人民共和国成立后，于1950年6月召开的第一次全国高等教育会议上，各学科专家制定的课程改革草案及其在社会学学科中的具体表现，它与文献（五）共同反映了"社会主义教学制度"②下学科制度的基本结构及其实践特征。

　　文献（六）反映的是社会学学科在中国取消后，社会学家为恢复这门学科的建制，通过努力适应当时的主流话语及社会主义建设实际需要，对社会学进行"改造式"发展的整体构想。

　　这六份文献构成了一个清晰的系谱，完整地反映了早期中国社会学学科制度发展脉络的变迁历程，从中我们也可以对早期中国社会学面临的困境做一些理论反思。

第一节　从"社会学系"到"社会系"：
学科制度精神的变迁

　　当社会学刚刚借由教会大学这个载体在中国开始其制度化进程的时候，它的倡导者们对这门学科普世的人文价值及其社会功能还是抱有很大的期望。所以他们认为社会学系在中国的开办，首要目的是"养成于团体事业中社会化之公民或建设之领袖人才"③。以往的学术史书写经常习惯性地认为"传教士社会学"④的主要特征是远离中国实

---

① 鲍嵘：《学问与治理：中国大学知识现代性状况报告（1949—1954）》，第68—69页。
② 鲍嵘：《学问与治理：中国大学知识现代性状况报告（1949—1954）》，第211—212页。
③ 参见附录一。
④ Wong Siulun, *Sociology and Socialism in Contemporary China*, p. 53.

际，"完全照搬欧美社会学知识体系"①，这种判断的依据之一是早期那些亲身受过教会社会学教育的学者们的抱怨②。从文字表现出来的历史事实看，这样的判断或许大体不错，但是隐藏在背后的文化互动逻辑的转换还有待进一步反思。

19 世纪末教会学校刚开始在中国创办时，规模都非常小，这不仅由于物质条件和文化条件所限③，更与当时西方教会把目标仅仅局限在单纯"传播宗教"这一理念有关④。但是到了 20 世纪 20 年代以后，随着西方教会对中国社会结构和文化传统及其转变的了解，以及在中国势力的日益壮大，他们意识到，使"整个中国基督教化"的最优路径，或许是"使上等阶层皈依基督教，以期通过他们影响百姓"⑤。在 1917 年的一篇文章中，司徒雷登(John Leighton Stuart，1876—1962 年)就表达了这种观念。⑥ 观念上的转变很快影响到教会大学的办学理念上——这也就是为什么在 1929 年的这份《学则》中，社会学系的首要任务会被界定为培养"领袖人才"。在这种理念的驱使下，一方面，社会学系确实在教会大学的围墙之内日益与普通"社会群众"相隔离⑦；但在另一方

---

① 宣朝庆、王处辉：《从社区研究看社会学的中国风格——以学科理想与知识建构为视角的分析》。

② 比如费孝通所谓的美国社会学已经无法"喘息"以及有关"荒芜的田园"的比喻。分别参见费孝通：《费孝通文集》第 1 卷，第 379 页；《费孝通文集》第 5 卷，第 411 页。

③ 所谓文化条件的局限，主要指它们的宗教背景在中国遇到的"文化对抗"，参见卢茨：《中国教会大学史(1850—1950 年)》，曾钜生译，杭州：浙江教育出版社，1987 年，第 4—10 页。

④ 卢茨：《中国教会大学史(1850—1950 年)》，曾钜生译，第 10—11 页。

⑤ 例如，李提摩太(Timothy Richard，1845—1919 年)就注意到，中国传统知识分子中有人开始对西方知识体系产生浓厚兴趣，参见卢茨：《中国教会大学史(1850—1950 年)》，曾钜生译，第 16 页。

⑥ 参见 Philip West, *Yenching University and Sino-Western Relations*，1919—1952, Cambridge：Harvard University Press，1976，p. 39。

⑦ 费孝通：《费孝通文集》第 5 卷，第 411 页。

面,传教士社会学家们是试图借由这门学科赋予中国的知识精英们在大的文化背景下宏观理解文化变迁的视角,最终造就他们对普世精神信仰的服膺①。这一点在许仕廉对燕京大学社会学系长远研究与教学计划的摹画中也有很清楚的表现。②客观上说,这种从文明整体演进的角度去看待社会变迁和文化互动的社会学视角,尽管带有很强的本位色彩和宗教意识,但是却并不一定是肤浅的。

实际的问题应该是,20世纪20年代末到30年代早期的燕京大学社会学系教师群体,无论是知识结构抑或反思深度恐怕都有缺陷,很难胜任那种立意高远的培养人才的任务。从文献(一)中的"课程说明"来看,这种缺陷至少来自三个方面:

首先,宗教本位在某种程度上会影响观察的客观性③;其次,在对社会变迁宏观过程的理解上依旧受僵化的进化论思想的统摄④;最后,缺陷或许来自课程结构的设置——两门重要的基础课:"社会思想史"和"中国社会思想史",都由自美国归来不久的年轻学者吴文藻担任⑤,但是吴文藻很快发现,这两门课的内容过于丰富,根本不可能在规定的学时内完成教学计划,于是他将前一门课化约为"当代社会学学说",后

---

① 与此相应,20世纪初好几份出自在华传教士兼教会大学教师手笔的文献都显示,他们对教会学校培养工程师、律师、社会工作者这样的专业技术人才并没有兴趣,甚至持反对意见,参见卢茨:《中国教会大学史(1850—1950年)》,曾钜生译,第166页。
② 在1929年时,许仕廉是燕京大学社会学系主任,因此文献(一)的这份学则和课程计划,即使不是出自许仕廉的手笔,至少也是受到他首肯的。参见许仕廉:《对于社会学教程的研究》,《社会学杂志》1925年第4期;《人与文化的关系》,《社会学杂志》1925年第4期;《建设时期中教授社会学的方针及其步骤》,《社会学界》1929年第3卷。
③ 比如,燕京社会学系创办人之一的步济时(Stella Fisher Burgess,1881—1974年)开设的课程都与宗教有关,他就特别强调"从宗教的理论去观察社会问题"。
④ 这一点突出体现在林东海开设的"社会进步理论"这门课程上。当然这里所谓"进步理论"不完全是进化论的翻版,但后者的基本价值立场没有变化。
⑤ 参见吴文藻:《吴文藻自传》,第81—82页。

一门则改为"先秦社会政治思想"和"近现代社会政治思想"——后一种调整的原因很明显,吴文藻授课的基本理路,完全来自梁启超,而"先秦"和"近现代"正是梁氏研究最深刻并有系统著作的历史时期①。此后,随着吴文藻的离开,这两门课程也渐渐"式微"了。② 以往的研究者在分析吴文藻的社会学学术取向时,往往忽视他对"历史比较方法"的关注——而这种关注,其实与吴文藻早年所受的学术训练和他在燕京大学时期的授课经历有非常密切的关系。③

到 1937 年,在清华社会学系的规程中,社会学系被规定为应该在三种领域培养人才:(1) 教师;(2) 研究人员;(3) 实地应用人才——扩大了的"社会工作者"。④ 在燕京大学的学程中那种对学科本身独立价值及其在社会宏观进程中作用的强调,此时已大大弱化了。学术研究与人才培养的"实用性"与现实性倾向开始显著增强。导致这一变化的因素或许可以从不同的方面理解:

(1) 受到具体计划起草者本人学术倾向的影响。这份教学计划出自系主任陈达之手,他那种"技术专家"的学术理念与研究理路,在这份文献中有很明显的体现。⑤

(2) 与中国社会学中"美国因素"的影响力持续增强有关。作为最初由中美庚款支持的"留美预备学校",清华大学在建立之初就深深刻

---

① 参见吴文藻:《吴文藻自传》,第 81—82 页。
② 参见傅愫冬:《燕京大学社会学系三十年》。
③ 这一点为我们全面理解中国社会学的人文传统有很重要的意义,我在其他文章中对此有详细的分析。
④ 学程中的提法是"为社会行政与服务机关训练实地应用人才(如工厂检查、乡村教育,及贫穷救济专员等)",其范围要比我们今天所谓的"社会工作者"内涵和外延更广。参见文献(二)。
⑤ 参见陈达:《社会学及人类学系现况》,载清华大学校史研究室编:《清华大学史料选编》第 2 卷。

上美国高等教育制度的烙印,其中当然也包括学科门类与课程设置①,20 世纪 30 年代随着更多的留美社会学者加盟清华大学,这种专业影响力在持续加强。

(3) 与国家权力的介入有关。清华大学在 20 世纪 20 年代末收归国有,以国民政府为象征,国家权力至少在名义上开始介入学校的日常管理中,它要求高等教育为"国家"的"实际"需要服务,这是社会学系培养目标转变的重要因素。

清华大学社会学系的这份"学程一览",制定于 1937 年五六月间。几个星期以后,抗日战争全面爆发,清华大学与北京城内大部分高校一样,开始内迁。在这个过程当中,它与北京大学、南开大学先在长沙组成临时大学,继而在云南组成"西南联合大学"。由于另外两校一直没有社会学系建制,联合大学的社会学系其实就是清华大学的班底。在联合初期,由于学校局势未晏,生源大量减少,很多院系一度合并,社会学系也曾与历史系合并,改称"历史社会系"②。尽管两系此后不久分开,各自建制,但是由此,一个影响深远的变化开始出现:此前的"社会学系"开始逐渐为"社会系"取代。③

从"社会学系"到"社会系"的转变,尽管只是一字之差,其实个中思想的变化,却是值得深思的。用最概括的说法,是对社会学研究价

---

① 参见苏云峰:《从清华学堂到清华大学(1911—1929)》,北京:生活·读书·新知三联书店,2001 年;《从清华学堂到清华大学(1928—1937)》,北京:生活·读书·新知三联书店,2001 年。

② 刘超:《联大社会学及其谱系、源流与嬗变——以联大社会系为基点的历史考察》,《学术界》2008 年第 3 期;另外参见谢泳编著:《西南联大与中国现代知识分子》,长沙:湖南文艺出版社,1998 年,第 43—52 页。

③ 整个 20 世纪 40 年代,在清华大学,即使在正式文书中,"社会学系"与"社会系"的名称也经常混用,并不统一。40 年代以后系友的回忆文章大多提及这一点,参见北京大学社会学系编印:《桃李思故园:回忆社会系·庆祝清华大学八十周年校庆》(《社会研究》第 6 期增刊)。感谢该文献的提供者北京大学历史学系周玉峰博士。

值从强调"反思性价值"转变为强调"工具性价值"，对社会学研究方法从强调"学"的内涵转变为强调"术"的效用①，对社会学课程设置从强调"抽象"转变为强调"具体"，对社会学人才培养从强调"广博"转变为强调"专业"。某种程度上体现的是国家权力对教育的掌控与约制。②

到了1950年，由高等教育会议制定这份《高等学校文法两学院各系课程草案》中，已经正式使用"社会系"这一官方名称。③ 这次高等教育会议，实际上明确了大学改革在政治意识形态框架下的基本方向，在全国范围内有计划、统一地进行院系调整，就是在这次会议上由当时的高等教育部长马叙伦正式提出的。④ 这份草案及相关的文献，实际上已经不止于对高等学校课程改革做具体的指示，而是对新政权意识形态在文教领域的"具体化"的起始。它涉及新情况下高等学校培养什么样的人（教育目标）、学术与国家的关系、理论知识与专门实用知识的关系、高校与社会的关系（主要表现为高校与各业务部门关系）、高校师资来源与培养、教科书与学术语言的使用等多个层面的问题，反映的是政府高等教育政策制定的价值观基础。而所有这些问题的解决与价值规范最终都希望通过对高等学校课程的规范来实现。

在这里，马克思主义的大学教育目标理论与大学课程观得到了初

① 这一点已经被当时的社会学界体认到，战后苏汝江就专门写过一篇文章谈这个问题，标题就是《论社会学与社会术》，参见苏汝江：《论社会学与社会术》，《益世报·社会研究》1948年第36期。
② 全面抗战初期大规模的高校内迁过程，也是以教育部为象征的国家权力渗透并逐步掌控高等教育，使之初步"国家化"的过程，有关此的详细描述，参见黄启兵：《中国高校设置变迁的制度分析》，福州：福建教育出版社，2007年，第195—211页。
③ 此后"社会学系"尽管还出现在某些场合，但那些仅仅是各校沿用惯例的非官方举动。
④ 参见新教育社编：《肃清帝国主义的文化侵略势力》，第8页。

步地构建与阐发，是新政权就知识价值做出的判断与立场，是国家高深学问治权合法性的知识基础。在中国近百年的历史中，知识冲突之激烈与相互绕置之复杂都是前所未有的。如何从纷繁的知识纠葛中，梳理出能够得到社会大多数成员认同的价值观，构建起能在最大限度内动员社会力量的知识价值体系，这是一个巨大的考验。这种知识梳理涉及中国传统文化与外来知识、民族的知识与主要是来自西方的外族知识的关系，涉及知识的纯粹认识价值与实用价值（在中国革命与建设中的独特的应用价值）、先进知识（即以科学技术知识为代表和主要内容的知识）与落后反动知识（封建的、帝国主义的法西斯的话语）之间关系的"择宜""权重"与"取舍"。处理好这些关系，不仅包括认识层面的价值澄清工作，更重要的是能够在行动中（如大学课程改造中）根据实际的情势予以权衡，辨别轻重缓急。显然，这种理论又是一种行动的理论。马克思主义大学理论与大学课程观的阐发，为政府掌握高等教育的管制权提供了合法性证明，为行政部门主导随后的教育变革奠定了话语基础，为政府深度介入学问体制架构拓宽道路。印刷物、主流媒体与专业期刊则为渗透国家意志的言论提供了客观中立的包装。

因此在文献（四）中，我们看到，社会系的具体任务被确定为"学习运用科学的观点和方法，具体分析社会实际情况，培养政府及其他有关部门（如内务部、劳动部、民族事务委员会等）所需工作干部的专业知识及技能，并培养中等学校以上师资"，而实现这一目标最重要的手段之一，是"服务于政府各有关部门的需要，分组培养专业人才"。

具体的分组情况及其任务分别是：

理论组：培养与相关各系合作培养中等学校讲授政治课的师资；

民族组：培养民族事务工作干部；

内务组：培养内务工作干部；

劳动组:培养劳动工作干部。

这个分组基本上体现了新的意识形态对社会学究竟是该研究什么,以及社会系存在的目的及其功能是什么的基本看法。这其中有两个转变非常值得关注:

(1)不再认可社会学作为一种知识体系那种客观认识社会及其发展、演变规律的基本目标。在这个草案中,不仅早期燕京大学社会学系同人们造就"领袖人才"与"社会公民"的宏愿早已消失,并且"对社会做科学研究"或者"培养学术专家"的具体目标也已消失,特别是"理论组"的相对地位在下降,其目标已经降低为培养中学政治老师。当然一开始这种转变只是体现在"字面"上,在大部分社会学系的实际教学研究中还不可能立刻转变此前的课程结构,1950 年进入华西大学社会学系的李绍明就说:

> 那时给我们上社会学理论课的是蒋旨昂先生。那时候社会学理论已经不叫"社会学理论和方法"了,改叫"唯物社会学",以表示与之前的西方唯心的社会学相区别。……换汤不换药。名称变了叫"唯物社会学",但讲的还是西方社会学是怎么来的,……它的体系没有变,内容也没有变。①

在清华社会系开设"西洋社会学说批判"和"中国社会思想(儒家)批判"两门课的潘光旦,实际所讲授的也依旧是希腊罗马、先秦诸子这些内容。② 但是潘光旦也敏感地发现,以新的意识形态改造旧理论体系的

---

① 李绍明口述:《变革社会中的人生与学术》,伍婷婷等记录整理,第 87 页。
② 潘光旦:《潘光旦文集》第 11 卷,第 299—310 页。

趋势已经在学者的心理上造成很大影响：

> 在这次课程改革的时候，一遇到和理论有关涉的课程，这些朋友所反映的意见便特别审慎。如果有所主张，也好像是在暗示，马列的理论而外，其他的理论最好能尽量避免。……有人主张法学院的各系如政治、经济、社会，最好都不要设"理论组"，……如果这些主张都能见诸实行，则马列主义以外的理论分量就可以少得多，以至于不难完全避免。①

尽管潘光旦并不认同这种意见，但此后的历史事实却基本上是向与他的意见相反的方向行进的。

（2）与其相应的是完全把社会系作为培养工具性的实际工作操作者（中学政治教师、民族事务干部、内务事务干部、劳动事务干部）的机构。在新的社会形态下高等教育要造就"通才"还是"专才"的问题上，这个草案的答案是后者。实际上课程设置与人才培养的"通"与"专"的问题几乎是高等教育与生俱来的矛盾，早在古希腊时代，人们就把理论的、远离职业技能的知识看作自由的知识，相对应的教育称为"自由教育"，同时把技术的、专门的与具体的知识看作"奴性知识"，到 20 世纪上半叶，大学通才教育模式在整个世界高等教育制度中占据上风。②在中国，自 1949 年初开始，旧大学逐步被接收后逐步展开的课程改革

---

① 潘光旦：《潘光旦文集》第 10 卷，第 404 页。
② 在社会学家中，潘光旦是对"通""专"问题有过深入反思的一位，总体上而言，他是赞成"通才教育"的，甚至直到第一次高等教育会议前后，他还在稍作变通的情况下，坚持自己的理念。参见潘光旦：《潘光旦文集》第 5 卷，第 41—46、419—428 页；《潘光旦文集》第 10 卷，第 372—375、404—406 页。潘光旦对于社会学系在研究和教学问题上的这个问题，也有过集中地论述，参见潘光旦：《潘光旦文集》第 5 卷，第 428—432 页。

明确体现了新政权强化了大学课程的目的性、系统性，以更好地服务于"专家"养成的目的，对社会系的这种"分组"就是重要的手段与载体之一。但是要使课程设置完全配合这一目标设定，以及最终建立起服务于培养"红色专家"的课程运营机制，则需要解决现代高等教育所固有的、无可回避的"通"与"专"的矛盾，并从理论高度予以阐释。最终，在苏联教育体制的影响下，高等教育那种固有的"通"与"专"的矛盾在"全面发展专才"的概念话语中被消解，为高等教育服务于工业化的工具性实用主义开辟了道路，也在一定程度上促进了"社会学系"的消亡。

第二节　从"体"到"用"：学科制度结构变迁

在此前的篇章中，我们已经论述过，学科制度的构成分成"学科制度精神"和"学科制度结构"两方面。虽然学术研究与课程设置计划其实体属于学科制度结构，但是它也在很大程度上反映了学科制度精神，这就是我们在上一节中叙述的。

课程设置，从根本上看还是体现了学科制度结构。因此，为了比较客观和直观地映证我的上述看法，我将前四个附录中有关课程设置的内容做了一些最粗浅的划分和最基础的量化统计，其结果以表9"20世纪20—50年代社会学系课程设置变迁分类统计表"、表10"20世纪20—50年代社会学系课程类型权重变迁统计表"和图6"20世纪20—50年代社会学系课程类型权重变迁统计图"的形式体现出来。

表 9　20 世纪 20—50 年代社会学系课程设置变迁分类统计表

		燕京大学 1929 年学程		清华大学 1937 年学程		国民党教育部 1944 年学程		共和国教育部 1950 年学程	
理论	课程数	6	33%	4	40%	17	31%	10	28%
	学分数	16	23%	24	38%	64	36%	39	28%
方法	课程数	3	16%	3	30%	3	5%	4	11%
	学分数	9	13%	20	31%	12	7%	16	12%
应用	课程数	5	27%	2	20%	33	60%	15	42%
	学分数	14+20	49%	12	19%	97	54%	63	46%
自然科学	课程数	3	16%	1	10%	1	2%	2	6%
	学分数	10	14%	8	13%	1	0.6%	3+	2%
意识形态	课程数	1	5%	—	—	1	2%	5	14%
	学分数	1	1%	—	—	6	3%	16	12%

资料来源:附录一至附录四。

对这个表需要做一些必要的说明:

(1) 在这个表的横轴中,我按照时间顺序编排了四份课程草案,以期比较清楚地显示这种时间上的变化。

(2) 在这个表的纵轴中,我把附录中每个时期社会学系(社会系)所有开设的课程进行了分类,主要分为五类:

第一类:社会学理论课程(简称"理论"),指介绍社会学基础理论的课程——包括"社会学""社会学原理""社会思想史""社会学名著选读""欧美社会学家研究""唯物社会学""社会发展史""社会心理学""人类学"等。

第二类:社会学方法课程(简称"方法"),指介绍和训练社会学研究方法的课程——包括"社会统计学""社会调查""高级社会调查""社会研究法入门""个案研究"等。

第三类:应用社会学课程(简称"应用"),指旨在解决各种社会实际问题的社会学专题研究课程和进行实际社会工作训练的课程——包括"机关参观""劳动问题""人口问题""救济制度""社会行政""职业指导与介绍""户籍工作""国情普查""企业管理"等。

第四类:自然科学课程(简称"自然科学"),指作为必要学术训练与知识背景的自然科学类课程,包括"普通生物学""物理学""高级算学""普通地质学"等。

第五类,意识形态类课程(简称"意识形态"),主要指讲授执政党党义、宣传主流意识形态的课程,包括"中国国民党党义及党纲""辩证唯物论""中国革命基本问题"等。

(3)课程数指属于该类型的开设的课程总数,学分数指这些课程实际的学分总数。其后的百分比表示在每个课程设置中,这些类型的课程(与学分)在所有课程中所占的比重。

表10　20世纪20—50年代社会学系课程类型权重变迁统计表

		燕京大学 1929 年学程	清华大学 1937 年学程	国民党教育部 1944 年学程	共和国教育部 1950 年学程
A	理论	23%	38%	36%	28%
B	方法	13%	31%	7%	12%
C	应用	49%	19%	54%	46%
D	自然科学	14%	13%	0.6%	2%
E	意识形态	1%	—	3%	12%

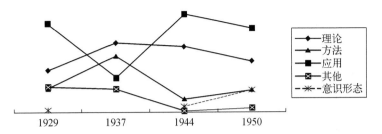

图6　20世纪20—50年代社会学系课程类型权重变迁统计图

对于基本采行了学分制的中国现代大学而言,学分的分布往往比单纯的课程数更能体现不同课程在整个学科教学体系中的权重。因此,表10专门将基于学分所占百分比的数字单列出来显示,图6是这个表的折线图。

以上图表反映出的20世纪20—50年代社会学课程设置大致特点(某种程度上说也是"困境")可以这样简单概括:

(1)在绝大部分时间里,社会学实际应用类课程在整个社会学系的课程类型中权重最高,并且呈现上升趋势,也就是从强调社会学作为一种认识社会的科学的本体论意义到强调其实际功用的转变,我将其概括为从"体"到"用"的转变。尤其是在20世纪40年代的全面抗战中,这个比例有了显著提高。这一方面体现了国家权力在对原本相对独立的高等教育渗透和掌控程度加深的情况下,对社会学实用功能的强调,另一方面也体现了社会学界在发展低潮中试图"迎合"国家实际需要以保存和壮大学科的努力。

(2)直到20世纪50年代初社会学学科建制被取消前,社会学基本理论的教学,在整个课程结构中所占据的份额是比较稳定的。

(3)早期中国社会学系对研究方法的介绍和训练,一直是比较薄弱的环节。①

（4）20 世纪二三十年代那种比较重视人文科学、自然科学和社会科学协同发展的通才教育方式,在 40 年代以后基本消失了。特别是放弃了类似生物学这类对社会学、人类学研究有相当助益的自然科学的教学。②

（5）从 20 世纪 40 年代开始,宣传主流意识形态的课程开始在社会学系的课程结构中占据一定份额,并在 40 年代末的共产主义政权中得到显著增长。

（6）仅仅从表现在文字上的情况看,清华大学社会学系在 20 世纪 30 年代中后期的课程设置结构是那 30 年间比较合理的。体现在前四种类型的课程,大致分布得比较平均,并且与意识形态宣传保持一定距离。

第三节 "迈向公共社会学":有价值的借鉴

2004 年,美国社会学会年度主席麦克·布洛维（Michael Burawoy）以"保卫公共社会学"（For Public Sociology）为题做了主席致辞。③

在这篇文献里,出于对"社会学精神气质与我们所研究的世界之间日益呈现的罅隙的反映",布洛维提出将"公共社会学变成一项可见的、合法的视野从而激活整个学科"的主张。基于这样的基本立场,布洛维

---

① 这也就是 20 世纪 50 年代社会家们在挽救社会学学科命运时,提出的中国社会学历来不注重"技术训练"的弊病,参见费孝通:《费孝通文集》第 7 卷,第 38—40 页。

② 潘光旦在 20 世纪 30 年代就对此有清醒的认识和深刻的反思,参见潘光旦:《潘光旦文集》第 5 卷,第 41—46 页。

③ 麦克·布洛维:《公共社会学》,沈原等译,第 3 页。

对社会学的劳动分工进行了分类①:

表 11　社会学的劳动分工

	学术听众	非学术听众
工具性知识	专业的	政策的
反思性知识	批判的	公共的

资料来源:麦克·布洛维:《公共社会学》,沈原等译,第 19 页。

　　在布洛维看来,上述知识的四种类型,不仅代表了社会学功能的差异,也代表了四种看待社会学的不同视角。从批判社会学的立场来看社会学的劳动分工,与从政策社会学的立场来看劳动分工是十分不一样的。此外,布洛维还对社会学家与他们的道路进行了区分。在他看来,"社会学家的生命是由他或她的社会学习性与整个学科领域的结构之间的不匹配推进的"②,因为社会学家们"不仅同时处于不同的位置上,也随着时间推移在四种类型的社会学中选择不同的道路"③,"制度与关系之间的张力驱使社会学家不断从一个领域走向另一个领域,在那里,他们可以以仪式性的位置暂时稳定下来,或者放弃整个学科"④。布洛维最后一个重要的反思是,在他看来,"社会学不仅是一门劳动分工尚未被整合的学科,也是一个权力场域,一门各种相互竞争的知识或多或少以一种固定的等级秩序展现的学科"⑤。布洛维非常清楚这样的事实:"至少在美国,专业社会学和政策社会学——前者提供职位,而后者提供资金——支配着整个学科的取向。提供价值的批判社会学和

---

①　随后在每种类型的社会学内部,布洛维又按照这四种视角进行了更复杂地划分,参见麦克·布洛维:《公共社会学》,沈原等译,第 21—23 页。
②　麦克·布洛维:《公共社会学》,沈原等译,第 24 页。
③　麦克·布洛维:《公共社会学》,沈原等译,第 25 页。
④　麦克·布洛维:《公共社会学》,沈原等译,第 28 页。
⑤　麦克·布洛维:《公共社会学》,沈原等译,第 34 页。

提供影响的公共社会学则与权力和金钱的力量无法匹敌。……这种支配模式源于这个学科嵌入于一个更加宽泛的权力和利益的格局之中，在我们这个社会，金钱和权力远远比价值和影响有力量得多。"①

　　布洛维的反思，实际上正可以深化我们对早期中国社会学困境的理解。我们在前两节中所谓的中国社会学学科制度精神与制度结构的变迁，某种程度上，就是布洛维所谓的美国社会学与社会学家在学科领域结构内部、在学科与权力和金钱两种"不匹配"和"制约"关系中前行的中国翻版。尽管布洛维认为"权力的天平似乎倾向于工具性知识"②，但他并不悲观，因为在他看来，迈向"公共社会学"的姿态可以为这门学科超越各种界限而达到共同的理解提供一条有价值的途径。从这个意义上说，我们反思早期中国社会学的困境，其实也是为了"将我们的学科变成我们自己的"，从而"创造一个能够产生出更加勇敢和更有生机的思想的空间来"③。

---

① 麦克·布洛维：《公共社会学》，沈原等译，第 35 页。
② 麦克·布洛维：《公共社会学》，沈原等译，第 36 页。
③ 麦克·布洛维：《公共社会学》，沈原等译，第 36 页。

附录一　私立燕京大学社会学系学则及课程一览[①]

学　　则

　　社会学系之设为尽量应付目前中国之三种特别需要:(一) 养成于团体事业中社会化之公民或建设之领袖人才;(二) 以科学方法从事社会服务;(三) 对于社会而为科学的研究。

　　学生须先修毕下列课程方可准其以社会学为主修科:

社会	1—2	社会学与社会问题	学分 3—3[②]
经济	1—2	经济学	学分 2—2
生物	3	普通生物学	学分 4

　　凡以社会学为主修科之学生而欲得学士学位者,须受本学系之监察,就下列各组课目中任选一题为专门之研究并著论文一篇,其论文即等于二学分至四学分之成绩。

---

① 来源:《私立燕京大学应用社会科学院课程一览》,北京:燕京大学印行,1929 年,第 28—40 页。南京大学图书馆藏。
② 此处"社会"表示系列,其后数字(如"1—2")表示课程代码,其后为课程名称(如"社会学与社会问题"),最后为学分数。

甲组　理论社会学之文学学士

以理论社会学为专门之学生，必须在大学本科修毕以下诸课目：

社会	1—2	社会学及社会问题	学分 3—3
经济	13—14	经济学原理	学分 4—4
自然科学（生物学 3、物理学 1）			学分 4—4
心理	141	社会心理学入门	学分 2—0
社会	3	社会人类学入门	学分 3—0
社会	55	机关参观	学分 2—0
社会	101—102	社会思想史	学分 3—3
社会	103	中国社会思想史	学分 3—0
社会	135	社会统计学	学分 3—0
心理	142	社会心理学	学分 2—0
政治	33—34	中国国民党党义及党纲	学分 1—1

乙组　应用社会学之文学学士

以应用社会学为专门之学生必须在大学本科修毕以下诸课目：

社会	1—2	社会学及社会问题	学分 3—3
经济	13—14	经济学原理	学分 4—4
自然科学（生物学 3、物理学 1）			学分 4—4
心理	141	社会心理学入门	学分 2—0
社会	53—54	社会服务入门	学分 2—2
社会	55	机关参观	学分 2—0
社会	133	社会调查	学分 3—0

续　表

社会	135	社会统计学	学分 3—0
社会	123	贫乏问题及救济制度	学分 3—0
经济	123	劳工问题及劳动问题	学分 3—0
心理	142	社会心理学	学分 3—0
政治	33—34	中国国民党党义及党纲	学分 1—1

丙组　理学学士及社会服务职业证书

本组入学程序与甲组同,惟欲得理学学士学位及社会服务职业证书者,须有以下要件:

(一) 对于社会服务职业证书至少须住校两年,其中一年须专为实习工作;

(二) 须在大学共研究五年;

(三) 须以社会服务为主科并须满足大学学士学位之条件;

(四) 须修毕以下诸课目:

社会	1—2	社会学及社会问题	学分 3—3
经济	13—14	经济学原理	学分 4—4
		自然科学(生物学 3、物理学 1)	学分 4—4
心理	141	社会心理学入门	学分 2—0
社会	53—54	社会服务入门	学分 2—2
社会	55	机关参观	学分 2—0
社会	135	社会统计学	学分 3—0
社会	125	社会团体之组织及其问题	学分 4—0
社会	124	犯罪学	学分 0—3
社会	139	个案研究	学分 2—0

社会	123	贫乏问题及救济制度	学分 3—0
经济	123	劳工运动及劳工问题	学分 3—0
心理	131—132	变态心理	学分 2—2

（五）须修实习工作二十职业学分（五十四小时满意之实习工作可算一学分）。

课程一览①

第一组　纯正社会学及人类学

社会 1—2　社会学及其问题　甲组许仕廉；乙组林东海

研究普通社会学原理及社会病理之问题，包括贫穷、犯罪、娱乐、优生、家庭及工业状况。

社会 3　社会人类学入门　吴文藻

对于人类起源及文化发展做概括之考察并用批评的态度研究社会之演进。

社会 51—52　中国社会问题　许仕廉

讨论中国人口、种族、家庭、工业变迁、劳工、农民、犯罪、娼妓、卫生诸问题。

---

① 原文中在每种课程简介下，还附有开课日程等说明，因无关宏旨，此处从略。

社会 101—102　社会思想史　吴文藻

希腊、罗马及欧美之社会思想。自孔德、斯宾塞以至今日凡对于人类社会而为科学的研究，其如何发展，均在研究之中。尤于本来事实更为注意。

社会 103　中国社会思想史

上自老子、孔子，下迄现代作家，凡中国社会思想均在研究之列。

社会 104　社会伦理　华景侠

研究社会有关之诸种伦理问题，如婚姻、两性、战争、和平、工业管理等类。

社会 105　宗教与社会　步济时

世界一切宗教，其于民族特性、社会变迁、文化优劣有何种关系，均做概括之研究。

社会 106　近代社会问题与各宗教思想　步济时

从各宗教的理论观察调查国际间种族及工业诸问题。

社会 107—108　社会学选修　纽哲安

选修关于社会理论及社会制度以应各个学生之需要。

社会 110　社会进步理论　林东海

研究社会进步之性质、标准、情形及其事实。凡社会因受地理及自然环境、人生遗传、种族变化及社会结合之情形所致之种种变迁，均加以采求。尤注重发现原理,使学生对于社会进步能有一己心得之哲学,得以评判社会运动之价值与其趋向。

社会 111—112　社会人类学详论　许地山

对于原始文化再为高深之研究,并就下列各种题目选择其一,详加讨论:原始社会组织、原始道德及法律、野乘及鬼神论、原始宗教、原始艺术及原始心智。

社会 113　种族关系　步济时

研究民族之接触,包括接触之势力、接触后文化之变更、生存竞争及民间之经济与社会问题,尤特别注重中国情形。

社会 115—116　人类学

第二组　应用社会学

社会 121　人口论　史威尔

研究人口之动态及影响于生殖率、死亡率及人口迁徙之原因,并讨论人口过多问题及其对于国家主义与帝国主义之影响及国家团体对于此种问题之节制方法,对于中国方面尤为注意。

社会 122　家庭进化论　吴文藻

研究家庭进化及现代家庭问题,特别注重中国情形。

社会 123　贫乏问题及救济制度　张鸿钧

研究贫乏与寄养原因及现代救济寄养人之机关与方法,并评论各种防免方法。

社会 124　犯罪学及刑罚学　严景耀

研究犯罪与犯过原因、刑罚理论及现代法院之科刑制度。

社会 125　地方团体之组织及其问题　张鸿钧

研究中西地方生活之性质,调查各种地方组织及现代地方运动,讨论地方对于民主主义之发展及社会进步之关系。

社会 127　城市社会学　林东海

未开设。

社会 129　乡村社会学　周景福

分析乡村地方之性质发展、人口环境、社会接触、社会兴趣与社会制度、乡村地方之组织与指导亦于本班讨论之。

社会 130　乡村社会问题　周景福

讨论乡村社会问题之性质范围及原因与处置方法,特别注重设施之计划。

第三组　社会研究

社会 133　社会调查　张鸿钧

社会调查之计划组织及其监察,尤注重调查纲要、调查问题表及调查之接洽。

社会 135—136　社会统计学　史威尔

应用于社会研究之统计方法、记录表册图画、平均分布比较及相互关联等计算。

社会 133　毕业论文　本系教职员

主修学生须各有研究计划，为毕业论文之预备。此种工作可于三年级开始。

社会 144　社会学实地工作　张鸿钧

按学生需要所在，尽量设计各种实地工作。

第四组　社会服务

社会 53—54　社会服务初步　张鸿钧

研究实地服务方法，包括社会服务历史、社会服务种类及社会服务与社会学之关系。

社会 55　机关参观（上）　严景耀

参观各种社会机关，约两星期一次，每次约三小时。及记载所参观之机关之报告，并选读所参观机关有联系之书籍，每学期须交费用三元。

社会 56　机关参观（下）　严景耀

继续社会 55。

社会 57　青年团体之指导　甘霖格

此班专为男女青年有志组织各种团体而设,如童子军、游历旅行团等类,并讨论团体事业之教育哲学、团体之组织、领袖之地位、团体会议之布置及事件之收集等等。

社会 58　宗教团体之调查　甘霖格

专就各宗教团体调查其实际状况及与社会之关系。

社会 139　个案服务工作方法　普鲁特

研究现代各种事业之工作方法与其原理及各项实际记录,如应用于医院、家庭或儿童幸福及其他公私事业之记载,并讨论接洽方法及各种工作与地方志组织及地方之研究有根本关系。

社会 140　医院社会服务　普鲁特

医院社会服务之发展及历史。医术对于社会之需要、社会服务者对于此种需要之应付及应用之方法。讨论重要社会病象,特别注意肺痨及花柳病者心理及医院服务工作与医院病人及地方上之关系。

社会 141　公共卫生学　蓝能德

研究中国公共卫生情形与其他各国卫生之比较、卫生问题、卫生调查方法、卫生行政及卫生与社会服务之关系。

社会 142　娱乐与游戏　富博恩

游戏及娱乐之理论在个人及团体生活中之地位,对于各种人民之各种娱乐样式、娱乐之设备及方法,实习各种个人及团体竞争游戏。

社会 143　儿童幸福　宓乐施

　　研究儿童幸福原理及关于社会对儿童之责任、儿童道德、儿童健康游戏与娱乐、儿童工作、儿童犯过等问题。

社会 55　工厂服务　史威尔

附录二 国立清华大学文学院
社会学系学程一览[①]

本系宗旨与目的

本系宗旨系将社会学及人类学并教，因两种学问于性质上有重要关系，于训练上必可得适当的益处。本系目的可简述之如下：(甲)为国内教育机关造就社会学及人类学教师；(乙)为学术机关养成专门人才(包括理论的与实际的)；(丙)为社会行政与服务机关训练实地应用人才(如工厂检查、乡村教育，及贫穷救济专员等)。

课程总则

一、本系学生，应按照本大学教务通则之规定，修满一百三十二学分，及完成毕业论文，方得毕业。

二、本系学生应修之一百三十二学分，分配如下：

(甲) 大学一年级共同必修科目三十四学分。

(乙) 本系学程五十学分。须包括下列必修学程：

---

① 资料来源：清华大学校史研究室编：《清华大学史料选编》第 2 卷，北京：清华大学出版社，1991 年，第 348—360 页。

社 101—102	社会学原理	六学分
社 111—112	普通人类学	六学分
社 121—122	社会服务机关参观	六学分
社 201—202	社会研究法入门	六学分
社 203—204	初级社会调查	六学分
社 237—238	人口问题	六学分
社 265—266	西洋社会思想史	六学分

（丙）他系必修学程二十二学分，如下：

普通生物学	八学分
初级统计学	八学分
社会心理学	六学分
（丁）自由选习（本系或他系学程）	二十六学分

分年课程表

第一年	共三十六或三十八学分
国文	六学分
第一年英文	八学分
中国通史/西洋通史（择一）	八学分
逻辑/高级算学/微积分（择一）	六或八学分
普通物理/普通化学/普通地质学/普通生物学（择一）	
	八学分
第二年	共三十五学分
社会学原理	六学分
普通人类学	六学分

社会服务机关参观	三学分
社会研究法入门	六学分
普通生物学	八学分
自由选习	六学分
第三年	共三十四学分
初级社会调查	六学分
人口问题	六学分
初级统计学	八学分
自由选习	十四学分
第四年	共三十四学分
西洋社会思想史	六学分
社会心理学	六学分
自由选习	二十二学分

学程说明

社 101—102　社会学原理　陈达

此为社会学入门之学程，内容如下。（一）社会学的领域，及其与他种社会科学之关系。（二）研究社会学的方法，特别注重统计、个案，及历史方法。（三）影响社会生活的各种势力，如地理、生物、心理、文化等。（四）社会组织之研究，从三方面下手：（甲）社会组织的制度方面，如家庭、经济、政府、教育，及其他重要制度；（乙）社会组织的区域方面，如乡村、都市，及其他区域社会；（丙）社会组织的阶级方面。（五）社会变迁及社会进化之原理。此课程之主要目的，在指示学生以社会上的各种重要现象及问题，并养成其以科学方法去研究社会之态度及能力。

社 111—112　普通人类学　杨堃

（一）讨论人类学在科学系统中之位置,人类分类之方法,并分类标准之分析（如以文化、语言,及人种之身体特质为分类之标准等）。（二）人种单位之理论,如单位内部平衡及两个以上单位相互压力之存在及冲突等。（三）演化新论。（四）现在人种之普通分析,特别注重欧亚各人种之分析。

社 121—122　社会服务机关参观　倪因心

参观并研究各种社会服务及社会福利事业机关。如（一）生产;（二）教育;（三）公共卫生及公共治安;（四）社会福利事业;（五）贫穷救济;（六）其他慈善事业;（七）社会制裁;（八）社会调查及研究等项。每两或三星期往北平及其附近等处参观各机关为实习工作。参观后作报告,在班上讨论。关于西方同样性质之机关及工作,亦随时提出讨论,以资比较及研究。

社 201—202　社会研究法入门　李景汉

此学程的目的,在使学生明了科学方法的性质,并能利用科学方法,去研究社会现象。先泛论科学的范围,及科学方法所能解决与不能解决的问题。继讨论历史学的方法、民族学的方法、清查方法、选样研究方法及个案方法。每种方法之原则及技术,以及利用此种方法所研究出来的代表作品,皆有指示。最后论社会学的范围及其中的问题,以引起学生研究之兴趣。

社 203—204　初级社会调查　李景汉

此学程之目的,在使学生获得农村社会实地调查与整理资料的整套技术。先由教授选定题目,指定范围,规定调查方法与手续。后在教授指导之下,使各个学生身临其境,得到实地调查之各种经验,例如接近农民、填写表格、发见错误、胜过困难、补充材料与种种随时发生之问题及应付环境之情况。实习之步骤,先使学生尝试一般的农村社会之接触,渐及于特殊的专题调查。最后整理搜集之资料,指示学生分析与叙述的方法。每星期学生报告调查或整理资料之经过情况与结果,同教授讨论工作之得失与继续进行之办法。此种实习学程不但使学生能得到实地调查之经验,亦能于实际工作中引起对于农村研究工作之兴趣与责任心,实觉深入农村之情态与重要,并养成其适应中国今日农村环境之态度与能力。

社 205—206　高级社会调查　李景汉

此学程为都市社会调查之实习工作,由教授选定题目,指定范围,规定调查之方法与手续,指导学生从事实地调查。实习之步骤,先使学生尝试一般的都市社会之接触,渐及于专题的精深调查。凡关于与市民的接近、表格的填写、资料的搜集,以及种种取得事实必经之过程,均使各个学生得到充分的实地经验。每星期学生同教授讨论调查之经过得失,当前发生之问题,并研究应付之方法及继续进行工作之步骤。最后整理调查之资料,指示学生分析与编写的方法。此学程之主要目的,在使学生获得都市社会实地调查与整理资料的整套技术,从实际工作中对于都市社会的背景有相当的认识,并养成学生从调查的结果中能下正确的结论与发现问题的能力。

社 208　近代中国社会研究　谭其骧

本研究课程择定以地方志材料为主要依据,故时代限于方志修纂最盛之明清两代,地域遍及于全国所有设州县之地;凡依据此种材料所能解释之近代中国社会现象之各方面,皆在讨论之列。堂上讲授仅为一种启示:包括地方志内容之介绍、地方志中社会学材料搜集鉴别与整理,及研究成绩之举例。主要工作在指导选读者利用此种材料,各作专题研究,通力合作,以求奠定近代中国社会史之基础。

社 211　都市社会学

本学程讨论下列数问题:(一)都市的定义及其与乡村之差异;(二)历史上的都市;(三)近代都市发展的统计;(四)近代都市发展的原因;(五)产生都市的区域;(六)都市的位置;(七)都市与内地的关系;(八)都市间的竞争与合作;(九)都市人口的来源及其分派;(十)都市的结构;(十一)都市中生活的组织;(十二)都市中的人品;(十三)都市的问题;(十四)都市的将来(本年度暂不开班)。

社 214　乡村社会学

本学程在使学者彻底了解乡村社会学在社会科学中的地位,及此种科学研究之方法,并对于乡村社会的起源、现象、组织,以及其他有关联之问题,作分析的与比较的讨论。本学程之内容要项如下:(一)乡村社会学的含义与范围;(二)乡村社会的起源与进化;(三)乡村人口问题的各方面;(四)乡村社会心理;(五)乡村生活;(六)乡村家庭;(七)乡村"社会化"问题;(八)乡村社会组织;(九)乡村领袖人才问题;(十)乡村社会与都市社会的关系(本年度暂不开班)。

社 215　中国乡村社会问题

本学程不重理论之研讨,特重事实之引证,其目的在使学者对中国乡村社会情状,获一正确明晰之认识。举凡现阶段中国乡村发生之问题,如人口问题、婚姻问题、家庭问题、生活问题、经济问题、卫生问题、娱乐问题、教育问题、宗教问题、治安问题等均一一根据事实,详细讨论,并探究解决方策(本年度暂不开班)。

社 221　家庭演化　潘光旦

此学程专究家庭演变之历史,其内容之重要部分为:(一)家庭在生物演化中之位置;(二)初民之家庭与婚姻;(三)希伯来、希腊,与罗马之父系家庭制与中国父系家庭制之比较;(四)中国家庭制度演变之大要;(五)西洋近代家庭制之形成,中国新旧文化势力交流中之家庭。

社 224　家庭问题　潘光旦

此学程专究家庭演化,所研讨之问题,大半不越下列范围:(一)中西家庭理想之比较;(二)社会、个人、家庭三者之间最合情理的关系;(三)大小家庭制评议;(四)祖先与老辈问题;(五)婚姻与两性关系诸问题;(六)幼辈与家庭教养诸问题;(七)家庭经济诸问题,包括遗产、女子职业、日常经济生活等。

社 225　优生学　潘光旦

此学程之目的,在依据生物演化之原理,假借社会与文化之种种势力,而研求所以推进人类身体健康之理论与方法。内容包括:(一)性与养之比较讨论;(二)人品不齐之因缘;(三)遗传之理论与方法;(四)自然淘汰与社会选择;(五)汰弱的优生术;(六)留强的优生术;(七)当代改革运动之优生的评价;(八)人类优生经验及近代之优生运动;(九)优生与中国民族前途。

社 228　人才论　潘光旦

此学程目的在明了人才与人文演进之关系。其注意之点为:人才之形成;人才之时空分布;人才在阶级间之流动;人才之维持与增益;天才论与伟人史观之评论;人文史观与其他史观的调和。

社 231—232　劳工问题　陈达

由资方与劳方的关系里,选出几个重要问题,作简要的分析,并于可能范围内,兼顾理论与实际的讨论。本课主要内容包括下列各项:工资、工作时间、童工、女工、失业、劳资冲突、劳资协调、产业合理化等。随时引用我国劳工问题的资料,以作比较的研究。

社 235　中国劳工问题　陈达

本学程根据于中国的事实与情形,讨论工人生活、童工女工、失业、劳工团体(行会与工会)、劳资冲突、劳资协调,与社会政策等(本年度暂不开班)。

社 237—238　人口问题　陈达

本学程主要内容如下:(一)人口学说;(二)人口问题量的讨论,如生命统计、人口清查、人口增减等;(三)人口问题质的讨论,如优生学、区别生育率,及生育节制等;(四)人口问题与国际关系,如食品与天然富源、移民,及战争等。关于上列问题的讨论,于可能范围内引用我国的人口材料,以资比较。

社 242　贫穷

先论贫穷的定义，次论社会各种穷人之状况，及根本上处置此种穷人之方法。如贫农、贫工、低能、疯狂、残废、衰老、孤儿、寡妇等问题，皆有所讨论。末论院内救济与院外救济之原理（本年度暂不开班）。

社 243　犯罪学

本学程讨论：（一）罪的性质；（二）犯罪的原因；（三）罪的分类；（四）罪人的分类；（五）罪的侦察；（六）罪的审判；（七）罪的处罚；（八）近代处置罪人的趋势；（九）罪的预防（本年度暂不开班）。

社 251　现代社会运动　陈达

近世主要社会运动，如妇女运动、劳工运动、共产主义运动、和平运动等，择要讨论。以各种运动影响于社会演化为主体，并于可能范围内，指出与我国社会的关系（本年度暂不开班）。

社 254　社会立法　陈达

本课简单讨论下列各项：（一）近世立法的原则；（二）社会立法的范围；（三）关于主要社会问题各法律的简单分析，如贫穷救济、公众卫生、教育、劳工法等；（四）我国社会立法的现况及今后应有的努力。

社 264　社会变迁

此为一研究学理的学程。首讨论变迁的阶段，对于目前流行的各种阶段论，加以批评。次论变迁的原因，对于地理史观、英雄史观、经济史观等等，均有讨论。继论变迁的先后，讨论物质文化与非物质文化，哪种先变的问题。对于变迁的形式，亦作简单之申述。此后即讨论变迁的阻碍，并由阻碍讨论革命与社会改良问题。领袖、舆论、知识与革命及改良的关系，皆附带研究。最后略述近代各种改良社会的学说，以示社会变迁的趋势（本年度暂不开班）。

社 265—266　西洋社会思想史　潘光旦

本学程目的在了解中西社会思想之派别与其各个的由来递变，而继以今日比较客观的社会科学的眼光，于其偏蔽武断空疏之部分则评论之，于其精粹与切合事理之部分则发挥之，于每派思想之主要人物与其时代背景，亦在所注意。

社 268　儒家之社会思想　潘光旦

中国社会思想史之全部，范围广大，尚待整理。惟其中儒家一部分，一二十年来，经中外学者研讨后，已稍有眉目。本课目的即在介绍此一部分之中国社会思想，内容大率分为三方面：一为思想之本身；二为思想之适用；三为此种思想与今日西洋各派社会思想之比较。

社 271—272　初民社会

本学程以"北通古斯族"为例，讨论初民社会之简单组织，以便与其他民族比较研究。内容如下：（一）北通古斯族之分类，包括历史及在各民族中之地位；（二）由其经济组织及物质文明，观察该族如何应付环境之能力；（三）社会组织之研究——政治组织（宗法的）、宗教、家庭、结婚、因性别及年龄之分定身份及效能、民族遗传及文化之传递、法律及犯罪；（四）心理复杂性——与他民族及人类之关系、多神主义、心理安定之境地、沙门教义、民族学（本年度暂不开班）。

社 283—284　体质人类学

　　本学程的主要内容如下：(一)体质人类学的定义、范围、方法及名称；(二)叙述方面，如人类构造、骨骼及形态等；(三)生理方面，如人体的发育；(四)心理方面；(五)病理方面；(六)生物方面，如遗传选种变异等；(七)人种方面，如人种单位及文化的影响；(八)比较方面，如哺乳动物、人种的分类、人的历史；(九)应用方面，如优生学、犯罪学、教育学、社会选择(本年度暂不开班)。

附录三　国民政府教育部修订社会学系 必修及选修科目要点①

甲　必修科目

科目	规定学分	备注
社会学	6	
统计学	6	
社会心理学	3—6	
社会制度	6	
社会调查	3—6	
社会事业及行政	6	
社会思想史	6	
人类学	3—6	
农村社会学	3—6	三科选习一科
都市社会学	3—6	
中国社会问题	6	
中国社会制度史	3	
中国社会思想研究	4—6	四科选习二科
近代社会学理论	6	
毕业论文	2—4	

资料说明:共计四十九至六十四学分。

---

① 孙本文:《当代中国社会学》,南京:胜利出版社,1948年,第226—228页。

乙　选修科目

科目	规定学分	备注
社会政策	3	社会学系选修
社会立法	3	
社会运动	4	
社会事业史	3	
社会学名著选读	3—6	
欧美社会学家研究	3	
社会变迁	3	社会学系选修
教育社会学	3	
宗教社会学	3	
社区研究	3	
家庭问题	3	
人口问题	3	
农民问题	3	
劳工问题	3	
华侨问题	3	
犯罪学	3	
优生学	3	
社会统计学	3	
职业指导与介绍	3	社会行政组选修
社会组训	3	
社会保险	3	
社会救济	3	
合作事业	3	
儿童福利	3	
精神病社会工作	3	

续　表

科目	规定学分	备注
医药社会工作	3	
妇女工作	3	
个案工作	3	
团体工作	3	
社区工作	3	
工矿检查	3	社会行政组选修
边疆民族问题	3	
边疆语言	3	
边疆行政	3	
边疆教育	3	
边疆社会工作	3	

附注:社会行政组必修科目,除与社会学系必修科目之前十种及毕业论文相同外,并须在下列五种科目中任选两种:中国社会问题、社会立法、社会政策、社会运动、社会事业史。并加社会行政实习四至六学分。

资料说明:共计须选修二十八至三十八学分。

附录四　高等学校文法两学院各系课程草案(社会系部分)①

社会系

一、本系的任务

学习运用科学的观点和方法,具体分析社会实际情况,培养政府及其他有关部门(如内务部、劳动部、民族事务委员会等)所需工作干部的专业知识及技能,并培养中等学校以上师资。

二、说明

1. 服务于政府各有关部门的需要,分组培养专业人才。各校可依具体情况,适当地分组,并不限于本草案所列举者。

2. 凡一校已设有少数民族系或人类学系者,不另设民族组;在目前情况下,劳动组仍以设在社会系为宜,将来得发展成为劳动系。

3. 为适应实际需要,本系课程得于三年修毕(理论组除外)。

4. 为使理论与实际能一致,增加实习工作。

①　中央人民政府教育部编印:《高等学校课程草案》。南京大学档案馆藏"金陵大学档案,教学附件第 13802 号"。对文献提供者南京大学信息管理系李刚副教授深表感谢。

三、课程

（甲）公共必修课程

1. 政治课——每周演讲三小时，讨论及自学六小时，共学习九小时。

（一）社会发展史——三学分，第一学年上学期；

（二）新民主主义论（包括中国新民主主义革命史）——三学分，第一学年下学期；

（三）政治经济学——六学分，第二学年。

2. 国文与写作（文学院）。

现代国文与写作（法学院）。

六学分，但达到一定程度者可免修。

3. 外国文——六至二十学分，必修一种，经甄别试验及格者可免修；非初学者一般规定为六至十二学分，但初学俄文或其他外国文者可延增至二十学分。

4. 中国近代史。

文学院——六学分；

法学院——三至六学分。

5. 毕业论文或专题报告。

文学院——二学分；

法学院——二至四学分。

6. 体育——各年级必修，每周一或二小时，不计学分，条件不许可时，暂以早操代替。

（乙）本系必修课程

课程	学年	学期		学分
唯物社会学	1	上	下	4—6
社会发展史	2	上	下	6
中国社会分析	3	上	下	4
马列主义名著选读	4	上	下	4
社会调查与研究方法	1 或 2	上	下	4
普通统计学	2 或 3	上	下	6
假期实习	任择二假期			不计

（丙）分组必修课程

1. 理论组（与相关各系合作培养中等学校讲授政治课的师资）

课程	学年	学期		学分
辩证唯物论	2	上	下	3—6
中国革命基本问题	3	上		3
毛泽东思想	3	上	下	3
社会发展史研究※	3 或 4	上	下	6—9
近代社会学说批判	3 或 4	上	下	3—4
社会主义思想史	4	上		3
中国社会思想批判	4		下	3

※本课程系加重本系必修课程中之社会发展史者，可分段研究。

2. 民族组（培养民族事务工作干部）

课程	学年	学期		学分
人类学	2			3—6
民族问题的理论与政策	4	上	下	4
中国少数民族史	3	上		3
边疆人文地理	3		下	3
中国少数民族概况	2	上		3—6
语言学	3	上		3
少数民族语言	3及4	上	下	依实际情况定

3. 内务组（培养内务工作干部）

课程	学年	学期		学分
城乡社会概论※	2	上	下	3—6
户籍工作	3	上		3
国情普查	3		下	3
人口学	2	上		3
社会福利	4	上	下	6
家庭与婚姻	4	上		6
土地问题与土地改革	3或4	上或下		6
社会统计	3或4			3—6

※如系三学分可在下学期开设。

4. 劳动组（培养劳动工作干部）

课程	学年	学期		学分
劳动政策与劳动立法	2	上	下	6
劳动行政	3	上	下	4
劳动保护（包括劳动福利）	4	上	下	4—6
劳动保险	3	上	下	4
工人运动	3	上		3
工资问题研究	3		下	3
劳动力调配	4	上		3
企业管理	4		下	3
社会统计	3 或 4			3—6

（丁）选修课程

苏联社会制度或苏联经济建设研究　　　职工教育

社会革命与社会重建或社会与革命　　　意识形态与宗教

阶级论　　　　　　　　　　　　　　　儿童福利

社会与心理　　　　　　　　　　　　　妇女问题

本系劳动组应尽量选修经济系课程。

四、主要课程内容

1. 唯物社会学

研究社会形态的发展法则。从社会生活的各种部门中，先研究经济部门中的生产力及生产关系，进而研究社会的上层建筑物，即法律制度、政治制度、家庭制度、宗教制度，以及哲学体系。

2. 中国社会分析

分析中国社会的性质,着重说明半封建半殖民地的社会性质及其转入新民主主义社会的过程;说明中国各阶级的相互关系和个别状况以及他们的面貌和他们的心理,并分析当前社会经济等具体情况,指出新民主主义过渡建设的成就及其方向。

3. 社会发展史研究及辩证唯物论

此两门为提高马列主义理论课程,已有公共必修课程"社会发展史"系大课性质,并不能深入钻研这门课程的丰富内容,所以充实为研究课程(理论组必修)。

4. 民族问题的理论与政策

这门课程的目的系学习马列主义的民族理论政策。先叙述马、恩关于民族问题的理论,进至研讨列、斯论民族问题并苏联实施民族政策的成果,以便作为我国解决民族问题的参照。再根据《中国人民政治协商会议共同纲领》中的民族政策,进行调查研究。同时批判大民族主义与狭隘民族主义(民族组必修)。

5. 中国少数民族概况

叙述国内少数民族的社会性质与情况。比较各民族的具体经济、政治、社会、文化、宗教及其他生活情形,并检讨今后边疆建设与民族政策的实际问题(民族组必修)。

6. 户籍工作及国情普查

户籍工作学习人口动态的登记技术,包括出生、死亡、婚姻、迁移等项,并介绍各国户籍工作的经验。国情普查着重在学习人口静态调查的方法,包括籍贯、年龄、性别、教育程度、职业等项。同时研究基本国情如农工商等情况的调查方法(内务组必修)。

7. 劳动行政

研究劳动行政机构组织、任务及正确执行有关劳动问题之政策、法令、法律的方法（劳动组必修）。

8. 劳动保护

研究工矿安全卫生的设施、职工劳动条件的改善和检查，以及对青年工人妇女的保护。

9. 劳动保险

分析劳动保险的起源与发展，并依据我国经济条件，研究劳动保险实施之概况及方法。

10. 工人运动

讨论今日的工会组织、工会工作以及我国工人运动史，并比较以苏联为首的世界各国工人运动，在学习时间并可参加工会工作，以期达到理论与实际结合的目的。

附录五 社会学工作筹备委员会 第一次会议[①]

(一) 关于本会的名称和任务

名称:社会学工作委员会,隶属科学院哲学社会科学部,推陈达担任主任委员。

任务:(1) 团结与联系原来社会学界同人,筹备成立中国社会学会,研究机构。

(2) 讨论和建议有关社会调查研究工作的方案。

(3) 筹备成立社会学的研究机构和社会学系。

(二) 关于社会调查研究工作

北京社会学界同人调查研究工作暂分人口、劳动、城乡社区调查与民族等方面进行。其他地方(上海等)可由该地同人结合当地具体情况展开工作。北京方面调查研究工作如下:

甲、人口与劳动调查研究(附农村调查)拟暂由劳动干校负责,与科学院合作。

乙、建议科学院成立社会调查研究所,直属哲学社会科学学部。但根据目前条件先成立人口学研究室,由哲学社会科学部领导。

---

① 中共中央民族学院委员会编:《揭露和批判章罗联盟的军师——费孝通》第 2 辑,第 74—76 页。只录入该会议记录的决议部分。

1. 人口学研究室拟暂设下列各组:

（1）人口理论组。研究项目:马克思列宁主义人口理论;新中国1953年全国人口普查以及对于今后人口普查的具体办法与建议;国际人口(苏联、人民民主国家及资本主义国家的人口);中国历史上的人口等。

（2）人事登记组。研究项目:人事登记制度;地区人口(城市、乡村、少数民族地区);移民(国际与国内移民问题)。

（3）生育节制组。研究项目:生育节制的政策;家庭与婚姻等。

（4）人口统计组。研究人口统计理论与方法等。

（5）劳动问题组。因为人口与劳动关系密切,所以在该机构内又应适当开展劳动问题的科学研究,如劳动经济、劳动人民生活状况的调查、工人运动史等。

2. 科学研究人员的配备。以上各组,每组平均约五人,共计二十五人,根据可能逐步配备。

3. 在北京附近选择三十万左右人口的一个县作人口调查研究(附农村调查)的实验室。

（1）选县人口调查研究计划。由陈达草拟,用本会名义向国务院科学规划委员会申请专款。

（2）选县人口调查研究工作可与其他国家机关合作,但须征得合作机关的同意。如国家统计局、内务部、卫生部等。经费与人力由科学院与合作机关共同负担;估计每年约三十万元,编制约三十人左右。此项工作可逐步开展,由小到大,由少到多。

（3）选县人口调查研究工作,可以解决以下目前急需的几个主要问题:人口普查的方法,为第二次全国人口普查提供建议;人事登记制度;生育节制;婚姻年龄的研究等。此外,还可附带进行农业与农民生活的调查研究。

丙、城市社区调查，拟暂由人民大学社会调查研究室负责与科学院合作。开始在北京市进行调查研究工作。

一、调查研究工作的具体领导由人大调查研究室负责，经费由人大负责，有需要时经费由科学院酌量补助；人员由本会酌量派研究员、研究助理参加工作。

二、调查计划由人大调查研究室提出。推李景汉、吴景超、赵承信负责草拟。本会参与研究，由人大和科学院共同决定。

丁、民族学研究。已由中央民族学院负责进行，建议添聘社会学专家参加世界民族志编写工作。

一、经费及编制由民族学院负责。

二、拟请中宣部协助民族学院调集原来社会学教授五至七人，而现在安排不妥当者，经原机关同意，请高教部批准。

（三）关于筹备成立社会学系的计划

1. 为了培养人才，在高等学校成立社会学系，大家认为必要，但需要一二年准备。

2. 目前先拟教学计划，经大家讨论由本会提请中宣部、高教部考虑并作决定。教学计划推吴文藻、潘光旦、雷洁琼、林耀华等负责草拟。

3. 着手准备课程，希望二年内拿出一套比较成熟的教材，教材事先写好，大家讨论。

4. 准备课程要有个地方，必须先集中一些人，北京可集中一些，上海等地也可集中一些。先搞调查研究，二年后可掌握大批实际材料，准备课程和开课都有基础。

5. 条件成熟,可在北京、上海等地逐步建立社会学系。

(四)关于筹备成立中国社会学会

1. 先调查研究,了解情况,加以登记。会员包括过去教社会学的和社会学系毕业生。

2. 筹备工作由本会负责,与上海等地取得联系。

3. 总会设在北京,其他各地可设分会。

参考文献

《私立燕京大学应用社会科学院课程一览》，北京：燕京大学印行，1929年。

《文献》杂志编辑部、《图书馆学研究》编辑部编：《中国当代社会科学家》第8辑，北京：书目文献出版社，1986年。

Г. 奥西波夫：《苏联社会学研究的理论和实践》，孙越生、张进京、马国泉译，北京：中国人民大学出版社，1982年。

阿古什：《费孝通传》，董天民译，郑州：河南人民出版社，2006年。

艾尔文·古德纳：《知识分子的未来和新阶级的兴起》，顾晓辉、蔡嵘译，南京：江苏人民出版社，2006年。

爱德华·萨义德：《知识分子论》，单德兴译，北京：生活·读书·新知三联书店，2002年。

鲍嵘：《学问与治理：中国大学知识现代性状况报告（1949—1954）》，上海：学林出版社，2008年。

北京大学社会学人类学研究所编：《社区与功能：派克、布朗社会学文集及学记》，北京：北京大学出版社，2002年。

陈达：《浪迹十年》，上海：商务印书馆，1946年。

陈达：《现代中国人口》，廖宝昀译，天津：天津人民出版社，1981年。

陈大白主编：《北京高等教育文献资料选编（1949—1976）》，北京：首都师范大学出版社，1998年。

陈翰笙、薛暮桥、冯和法编：《解放前的中国农村》第1辑，北京：中国展望出版社，1985年。

陈翰笙、薛暮桥、冯和法编：《解放前的中国农村》第2辑，北京：中国展望出版社，1987年。

陈永龄:《民族学浅论文集》,台北:弘毅出版社,1995 年。

大塚丰:《现代中国高等教育的形成》,黄福涛译,北京:北京师范大学出版社,
　　1998 年。

岱峻:《发现李庄》,成都:四川文艺出版社,2004 年。

邓正来:《学术与自主》,北京:北京大学出版社,2008 年。

丁元竹:《费孝通社会思想与认识方法研究:美好社会的世纪求索》,北京:中国
　　社会出版社,2007 年。

方文:《学科制度和社会认同》,北京:中国人民大学出版社,2008 年。

费慰梅:《梁思成与林徽因:一对探索中国建筑史的伴侣》,曲莹璞等译,北京:中
　　国文联出版公司,1997 年。

费孝通:《费孝通全集》第 17 卷,呼和浩特:内蒙古人民出版社,2004 年。

费孝通:《费孝通文集》第 1 卷,北京:群言出版社,1999 年。

费孝通:《费孝通文集》第 3 卷,北京:群言出版社,1999 年。

费孝通:《费孝通文集》第 5 卷,北京:群言出版社,1999 年。

费孝通:《费孝通文集》第 6 卷,北京:群言出版社,1999 年。

费孝通:《费孝通文集》第 7 卷,北京:群言出版社,1999 年。

费孝通:《费孝通文集》第 11 卷,北京:群言出版社,1999 年。

费孝通:《费孝通文集》第 12 卷,北京:群言出版社,1999 年。

费孝通:《费孝通文集》第 13 卷,北京:群言出版社,1999 年。

费孝通:《费孝通文集》第 15 卷,北京:群言出版社,2001 年。

费孝通等:《人口问题研究搞些什么?》,北京:中国社会学研究会,1980 年。

弗洛里安·兹纳涅茨基:《知识人的社会角色》,郏斌祥译,南京:译林出版社,
　　2000 年。

福柯:《规训与惩罚:监狱的诞生》,刘北成、杨远婴译,北京:生活·读书·新知
　　三联书店,2003 年。

顾定国：《中国人类学逸史：从马林诺斯基到莫斯科到毛泽东》，胡鸿保、周燕译，北京：社会科学文献出版社，2000 年。

韩明谟：《20 世纪百年学案》（社会学卷），西安：陕西人民教育出版社，2002 年。

韩明谟：《中国社会学史》，天津：天津人民出版社，1987 年。

郝铁川：《国家拐点：一个人和一个国家的命运》，北京：人民出版社，2009 年。

胡建华：《中国现代大学制度的原点：50 年代初期的大学改革》，南京：南京师范大学出版社，2001 年。

胡适：《胡适往来书信选》中卷，北京：中华书局，1980 年。

胡适：《胡适往来书信选》下卷，北京：中华书局，1980 年。

胡素珊：《中国的内战：1945—1949 年的政治斗争》，王海良等译，北京：中国青年出版社，1997 年。

华勒斯坦等：《开放社会科学：重建社会科学报告书》，北京：生活·读书·新知三联书店，1997 年。

怀特海：《观念的冒险》，贵阳：贵州人民出版社，2000 年。

黄启兵：《中国高校设置变迁的制度分析》，福州：福建教育出版社，2007 年。

黄兴涛、夏明方主编：《清末民国社会调查与现代社会科学兴起》，福州：福建教育出版社。

贾春增：《当代苏联社会学(1917—1989)》，北京：时事出版社，1992 年。

杰里·加斯顿：《科学的社会运行：英美科学界的奖励系统》，顾昕等译，北京：光明日报出版社，1988 年。

卡夫坦诺夫：《苏联的高等教育》，高士彦译，北京：政务院文化教育委员印行，1951 年。

克拉戴维奇：《中国 1953 年全国人口调查》，中华人民共和国国家统计局专家工作室译，北京：统计出版社，1956 年。

拉德克利夫-布朗：《社会人类学方法》，夏建中译，台北：桂冠图书股份有限公司，1991 年。

雷洁琼:《雷洁琼文集》,北京:开明出版社,1994年。

李安宅:《〈仪礼〉与〈礼记〉之社会学的研究》,上海:上海人民出版社,2005年。

李刚:《现代知识群体的话语转型(1949—1959)》,合肥:合肥工业大学出版社,
　　2007年。

李济:《李济文集》第5卷,上海:上海人民出版社,2006年。

李景汉:《北平郊外之乡村家庭》,上海:商务印书馆,1929年。

李景汉:《开展对家庭、妇女等现实社会问题的调查研究》,北京:中国科学院哲
　　学社会科学学部,1957年。

李景汉:《实地社会调查方法》,北京:星云堂书店,1933年。

李景汉编:《定县社会概况调查》,定县:中华平民教育促进会,1933年。

李培林等主编:《20世纪的中国:学术与社会》(社会学卷),济南:山东人民出版
　　社,2001年。

李绍明口述:《变革社会中的人生与学术》,伍婷婷等记录整理,北京:世界图书
　　出版公司北京公司,2007年。

李树青:《蜕变中的中国社会》,上海:商务印书馆,1945年。

理查德·波斯纳:《公共知识分子:衰落之研究》,徐昕译,北京:中国政法大学出
　　版社,2002年。

梁从诫编:《林徽因文集·文学卷》,天津:百花文艺出版社,1999年。

梁从诫主编:《现代社会与知识分子》,沈阳:辽宁人民出版社,1989年。

林耀华:《从书斋到田野》,北京:中央民族大学出版社,2000年。

林毓生:《中国传统的创造性转化》,北京:生活·读书·新知三联书店,
　　1988年。

刘兵:《克丽奥眼中的科学:科学编史学初论》,济南:山东教育出版社,1996年。

刘珺珺:《科学社会学》,上海:上海人民出版社,1990年。

刘少杰:《中国社会学的发端与扩展》,北京:中国人民大学出版社,2007年。

刘小枫:《现代性社会理论绪论:现代性与现代中国》,上海:上海三联书店,

1998 年。

刘易斯·科塞:《理念人:一项社会学的考察》,郭方等译,北京:中央编译出版社,2001 年。

卢茨:《中国教会大学史(1850—1950 年)》,曾钜生译,杭州:浙江教育出版社,1987 年。

罗伯特·默顿:《科学社会学:理论与经验研究》,鲁旭东、林聚任译,北京:商务印书馆,2003 年。

罗森邦:《政治文化》,陈鸿瑜译,台北:桂冠图书股份有限公司,1984 年。

吕文浩:《中国现代思想史上的潘光旦》,福州:福建教育出版社,2009 年。

麦克·布洛维:《公共社会学》,沈原等译,北京:社会科学文献出版社,2007 年。

麦克法夸尔、费正清编:《剑桥中华人民共和国史》(上卷:革命的中国的兴起,1949—1965 年),北京:中国社会科学出版社,1990 年。

梅尔茨:《十九世纪欧洲思想史》,周昌忠译,北京:商务印书馆,1999 年。

倪稼民:《从建构到失语:文化传统背景下的俄罗斯革命知识分子与斯大林模式》,南昌:江西人民出版社,2007 年。

欧阳哲生编:《傅斯年全集》第 3 卷,长沙:湖南教育出版社,2003 年。

欧阳哲生编:《傅斯年全集》第 7 卷,长沙:湖南教育出版社,2003 年。

潘光旦:《潘光旦教育文存》,北京:人民教育出版社,2002 年。

潘光旦:《潘光旦文集》第 3 卷,北京:北京大学出版社,2000 年。

潘光旦:《潘光旦文集》第 5 卷,北京:北京大学出版社,2000 年。

潘光旦:《潘光旦文集》第 6 卷,北京:北京大学出版社,2000 年。

潘光旦:《潘光旦文集》第 7 卷,北京:北京大学出版社,2000 年。

潘光旦:《潘光旦文集》第 10 卷,北京:北京大学出版社,2000 年。

潘光旦:《潘光旦文集》第 11 卷,北京:北京大学出版社,2000 年。

潘乃谷、王铭铭编:《重归"魁阁"》,北京:社会科学文献出版社,2005 年。

潘守永:《林耀华评传》,北京:民族出版社,2009 年。

皮埃尔·布迪厄、帕斯隆:《再生产:一种教育系统理论的要点》,邢克超译,北京:商务印书馆,2004年。

钱昌照:《钱昌照回忆录》,北京:中国文史出版社,1998年。

钱俊瑞等编:《知识分子的自我改造》,上海:泥土社,1951年。

钱穆:《中国史学名著》,北京:生活·读书·新知三联书店,2005年。

乔纳森·特纳:《社会学理论的结构》(下册),邱泽奇等译,北京:华夏出版社,2001年。

清华大学校史研究室编:《清华大学史料选编》第2卷,北京:清华大学出版社,1991年。

清华大学校史研究室编:《清华大学史料选编》第4卷,北京:清华大学出版社,1994年。

瞿同祖:《中国封建社会》,上海:上海人民出版社,2005年。

桑兵、关晓红主编:《先因后创与不破不立:近代中国学术流派研究》,北京:生活·读书·新知三联书店,2007年。

桑兵:《晚清民国的学人与学术》,北京:中华书局,2008年。

斯大林:《辩证唯物主义和历史唯物主义》,北京:人民出版社,1980年。

苏云峰:《从清华学堂到清华大学(1911—1929)》,北京:生活·读书·新知三联书店,2001年。

苏云峰:《从清华学堂到清华大学(1928—1937)》,北京:生活·读书·新知三联书店,2001年。

孙本文:《当代中国社会学》,南京:胜利出版社,1948年。

孙世光编:《开拓与集成:社会学家孙本文》,南京:南京大学出版社,2001年。

汤佩松、巫宝三编著:《农业十篇》,宜宾:独立出版社,1943年。

陶东风主编:《知识分子与社会转型》,开封:河南大学出版社,2003年。

陶孟和:《孟和文存》第1卷,上海:亚东图书馆,1925年。

陶孟和:《社会进化史》,上海:商务印书馆,1924年。

陶孟和:《社会与教育》,上海:商务印书馆,1925年。

梯泰林科等:《苏联知识分子的思想改造和思想教育》,慧文译,上海:平明出版
　　社,1952年。

天津市土地改革参观团编:《我们参观土地改革以后》,北京:五十年代出版社,
　　1951年。

王建民:《中国民族学史》上卷,昆明:云南教育出版社,1997年。

王康主编:《社会学史》,北京:人民出版社,1992年。

王铭铭:《没有后门的教室:人类学随想录》,北京:中国人民大学出版社,
　　2006年。

王铭铭:《社会人类学与中国研究》,桂林:广西师范大学出版社,2005年。

王铭铭:《西方人类学思潮十讲》,桂林:广西师范大学出版社,2005年。

王铭铭:《西学"中国化"的历史困境》,桂林:广西师范大学出版社,2005年。

威·伯恩斯多夫、霍·克诺斯普主编:《国际社会学家辞典》(下),王容芬、孙英
　　珠等译校,北京:中国人民大学出版社,1990年。

吴国盛编:《科学思想史指南》,成都:四川教育出版社,1994年。

吴景超:《社会的生物基础》,上海:世界书局,1930年。

吴文藻:《吴文藻人类学社会学研究文集》,北京:民族出版社,1990年。

奚从清:《角色论:个人与社会的互动》,杭州:浙江大学出版社,2010年。

谢泳:《清华三才子》,北京:新华出版社,2005年。

谢泳:《西南联大与中国现代知识分子》,福州:福建教育出版社,2009年。

谢泳编著:《西南联大与中国现代知识分子》,长沙:湖南文艺出版社,1998年。

新教育社编:《肃清帝国主义的文化侵略势力》,上海:上海人民出版社华东分
　　社,1951年。

徐旭:《西北建设论》,上海:中华书局,1944年。

许纪霖等:《近代中国知识分子的公共交往:1895—1949》,上海:上海人民出版
　　社,2008年。

许烺光：《宗族·种姓·俱乐部》，薛刚译，北京：华夏出版社，1990年。

许美德：《中国大学(1895—1995)：一个文化冲突的世纪》，许洁英译，北京：教育科学出版社，2000年。

严景耀：《严景耀论文集》，北京：开明出版社，1995年。

阎明：《一门学科与一个时代：社会学在中国》，北京：清华大学出版社，2004年。

杨廉辑：《海天集：北京大学1925年级毕业同学纪念刊》，北京：北新书局，1926年。

杨清媚：《最后的绅士：以费孝通为个案的人类学史研究》，北京：世界图书出版公司北京公司，2009年。

杨雅彬：《近代中国社会学》，北京：中国社会科学出版社，2001年。

杨雅彬：《中国社会学史》，济南：山东人民出版社，1987年。

姚纯安：《社会学在近代中国的进程：1895—1919》，北京：生活·读书·新知三联书店，2006年。

以赛亚·伯林：《苏联的心灵：共产主义时代的俄国文化》，潘永强、刘北成译，南京：译林出版社，2010年。

袁方主编：《社会学百年》，北京：北京出版社，1999年。

岳南：《从蔡元培到胡适：中研院那些人和事》，北京：中华书局，2010年。

张世龙：《燕园絮语》，北京：华龄出版社，2005年。

张琢：《中国社会和社会学百年史》，香港：中华书局(香港)有限公司，1992年。

赵鼎新：《社会与政治运动讲义》，北京：社会科学文献出版社，2006年。

中国人民政治协商会议河北省委员会文史资料研究委员会编：《河北文史资料选辑》第11辑，石家庄：河北人民出版社，1983年。

周恩来：《周恩来选集》，北京：人民出版社，1984年。

周宪、何成洲、马俊亚主编：《语境化中的人文学科话语》，北京：北京大学出版社，2008年。

周晓虹：《西方社会学历史与体系》，上海：上海人民出版社，2002年。

庄孔韶:《银翅:中国的地方社会与文化变迁(1920—1990)》,北京:生活·读书·新知三联书店,2000 年。

Ann Elizabeth Weinberg, *The Development of Sociology in the Soviet Union*, London: Routledge and Kegan Paul, 1974.

Peter Burke, *History and Social Theory*, New York: Cornell University Press, 1985.

Philip West, *Yenching University and Sino-Western Relations*, 1919–1952, Cambridge: Harvard University Press, 1976.

Robert Jay Lifton, *Thought Reform and the Psychology of Totalism*, London: Victor Gollancz LTD, 1961.

Theodore Chen, *Thought Reform of the Chinese Intellectuals*, Hong Kong: Oxford University Press, 1960.

Wong Siulun, *Sociology and Socialism in Contemporary China*, London: Routledge and Kegan Paul, 1979.

图书在版编目(CIP)数据

传承与断裂：剧变中的中国社会学与社会学家／陆
远著.—北京：商务印书馆，2019.12（2021.11重印）
ISBN 978-7-100-18003-0

Ⅰ.①传… Ⅱ.①陆… Ⅲ.①社会学史－研究－中国
Ⅳ.①C91-092

中国版本图书馆CIP数据核字(2019)第281513号

传承与断裂

剧变中的中国社会学与社会学家

陆 远 著

商 务 印 书 馆 出 版
（北京王府井大街36号 邮政编码 100710）
商 务 印 书 馆 发 行
江苏凤凰数码印务有限公司印刷
ISBN 978-7-100-18003-0

2019年12月第1版　　　　开本 880×1240 1/32
2021年11月第3次印刷　　印张 11½

定价：59.00元